Celia en el mundo

1962-2003

ROSA MARQUETTI TORRES

Celia en el mundo 1962-2003

Planeta

Créditos de portada: © Genoveva Saavedra / aciditadiseño
Fotografía de portada: © Ricardo Betancourt / Celia Cruz Estate
Diseño de interiores: © Juan Carlos González
Fotografías de interiores: © Celia Cruz Estate

Bajo el sello editorial PLANETA M.R.
Avenida Presidente Masarik núm. 111,
Piso 2, Polanco V Sección, Miguel Hidalgo
C.P. 11560, Ciudad de México
www.planetadelibros.us

Primera edición impresa en esta presentación: octubre de 2025
ISBN: 978-607-39-3164-9

Impreso en los talleres de Litográfica Ingramex, S.A. de C.V.
Centeno núm. 162-1, colonia Granjas Esmeralda, Ciudad de México
Impreso y hecho en México - *Printed and made in Mexico*

Celia Cruz tenía toda la música cubana dentro.
En su voz clara resonaban todos los aires cubanos,
creadora de ecos lejanos que se oyen ahora como el original.
Yo que he oído cantar a todos los grandes, sé lo que digo.

Guillermo Cabrera Infante

La música es un regalo que Dios me dio y,
a menos que me lo quiera quitar,
yo seguiré compartiéndolo con el resto del mundo.

Celia Cruz

Índice

Celia Cruz (foto: Armand, Puerto Rico).

Comenzar de nuevo

(1960)

La vida estaba cambiando para Celia Cruz, y las decisiones a tomar confirmarían lo previsible: es un nuevo comienzo; Nueva York es una ciudad que debe hacer suya. En junio de 1962 Celia está a punto de cumplir dos años de su salida de Cuba a través de un contrato para actuar con La Sonora Matancera (LSM) en México, sin imaginar que su situación derivaría en el exilio.

Sabe que habrá de acostumbrarse al frío inmisericorde, a reconocerse en el abigarrado paisaje de concreto, hierro y cristales, de puentes sobrecogedores, atascos de tránsito interminables en sus calles y fabulosas luces que vuelven día a la noche. Con esa extraña mezcla de descubrimiento, pragmatismo y añoranza, Celia asume su realidad cada día un poco más. Desanda las calles de su nueva ciudad, baja y sube al *subway* y a los *yellows cabs*, va asimilando los olores y sabores. Su carácter alegre y empático puede percibirse como desaprensivo, pero no lo es: identifica afinidades a las que se aferra y también señales de precaución. No renuncia a ámbitos ya conocidos, no cae en la justificada tentación de permanecer abrigada en la calidez de los viejos amigos y coterráneos que la admiran y aplauden: con la constancia habitual se desplaza hacia los sitios donde la reclaman para trabajar y a los que llegaba con la mirada, el oído y el pensamiento aguzado, como queriendo adentrarse en todo lo nuevo sin desestimar lo conocido.

En México, el gobierno del presidente Adolfo López Mateos no facilitaba la situación migratoria de muchos artistas cubanos que habían llegado a tierras mexicanas después de 1959 tras los profundos cambios que ocurrían en la isla, de modo que Celia, en busca de una solución, había decidido radicarse en Estados Unidos, aun cuando en México no le faltaban posibilidades de trabajo.

El gobierno de EE. UU. había decretado facilidades específicas para los cubanos que emigraban, lo que le permitiría a Celia obtener un estatus de legalidad que ampliaría sus opciones de trabajo y la continuidad de su proyección internacional. Lo que no pudo siquiera imaginar era que, tras esa decisión, no se le permitiría regresar a Cuba. Comienza entonces a vivir a tiempo compartido entre Nueva York y la ciudad de México, por aquel entonces conocida por el nombre «Distrito Federal», o «D. F.».

En Nueva York, había alquilado un pequeño departamento en una suerte de aparthotel en el número 230 Oeste de la calle 54 (hoy el Ameritania Hotel). Era una zona céntrica, próxima a Times Square, pero complicada en términos de tranquilidad y seguridad, y ella, que estaba sola, sentía temor: colocaba muebles detrás de la puerta antes de irse a dormir. Cuando hace pública su relación con Pedro Knight, se mudan juntos al edificio donde vivían sus entrañables amigos Rolando Laserie y su esposa Tita Borgiano en una zona amable del Upper West Side. Mientras, en México, D. F., mantiene rentado el departamento en Pennsylvania 280, al que se había mudado después de vivir en Insurgentes Sur 96.

El año 1962 está siendo para ella decisivo, pero también trágico: *Ollita*, su madre, había muerto en La Habana tras una larga enfermedad, sin que a Celia el gobierno cubano le extendiera el permiso —obligatorio para los cubanos desde hacía poco más de cuatro meses— para regresar al país y, junto a su familia, asistir al entierro. La noche del 6 de abril de 1962, con su madre insepulta en La Habana, Celia debió sobreponerse al profundo dolor y salir al escenario del teatro Puerto Rico en Nueva York. El espectáculo debía continuar, y ella lo hizo cantando *Me voy a Pinar del Río* (Néstor Pinelo Cruz), el son montuno que evocaba la zona más occidental de la isla de Cuba, la tierra en donde su madre había nacido y con el que Celia había ganado su segundo Disco de Oro.

1962 fue un año estremecedor para muchos: nunca el mundo estuvo más cerca de destruirse a sí mismo que en aquel otoño, cuando la crisis de los misiles situaba a una pequeña isla del Caribe en el centro de la atención mundial, junto a las dos potencias contendientes, los Estados Unidos y la Unión Soviética. En menos de dos años la Cuba de Celia Cruz había pasado de ser un ícono estereotipado de lo tropical a convertirse en una isla en pie de guerra.

En los primeros años sesenta, Cuba era uno de los epicentros de la política internacional. Lo que allí ocurría era una revolución, y una revolución barre con todo, hasta los cimientos sobre los que se ha erigido una sociedad. Muchos de los drásticos cambios y nuevas leyes espantan a artistas, y el éxodo de músicos cubanos desde la isla hacia diversos puntos del planeta había comenzado.

Contrario a la premonición destructiva que siempre acompaña a los vaticinios bélicos, en la música brillaba la creatividad: a escala planetaria, en la década que apenas comenzaba, se producen cambios trascendentales que marcarán sus modos de expresión y su destino. En 1962 The Beatles establecen en Liverpool y Hamburgo las bases de su bien ganada fama. Ese año, Bob Dylan, uno de los músicos más influyentes y creativos en la música popular, a punto de cumplir 21 años, publica su primer álbum; también se forma la otra gran banda del rock and roll, The Rolling Stones. Los aires revolucionarios en el rock llegan ahora desde Reino Unido, pero sus artífices ya habían puesto oídos a lo que hacían sus colegas al otro lado del Atlántico. En la música afroamericana, la Reina del Soul lanzaba su tercer álbum de estudio: *The Tender, the Moving, the Swinging Aretha Franklin*, Ella Fitzgerald publicaba los dos discos que grabó con la orquesta de Nelson Riddle, mientras los nombres de Ray Charles, Sam Cooke, The Marvelettes, Mary Wells, Eddie Holland, el saxofonista King Curtis y otros destacan en las listas de éxitos. Son tiempos cuando, desde Detroit, la ciudad del motor, un concepto y una marca avanzan sin pausa de la mano del sello que reflejaba el espíritu de esa urbe y de los tiempos por venir para buena parte de la comunidad musical afroamericana: Motown.

El filme *West Side Story*, basado en el musical homónimo dirigido por Jerome Robbins, con gran éxito de taquilla y crítica, visibiliza una historia de latinos en Nueva York y conquista 10 premios Oscar en la entrega de 1962. Con música de Leonard Bernstein y protagonizada por Natalie Wood, la película le vale a la puertorriqueña Rita Moreno el Oscar a la Mejor Actriz de Reparto, distinción que por primera vez reconoce a una mujer latina.

Nuevos nombres estaban destinados a cambiar las cosas en la música a nivel mundial, y los músicos de Cuba, los países del Caribe hispanoparlante y sus diásporas en EE. UU. estarán expuestos a estas influencias transformadoras, y también a las conmociones políticas y sociales que harán singular la década de los sesenta.

Mientras Celia Cruz asume y se reconoce en la vorágine newyorkina como parte inseparable de su nueva vida, la ciudad veía llegar pequeñas pero incesantes oleadas de músicos y artistas cubanos que dejaban su isla originaria para afincarse en nuevos paisajes entre rascacielos, el Bronx y El Barrio. El gobierno cubano interpretaba este acto como una visible oposición a los profundos cambios estructurales que ya se evidenciaban en la política, la economía y la vida social, y actuaba en consecuencia. Con el escaso equipaje con que les permitía salir en su intento de reconducir sus vidas en otros sitios, y con mucha música tocada, cantada y vivida, los músicos cubanos que emigraban traían además el último ritmo que Cuba había dado al mundo —la pachanga—, lanzado por el cubano Eduardo Davidson y trasladado a la Gran Manzana en los instrumentos de los músicos emigrantes.

Era probable que Celia conociera a la mayoría de ellos, colegas de micrófonos, escenarios, tarimas de baile y platós de televisión: venían de populares orquestas, como las lideradas por legendarios flautistas, el danzonero Belisario López, y José Fajardo, uno de los nombres cardinales del movimiento charanguero cubano de la era del chachachá en los años cincuenta.

Llegaban a una ciudad que había recibido las contribuciones de notables coterráneos que se adelantaron unos años en la decisión, como el gran Arsenio Rodríguez, tresero, compositor de altísimos kilates y renovador del formato instrumental del son y su sonido, y los que llegaron mucho antes y abonaron un terreno fértil para la música cubana gracias a su trabajo e innovaciones, encabezados por Mario Bauzá con Frank Grillo, *Machito*, y sus Afrocubans, la banda insignia en la que, como arquitectos pacientes y creativos, construyeron buena parte del arraigo de la música cubana y su éxito entre las audiencias norteamericanas y las comunidades latinas de Nueva York, Chicago, Los Ángeles y otras ciudades. Además, el catalán Xavier Cugat había llevado, a su manera, la música cubana a los grandes salones y a los filmes de Hollywood; el santiaguero Desi Arnaz con su célebre serie televisiva *I Love Lucy* también la había introducido en los hogares estadounidenses, al igual que Miguelito Valdés hizo con su conga y su desbordada versión del *Babalú*, de Margarita Lecuona.

Como instrumentistas y cantantes afincados en Nueva York desde los años veinte, fueron pioneros de los sonidos cubanos Alberto Socarrás y Alberto Iznaga; más tarde siguieron sus pasos los tamboreros Chano Pozo, Carlos Vidal Bolado, Cándido Camero y Mongo Santamaría, el gran director compositor y arreglista Chico O'Farrill y un sinfín de músicos que se mezclaron en las *jazz bands* y conjuntos con músicos caribeños, latinoamericanos y norteamericanos que van de Nueva York a California. Otros músicos cubanos como Ernesto Lecuona, Rita Montaner o Eliseo Grenet también pasaron por Estados Unidos, dejando una indeleble huella musical.

A inicios de los años de 1960, la escena de la música latina en Nueva York es un laboratorio creativo en ebullición. Cuando Celia se instala en la Gran Manzana, ya el productor boricua Al Santiago había creado y grabado en 1961 The Alegre All Stars, impulsando un movimiento experimental de descargas o *jams*, que se inspiraba en los álbumes de las famosas descargas de Panart o *Cuban Jam Sessions*, producidas en La Habana en la segunda mitad de los cincuenta. Había reunido a un impresionante *line-up* de instrumentistas cubanos, puertorriqueños, dominicanos y estadounidenses en el Triton, un club social situado en el Boulevard del Sur, entre la calle 163 y la Avenida Westchester.

Participan cuatro músicos cubanos: el saxofonista José *Chombo* Silva; los percusionistas Marcelino Valdés y Julián Cabrera, y el cantante Rudy Calzado, voz, sumados a un dominicano, un estadounidense y un puertorriqueño, muy jóvenes todos, que en años sucesivos tendrán un lugar en la historia de Celia Cruz. Eran el flautista Johnny Pacheco, el trombonista Barry Rogers y el cantante Cheo Feliciano.

La descarga o *jam*, como fórmula exitosa de libre interpretación y producción musical, se repetirá a lo largo de la década en otros espacios como el Village Gate en Greenwich Village, impulsada desde la industria de las grabaciones, propiciando un ambiente de divertimento y experimentación que, sin duda, influirá en el curso ulterior de la música cubana y afrocaribeña en Nueva York y en el surgimiento de una formación similar que será crucial en la historia de Celia.

En la medianía de 1962, los integrantes de LSM y Celia Cruz, ya radicados en Nueva York, hacen equipo de nuevo. Sidney Siegel, dueño de Seeco Records, sello con el que graban en exclusiva, lanza una serie de acciones para anunciar la presencia y disponibilidad de sus artistas en la ciudad. Decidido a potenciar las ventas, organiza un *megashowcase* con los artistas más populares de su marca, Celia entre ellos. Siegel apoyaba también las ventas del LP *Reflexiones* con las últimas grabaciones de Celia y LSM en Cuba.

Si bien mantenía el vínculo con LSM, Celia seguía preservando su independencia de contratación. Para sus actuaciones en directo, también tuvo suerte: pudo contar con el personaje ideal, pues nadie como Catalino Rolón conocía el ámbito de la música latina en Nueva York, donde promovía a muchos artistas cubanos y boricuas y controlaba espacios nocturnos y de fiestas. La ayuda del puertorriqueño fue decisiva para que Celia pudiera afincarse en Nueva York; le aportó los primeros elementos de estabilidad, consiguiendo para ella sus primeros contratos en la ciudad. Rolón se convierte en el primer *manager* de Celia en EE. UU.

De larga trayectoria en el *show business* y la escena de la música latina en Nueva York, Rolón había sido cantante con Xavier Cugat en 1937 antes de que Desi Arnaz se uniera a la orquesta del catalán cubanizado; luego fue maraquero con Anselmo Sacasas, Cándido Camero y otros, y en 1954 ya manejaba la Casa Latina en la calle 45. Después fue uno de los nombres clave en el éxito del Palladium, como promotor del templo newyorkino de la música latina y en el manejo de artistas. Su cercanía a la música y los músicos cubanos lo llevó a contratar a la orquesta charanga Fajardo y sus Estrellas para el baile de Acción de Gracias en 1958, un hecho importante en el ulterior desarrollo y furor por el sonido charanguero en la Gran Manzana. Catalino conocía a todo el mundo, y todo el mundo conocía a Catalino. Su reconocida gestión en el Palladium y como *manager* de músicos y cantantes, Rolando Laserie entre ellos, resultó proverbial, parte de la historia de la música cubana y latina en Nueva York, y crucial para Celia en los años sesenta.

México, a donde también emigraban músicos cubanos desde décadas atrás, era también una de las plazas más sólidas y demandantes para Celia: ahí estaban el Terraza Casino, un cabaret elegante donde servían vino e intentaban imitar al Tropicana habanero; el teatro Lírico, un sitio para el verdadero contacto con lo popular; y el Teatro Blanquita, el templo que animaba la empresaria Margo Su con su energía creativa. Según Carlos Monsiváis, el Teatro Blanquita era «el sitio de la preservación y del rescate de todo lo rescatable y preservable: una canción, una seña significativa, un refrán...». Esos eran los espacios donde Celia continuaba exitosa en el favor del público mexicano.

Iván Restrepo, periodista y ecologista mexicano, y uno de los grandes y permanentes amigos de Celia en México, la conoció entonces en estos locales. Restrepo tenía muchos amigos cubanos, artistas, que vivían en el edificio de Pennsylvania 280 en la colonia Nápoles y el llamado de sus colegas hacía que los recién llegados desde la isla fueran a recalar allí. Cuenta Restrepo que, al parecer, «le caí bien a Celia porque un día ella estaba sin decidirse a dónde ir a comer y la invité a probar las mejores tortas mexicanas». La llevó a Los Guajolotes en la avenida de los Insurgentes, cerca de Pennsylvania, famosísimo por sus tortas de bacalao y de lomo. Celia quedó feliz y se siguieron viendo. Cada vez que actuaba en un lugar diferente, Iván Restrepo acudía con sus amigos. Perdieron un poco el contacto cuando Restrepo se fue a EE. UU. a realizar estudios de posgrado, pero cuando regresó «ya estaba Margo encargada del Blanquita, y Celia era primera figura allí, junto con Pérez Prado y Toña la Negra. Era muy divertido, sobre todo cuando actuaban ellas dos. Ahí están los orígenes de nuestra amistad que duró para toda la vida», resumió Restrepo en entrevista con la autora.

Era la época de los grandes espectáculos de variedades de Celia como solista y gran estrella en el Teatro Blanquita, donde Margo Su, la empresaria teatral de ancestros chino-mexicanos, le creaba increíbles fantasías escénicas con bailarines y las orquestas que la Guarachera prefería para cerrar a gran altura, digno de las legendarias revistas que forjaron su prestigio como la mejor empresaria del teatro de variedades en México.

Los mejores amigos de Celia en México seguirían siendo, para toda la vida, los colegas de aquellos años sesenta: Yolanda Montes, *Tongolele*, y su esposo, el percusionista cubano Joaquín González, excelente cocinero, en cuya casa se hacían las comidas cubanas. En la de Iván Restrepo disfrutaban de las comidas mexicanas, y ya cuando transcurría la relación del periodista con Margo Su, le preparaban a Celia unos magníficos platos auténticamente asiáticos.

Posteriormente, con su segunda esposa, Nelly Keoseyán, la relación de Restrepo y Celia continuaría inalterable. Otros amigos eran «los Misukos», como llamaba Celia a la pareja de baile y matrimonio formado por los cubanos Mitsuko Miguel y Roberto Gutiérrez, la vedette Angelita Castany y Silvestre Méndez, el compositor y rumbero que a veces se dejaba caer por aquellos encuentros descargosos y festivos. «No grabé ni tomé fotos, pero es inolvidable el dúo de Celia con Silvestre Méndez cantando «arroz con picadillo, yuca» o «anabacoa coa coa»; cada vez que venía Celia era una fiesta», recuerda Restrepo.

Celia comenzaba a sentar bases más sólidas en su nueva realidad, que intentó afianzar cuando el 1.° de septiembre de 1961, a poco más de un año de su salida de Cuba, firmó un contrato personal que renovaba el vínculo con Seeco Records para grabar cinco álbumes más. El documento daba continuidad, ahora de manera individual, a la relación que se había afianzado bajo el vínculo de exclusividad de LSM con este sello, y como artista invitada, pero exclusiva para grabaciones fonográficas.

Las notas discográficas del álbum *México, qué grande eres*, publicado a mediados de 1962, camuflaban la causa real de la dilatada permanencia de Celia y el conjunto en el Distrito Federal: la situación en Cuba. Con este álbum, Seeco premia a Celia con su tercer Disco de Oro, al figurar, junto al de Vicentico Valdés, entre los más vendidos de la marca. En un *show* que Siegel bautizó como Desfile de Estrellas, ambos reciben sus premios, junto con Rogelio Martínez, a quien se entrega uno especial por los 15 años de cercana asociación con la marca. Así lo destacaba la revista especializada *Billboard* al reseñar el evento que pretendía llamar la atención del público hispano respecto a los artistas de su catálogo, incluyendo a los invitados Luis Kalaff, Bienvenido Granda y Rolando Laserie, viejos amigos de Celia.

Celia no estaba bien por aquel tiempo. Años después, en 1971, durante una entrevista con Jesús Bustindui, del diario venezolano *El Mundo*, Celia revela que por esos días de 1962 los médicos le aconsejaron abstenerse de viajar en avión. Los dramáticos cambios acaecidos en su vida en los últimos dos años, rematados por la muerte de Ollita y la tragedia personal de no poder acompañarla en sus últimos momentos, terminaron por mellar su salud con una transitoria afección cardíaca que le obligó a trabajar donde pudiera trasladarse solo por carretera. Posiblemente por esa causa, con su vida entre México y Nueva York, Celia y Pedro compraron un Cadillac del año, y en él recorrían el largo trayecto; hacían varias paradas durante el agotador viaje y dormían siempre en los mismos moteles, donde ya los conocían, para evitar las suspicacias y las incómodas situaciones que podía generar entonces una escena poco común: un matrimonio negro conduciendo un auto lujoso de último modelo. Estos largos y extenuantes viajes por carretera entre México, D. F., y Nueva York fueron una constante en las vidas de Celia y Pedro durante la convulsa y desigual década de los años sesenta.

En Nueva York era diferente y más laboriosa que en México. Con su vínculo con LSM como base de una actividad expansiva, que intenta no detener, en mayo de 1962 ya se habían presentado en Nueva Jersey, en el teatro Colony de Union City, y en Manhattan en el teatro Jefferson. Pero la meca musical latina era el Palladium, en la 53 y Broadway, que seguía siendo el mítico *ballroom* donde era posible ver tanto a Marlon Brando o Sammy Davis Jr., o a un camarero o un albañil, reunidos todos ahí con el mismo propósito: escuchar la buena música de las orquestas y bailar mambos y chachachás.

El cumpleaños de Catalino Rolón es el pretexto para reunir allí, el 12 de mayo, a Celia y LSM, con un elenco *todos estrellas* de Cuba y el Caribe, con Tito Puente y Charlie Palmieri entre ellos. Desde la pista del Palladium, Celia y LSM fueron partícipes de los últimos años de gloria de la legendaria sala de bailes, cuyo esplendor iría en franco declive por problemas de gestión interna, los cambios que caracterizarán la década de los años sesenta y la llegada de nuevos gustos y tendencias musicales a la gran ciudad.

En los sesenta, las actuaciones en teatros y salas de baile se suman a la creciente incursión de la Guarachera en emisoras de radio como KHLA de Los Ángeles, y otras dirigidas a las audiencias hispanas. Acompaña a LSM en su debut en Puerto Rico en mayo de 1962, gracias al apoyo de un coterráneo y antiguo compañero de micrófonos, el cantante Tony Chiroldy, ahora devenido empresario. En cuanto a discos, además del LP *México, qué grande eres*, Peerless, la marca que representa a Seeco en México, publica varios sencillos que reeditan grabaciones anteriores.

Pedro y Celia se casan

La oficina de un juez en Greenwich, Connecticut, fue, sin mayor boato, donde en ceremonia civil Celia Caridad Cruz Alfonso y Gerónimo Pedro Knight Caraballo oficializaron su unión. Celia con 36 y Pedro, próximo a cumplir 41 años, se casaron el 14 de julio de 1962 en presencia de sus amigos Rolando Laserie y su esposa Tita Borgiano, y Catalino Rolón. Pedro Knight era tan matancero como LSM, de la que había sido trompetista por muchos años y había estado vinculado a Celia siempre por la música, desde que el azar concurrente hizo que en el ya lejano 1950 fuera él quien diera la bienvenida a aquella muchachita cuando llegó, tímida y comedida, a su primera audición de prueba con el legendario y popular conjunto, y su entrega y generosidad serán determinantes en la carrera de quien se estaba convirtiendo en su esposa.

«Después nos fuimos a comer a una cafetería. Sí, mi fiesta de matrimonio fue en una simple cafetería», recordaría Celia décadas después. Aún procesaba el duelo por la reciente muerte de su madre y la gran alegría del enlace no bastó para paliar su negativa a cualquier festejo. Ya celebrarían en grande varios años después.

Junto a LSM, Celia vuelve al Million Dollar el 23 de julio, y el 21 de noviembre, en solitario, regresa a California, requerida de nuevo por Chico Sesma, con un contrato por 1,000 dólares para dos presentaciones en el Hollywood Palladium de Los Ángeles, fijadas ambas para aquel miércoles. Es su tercera vez en las populares Latin Holidays que organiza Sesma en ese escenario y que se han ido convirtiendo en un referente de la música latina en directo en esa ciudad.

En las fechas significativas para los caribeños y, en particular, para los cubanos, LSM es uno de los grandes responsables de la alegría nostálgica: el día de Nochebuena, el 24 de diciembre, con Celia, Celio González y Willy *el Baby* Rodríguez anima el baile de gala en el Audubon Hall, junto a Machito y sus Afrocubans, Rolando Laserie y Mon Rivera y su orquesta. Siete días después, el Palladium será la mejor opción para comenzar 1963 en el Festival de Año Nuevo, donde se anuncia a «los seis grandes», en este orden: Celia Cruz, LSM con Celio, Willie y Caíto; Rolando Laserie, Tito Rodríguez y su orquesta, Gilberto y su Charanga y la Charanga Sensación.

La primera mitad de los años sesenta fue de búsquedas constantes, no solo de oportunidades de trabajo, donde la experiencia y el nivel alcanzado en Cuba era un valor, sino también de nuevos caminos musicales: Celia quería hacer cosas nuevas, trascender los grandes éxitos en su repertorio, que, en el caso de algunos, le aburría cantarlos, y proponer nuevos temas que conquistaran la aceptación del público. Para ello hacía ingentes esfuerzos, con las limitantes que su relación contractual con LSM y Seeco Records establecían en el ámbito fonográfico, y la libertad que tenía para presentarse en emisoras de radio y televisión y en cabarets, *night-clubs* y salas de baile, y, sobre todo, para decidir sobre su repertorio, en el cual los géneros autóctonos cubanos —la guaracha, el son, la rumba, el bolero— eran prioritarios, pero se hacía acompañar de una diversidad genérica que trascendía las fronteras geográficas.

La radio y la televisión hispanas le abren sus puertas en esta década, y dos prominentes mujeres puertorriqueñas la invitan a sus programas, donde ofrece memorables actuaciones: el 17 de junio de 1963 Celia es la artista invitada al programa *Graciela Rivera canta*, que tiene a la soprano boricua como figura central en la estación radial WHOM, que transmitía programas en español. Cantaron juntas por primera vez, acompañadas por Arsenio Rodríguez, *el Ciego Maravilloso*. Ese mismo año, una vieja conocida, la guarachera boricua Myrta Silva, invita a Celia a cantar en el primer aniversario de su exitoso programa televisivo *Una hora contigo*, en WNJU TV Canal 47 de Puerto Rico. Durante esa década, Celia se presentará en otros espacios de la televisión latina también en Nueva York.

Continúa diversificando su performance e interactúa con músicos y directores de bandas de diversos orígenes. Son los inicios de esas colaboraciones que serán definitivamente parte de su carrera musical. En 1963, desde el 17 de mayo y durante mes y medio, se presenta en un floreciente *night-club* de música latina, en la calle 77, entre Broadway y West End —El Seclusione—, donde actúan también Tito Puente, Ray Barreto y el pianista colombiano Al Escobar, además de LSM.

Sin embargo, sus presentaciones fuera de México, EE. UU. y Puerto Rico estaban frenadas a causa de su situación migratoria y la regularización de su documentación personal. Contratos no le faltaban en plazas ya conquistadas, como Venezuela, Curazao, Colombia, Perú, donde se presentaba anualmente desde los tiempos en Cuba, pero no siempre podía aceptarlos. Su pasaporte cubano emitido en 1958, y que correspondía al periodo de inhabilitación decretado por el nuevo gobierno, no siempre era el documento válido para entrar a determinados países en Latinoamérica y el Caribe. En mayo de 1964 pudo presentarse en Colombia y casi un año después, en abril de 1965, lograba rehabilitar el imprescindible documento cubano.

En Nueva York, artistas exiliados en la ciudad intentan durante la década de 1960 replicar los escenarios que dejaron atrás en Cuba, en acciones y eventos donde Celia ocupará un lugar destacado. Conciertos en los legendarios Town Hall y Carnegie Hall, y en otros espacios, reúnen a los mejores artistas y músicos cubanos allí radicados. El sentido de integración a su comunidad nacional y a la caribeña será una constante en la vida artística de Celia, al igual que su compromiso con las ideas de libertad y justicia en su país de origen. Por ello, Celia, acompañada por LSM, canta en el Carnegie Hall la noche del 27 de septiembre de 1963, junto a numerosos artistas puertorriqueños, en la Noche de Estrellas a beneficio de

Campo Borinquen, en evento organizado por el Congreso de Municipalidades de Puerto Rico.

Celia y Pedro Knight, sin otros familiares en EE. UU., acceden a los deseos de Gladys, la hermana de Celia, aún soltera, y en 1963 la ayudan a emigrar. Tras solicitar un permiso al gobierno cubano, Gladys consiguió salir definitivamente de Cuba hacia México y lograr después el asilo político en EE. UU. Para Celia fue entonces una tranquilidad disfrutar de la cercanía de su hermana, a quien instala en uno de los dos apartamentos que había alquilado en la calle 93 en Jackson Heights. Ahora volvía a sentir que tenía una familia, que muy pronto, en Nueva York, comenzaría a ampliarse, cuando Gladys contraiga matrimonio con el jugador cubano de beisbol Orlando Bécquer y nazcan sus hijos, Celia María, Linda y John Paul.

En 1963 se publica el LP *La tierna, conmovedora, bamboleadora* (Seeco SCLP-9246), que Celia había grabado a finales del año anterior en Nueva York con LSM. Incluye temas de diverso significado. Por primera vez graba y lleva al acetato su gran éxito teatral en Cuba: *Facundo*, el afro de Eliseo Grenet del que hizo un verdadero suceso en los teatros y emisoras radiales de su Habana en 1950. En un recorrido rítmico que apela a su identidad, incluye dos clásicos sones cubanos: *Suavecito* (Ignacio Piñeiro) y *El que siembra su maíz* (Miguel Matamoros); la conga carnavalesca *La clave de oro*, también de Eliseo Grenet; y la guaracha *Mango Mangüé*, del Gran Fellove. En el empeño de llegar a otras zonas de las comunidades hispanoparlantes, graba *Desvelo de amor*, del boricua Rafael Hernández; *Virgen de la Macarena* (Carmelo Larrea), con aires gitanos; y *Mi bomba sonó* (Silvestre Méndez), un guiño a los puertorriqueños al estilo de LSM.

Aparece por primera vez en este álbum la línea discursiva que la lleva a su situación actual, a la condición del exiliado y a Cuba: con *Nostalgia habanera* (Bobby Collazo), Celia inicia un camino en el que interactúa en sus discos con la crónica de los tiempos que vive, donde asume la exaltación de su condición de cubana y la exteriorización de su posición política y sentimental respecto a Cuba.

Sidney Siegel apuesta fuerte en la promoción del nuevo disco de Celia, a juzgar por las reseñas y menciones en la prensa escrita, y la difusión de canciones en emisoras radiales, principalmente en Nueva York y California. La revista especializada *Billboard* incluye el nuevo LP en segundo lugar en la sección *4-Star Reviews* en la lista correspondiente a Latinoamérica y, entre los más destacados de la lista de sencillos, los temas *Mi bomba sonó* y *Virgen de la Macarena*, dos cortes de ese álbum.

En idéntica línea, aquel año Seeco publica otro álbum de Celia, *Mi diario musical* (Seeco Sonic Sound Series SSS-3001), un recopilatorio que incluye, esencialmente, grabaciones con LSM que fueron éxitos en la voz de Celia.

Al finalizar el año 1963, *El Diario-La Prensa* elige a Celia entre los valores hispanos más destacados, siendo la única representación de la música cubana en dicha selección. Es uno de los primeros reconocimientos que recibe en su nueva vida en Nueva York.

El Liborio, en el 150 Oeste de la calle 47, era uno de los sitios emblemáticos de ambiente cubano en Nueva York. Su dueño, el renombrado Pérez Blanco, se preciaba de tener las mejores atracciones musicales para acompañar las copiosas y suculentas cenas que servía en su afamado restaurante. A poco más de dos años de haberse radicado en Nueva York, Celia debe diversificar sus espacios de trabajo, por eso no rechaza el contrato que le proponen para presentarse allí durante seis semanas, encabezando el espectáculo *Latin Fire Revue*, producido por el experimentado Gustavo Roig, y que incluye también a Cándido, el popular percusionista cubano. Hasta el Liborio llegan sus admiradores y ciertos importantes periodistas que dejarán las primeras referencias críticas sobre la presencia de Celia en el ambiente musical newyorkino. Whitney Bolton, columnista de *The Morning Telegraph*, se rinde ante la excelencia de su actuación: «Estuve allí para escuchar a una de las cantantes afrocubanas más auténticas, cautivantes y totales. Ella tiene el toque, el ritmo, la fuerza, y si la escuchas, ya no podrás olvidarla nunca más», afirmó.

Un viejo admirador de Celia también llegó al Liborio una de aquellas noches: el renombrado columnista y novelista Robert Sylvester, del *Daily News*, fue uno de los primeros en llamar la atención de las audiencias norteamericanas en los años cincuenta acerca del magnífico desempeño de la cubana. En su popular columna «Dream Street» escribió:

> La última vez que vi a Celia fue en un concierto al aire libre en La Habana, antes de Castro, pero esta última noche ella actuaba en un club latino llamado Liborio. Celia no había perdido u olvidado ni un ápice de la excelencia para ser la mejor cantante rítmica cubana en el *show business*.

En Nueva York, el Apollo Theater es una de las salas más relevantes en la historia de la música afroamericana. En su escenario dieron sus primeros pasos en la música Ella Fitzgerald, Stevie Wonder y Michael Jackson, por solo citar algunos. Sería difícil saber si Celia alguna vez soñó con cantar allí, pero lo cierto es que por primera vez su voz retumbó en ese coliseo de Harlem entre el 29 de mayo y el 4 de junio de 1964, en una breve temporada en un *show* con tres pases diarios, presentada por el DJ, productor y promotor Symphony Sid Torin.

En el *show*, producido por el famoso Jack Hook, quien llegaría a ser su amigo, la cubana es cabeza de cartel junto a Joe Cuba, Machito y su banda, y los norteamericanos Al Hibbler y Cal Tjader con su sexteto. En uno de sus primeros acercamientos a las audiencias afroamericanas, Celia da continuidad a la presencia de cantantes cubanas en la historia del legendario coliseo de la 125 y la 8.ª Avenida, que iniciara la gran María Teresa Vera en 1927 con el Sexteto Occidente.

En 1964 Celia regresa a otro importante escenario: el legendario Palladium de Nueva York, donde el 18 de septiembre compartió escenarios con El Gran Combo de Puerto Rico, LSM y Pete Rodríguez, el consagrado Rey del Boogaloo.

A nivel discográfico, el año 1964 también será fructífero para Celia: en Nueva York graba dos nuevos álbumes: *Sabor y ritmo de pueblos* (SCLP-9271) con LSM, y *Canciones que yo quería haber grabado primero* (SCLP-9263), ambos bajo el sello Seeco. El primero sigue la línea estilística habitual de LSM: 11 de las 12 canciones corresponden a autores cubanos, aunque incluye, además de los habituales en Celia, diversos géneros y estilos como el pilón, merengue, milonga y un denominado *ritmo charanga* que pretende coincidir con la sonoridad de las orquestas charangas —ya de moda en Nueva York y otras ciudades estadounidenses— desde la formación instrumental del conjunto.

Durante 14 años, Celia ha grabado únicamente con LSM, pero se encuentra en franca búsqueda de nuevas experiencias creativas. En esos años en Cuba se había hecho acompañar por orquestas de diversos formatos, lo mismo en los cabarets Sans Souci y Tropicana, como en teatros y platós de televisión, pero nunca pudo grabar con orquestas después de las experiencias de las tempranas grabaciones que hiciera en Venezuela con las orquestas Leonard's Melody Boys y Luis Alfonzo Larraín. Así, para el álbum *Canciones que yo quería haber grabado primero* se puso a las órdenes de uno de los grandes músicos, directores y arreglistas cubanos, René Hernández Junco, cuya lista de aciertos incluía una meritoria labor como arreglista de Machito y sus Afrocubans, con una intervención determinante en la difusión del estilo *cubop* y sus principales exponentes; alineó en la orquesta de Tito Puente, donde innovó con maestría en los géneros de la tradición cubana y sus intersecciones con el jazz.

El nuevo LP tiene un regusto de nostalgia reivindicada: en él Celia recorre 12 temas, algunos de los cuales han tenido un significado especial en su carrera: *Sun Sun Babaé*, el afro de Rogelio Martínez que dio nombre a uno de los espectáculos de cabaret más importantes y en el que Celia fue figura central; *Aunque me cueste la vida*, que, en la voz de Alberto Beltrán, provocó en los años cincuenta una canción en respuesta, una «contestación» que Celia hizo famosa con una excelente interpretación. El nuevo disco de

Celia con Seeco llega también a Japón. Desde marzo 1958 la marca distribuidora Cosdel-Victor manejaba el catálogo de ese sello, considerándolo una de las principales etiquetas de este *holding* de alcance mundial, encargado de promover la música latina en el país asiático.

El trabajo con René Hernández y los resultados de ese nuevo álbum con orquesta incidirá, probablemente, en una decisión que Celia tomará poco después y que será crucial en su carrera ulterior. Dos álbumes recopilatorios de grabaciones con LSM —uno por Seeco: *Canciones inolvidables* (SCLP-9267), y otro por la marca Tropical, bajo licencia Seeco: *Con amor* (TRLP-5197)— salen también al mercado en 1964.

Mientras Celia se esfuerza sin descanso por escalar su posición en el mercado de la música hispana en Nueva York en los sesenta, la escena musical latina en la ciudad experimenta cambios ostensibles: hay furor por la charanga y la pachanga. Eso hace emerger nuevas figuras que ostentan mayor representatividad a nivel popular, entre ellos, Juan Pablo Pacheco Knipping, un joven e inquieto flautista dominicano que venía de tocar en Duboney, la charanga de aires vanguardistas de Charlie Palmieri, que pronto sería famoso como Johnny Pacheco. Su conocimiento y pasión por la música facturada en Cuba lo mantienen bajo la influencia de conjuntos y orquestas cubanas, en particular de formaciones de estilo charanga como la Orquesta Aragón, y Fajardo y sus Estrellas, con sus notables flautistas Richard Egües y José Antonio Fajardo. Todo esto lo coloca en una situación ventajosa, está en el lugar adecuado y en el momento oportuno cuando la pachanga, introducida desde Cuba en Nueva York por músicos recién emigrados y por las más recientes grabaciones realizadas en La Habana, comienza a invadir los espacios y los cuerpos de los bailadores latinos desde el club Tritón After Hours hasta el Caravana Club en el Bronx.

Alegre Records, el sello fundado por el experimentado productor Al Santiago, especializado en música latina, firma a Pacheco para grabar con su orquesta, y lanza en 1961 *Pacheco y su charanga.*

Vol. 1, su primer álbum. Este se convierte en récord de ventas y otra muestra indeleble de las apropiaciones histórico-musicales aplicadas al *marketing*, cuando el sello productor incluye en el disco una atractiva frase: «*Produced in the Bronx*, *the birthplace of the charanga dance*».

Cuando Pacheco lanza este, su primer álbum con 11 temas, ya Celia Cruz tenía en su haber más de 140 sones, guarachas, afros, chachachás, boleros y guajiras grabados en Cuba, Venezuela y México, y fijados en discos. En 1962 y 1963 Pacheco y su Charanga se presentan en el Apollo Theater, con notable éxito de público. Las ventas de su álbum y de aquellos en los que ha colaborado indican que su popularidad va en ascenso.

En paralelo y con ciertas confluencias un incipiente movimiento comienza a expresar desde la música las motivaciones e insatisfacciones de una juventud que en El Barrio y el Bronx pugna por expresarse y hacerse oír, y del que emergen figuras de promisorio liderazgo musical.

Nacimiento de Fania

El encuentro de Johnny Pacheco con el abogado Jerry Masucci en medio de este interesante fenómeno y el incesante éxodo de músicos cubanos hacia Nueva York derivan en la creación de un sello para la nueva música latina liderado por ambos, en un tándem que cubría casi a la perfección los dos ámbitos imprescindibles: lo musical y lo comercial.

Pacheco, al tanto de lo que ocurría en Cuba, conocía al conjunto Estrellas de Chocolate, creado en 1958 por el tumbador Félix *Chocolate* Alfonso y el gran tresero y arreglista Andrés Echevarría, *Niño Rivera*. Su primer álbum *Fiesta Cubana* (Puchito LP-562) ve la luz en 1960 y se tornará referencial e influyente para Pacheco. En él, una palabra anodina, pero sonora, impacta al dominicano. *Fanía* es el título del son montuno creado por el compositor cubano

Reinaldo Bolaños, cuyo estribillo repetía sin cesar la frase «*Fanía funché*, *Fanía funché*», con la acentuación en la letra «i». Será la inspiración, suprimiendo el acento con el pretexto de una supuesta coherencia fonética con el idioma inglés, para nombrar a la nueva criatura de Pacheco y Masucci: Fania Records.

Casualidad o causalidad, Celia Cruz, amiga de algunos de los músicos de Estrellas de Chocolate, se había pasado por el estudio cuando el conjunto estaba en plena grabación del disco y se interesó por el trabajo musical. La increíble coincidencia no pudo ser siquiera imaginada por Celia, que estaba muy lejos de avizorar lo que la extraña palabra «fanía» traería de suerte y felicidad a su vida y a su carrera.

Lo demás es historia: nace Fania Records en 1964 y la primera referencia de su catálogo tiene el número 325 (basado en la fecha de nacimiento de Johnny Pacheco, el 25 de marzo de 1935). *Cañonazo* es el álbum donde Pacheco, trascendiendo su vocación charanguera, exhibe su nueva sonoridad de conjunto sonero, con un repertorio de guarachas y sones en mayoría de autores cubanos, y que resultó un notable éxito de difusión y ventas para la naciente Fania.

La ruptura de relaciones entre EE. UU. y Cuba, la expropiación de las empresas norteamericanas y cubanas por el gobierno revolucionario cubano y el embargo decretado por el gobierno de Dwight Eisenhower fueron medidas de política exterior que impactaron no solo en la economía, sino también en el sector de la edición musical (*publishing*), el *show-business* (industria del espectáculo) y la industria de la música en general. Habiendo sido uno de los vectores líderes en América Latina, Cuba sale y se desvincula de esos mercados. Los autores/compositores residentes en Cuba se ven impedidos de cobrar sus regalías y los más de 150 sellos disqueros de proporciones diferentes que se contabilizaban en 1961 quedarán resumidos en una única empresa y marca de grabaciones musicales, dirigida por el Estado cubano: Egrem. Tales circunstancias negativas no podían ser desdeñadas por alguien como el abogado Jerry Masucci con un gusto especial por la música de la isla, quien supo ver ventajas en la adversidad de otros.

Tras la invasión de Bahía de Cochinos o Playa Girón y la crisis de los misiles desencadenada en 1962, un gran número de cubanos persistía en su deseo de abandonar la isla. El 28 de septiembre de 1965 Fidel Castro anunció la apertura de un corredor marítimo desde el puerto matancero de Camarioca hacia la Florida que, hasta el 10 de octubre de ese año, permitiría a todos los exiliados que así lo desearan llevarse a sus familiares a los EE. UU. Al final el puerto estuvo abierto hasta el 15 de noviembre, y por esta vía salieron 2,979 cubanos; otros 2,104 quedaron varados en Camarioca hasta que fueron recogidos en barcos alquilados por el gobierno estadounidense. Fue el primer éxodo masivo autorizado por el gobierno cubano, y en él también había músicos.

El panorama de la música latina en Nueva York era cambiante, como también la vida de Celia, y lo que ella decide hacer lleva el signo de la urgencia por lo nuevo, por alcanzar un escalón superior en su carrera. Con aguzada percepción e intuitiva experiencia en la industria musical, Celia debió avizorar los cambios que en los próximos meses sobrevendrían en el panorama de la música cubana y latina en Nueva York, y sopesar otras razones. Así lo contó a la periodista puertorriqueña Gilda Mirós en su programa radial:

> [...] Mr. Siegel ya no me hacía promoción, ya nada. Yo fui y le dije: «Mr. Siegel, ¿qué caso tiene que yo grabe si tengo que seguir cantando las mismas cosas?», y me dio una contestación, pues, que no me gustó, y después quedamos en que le grababa 5 *long-plays*, que yo le debía, que de uno de ellos fue precisamente Vicentico [Valdés] uno de los productores.

Ciertamente, desde 1964, promociones y menciones a los recientes discos de Celia, salvo escasísimas excepciones, están ausentes en revistas especializadas en la industria musical, como *Billboard*, *Record World* y *Cash Box*. La ausencia del nombre de Celia durante 1965 en las principales revistas especializadas que cubren la industria del disco sugieren desinterés de los directivos de Seeco en continuar invirtiendo en la promoción de los discos que la cubana grabara durante los largos años que la unieron a la marca, sobre todo en las últimas producciones.

Celia está decidida a un cambio que, para algunos, podría resultar una suerte de salto mortal. Tras 15 años de exclusividad, en diciembre de 1965 decide concluir su relación contractual con Seeco Records, quedando rescindida oficialmente el 26 de enero de 1966 con un *addendum* en el que la cantante cubana se obligaba a cumplir los compromisos que, según Sydney Siegel, por contrato aún tenía pendientes: debía grabar, antes del 17 de enero de 1966, cinco álbumes, cada uno con una selección de 12 canciones. Siegel lamentó la decisión de Celia, pero sabía que no podía retenerla, por lo que llegaron a un acuerdo que reducía la cantidad de LP pendientes de grabar.

El joyero convertido en productor de discos fundó y desarrolló una de las marcas disqueras de mayor trascendencia y más rico catálogo, con fuerte impacto en Cuba, Puerto Rico, México, Argentina y otros países, incluso en Europa. En su labor en la industria del disco desde finales de los años cuarenta Siegel creó además de Seeco, su Serie Dorada y otros tres sellos: Dawn (para grabaciones de jazz), Bronjo (especializado en música étnica norteamericana) y Tropical (una línea económica, en la que el costo de un sencillo no rebasaba los 0.99 dólares).

Cuando Celia rompe con Siegel y Seeco Records, también LSM estaba afectada por la ausencia de acciones de promoción en favor de sus discos, ante el avance de los nuevos sellos y alianzas fonográficas, pero permanecía fiel a la disquera, por ello, el vínculo de Celia con LSM había terminado para la realización de grabaciones comerciales, no así en cuanto a actuaciones en directo. Siguieron haciendo giras juntos. Fueron a Venezuela y a México, además de muchos lugares en Estados Unidos.

El último álbum de Celia para la marca Seeco es *El nuevo estilo de la guarachera* (SCLP-9286), grabado el 13 de enero de 1966, con arreglos y producción de Vicentico Valdés, el gran cantante cubano, que aparece por primera y única vez entre los productores musicales y arreglistas en las grabaciones de Celia, en su afán por buscar otros derroteros más allá de los de Rogelio Martínez, Severino Ramos y Javier Vázquez, y evadiendo el formato del conjunto.

Celia no teme a la nueva situación. Sin nada en la mano, confía como siempre en su talento y sagacidad para guiar su carrera desde otra perspectiva, para la que, estaba convencida, se encontraba más que preparada.

En sus presentaciones en directo había continuado su práctica habitual, desde sus años en Cuba, de actuar en solitario a partir de contratos individuales. La comunidad de músicos cubanos que había decidido radicarse en Nueva York era amplia y sólida profesionalmente, y también solidaria. Celia era Celia, y seguía siendo demandada en espacios para la música cubana y caribeña. Así, en febrero de 1966 llega al Havana-Madrid, uno de los más antiguos centros nocturnos de ambiente latino en Nueva York. También continúa trabajando en México, donde la reclaman tanto en solitario como junto a LSM, al punto que ella y Pedro mantienen en dicho país un apartamento alquilado por largo tiempo, pues las leyes mexicanas entonces no permitían a los extranjeros adquirir propiedades inmobiliarias.

Importantes artistas y ejecutivos de la radio y la televisión cubana se habían exiliado en Venezuela, como otro de los polos de mayor concentración de cubanos en tales condiciones, en particular altos ejecutivos de dirección y producción de la radio y la televisión. Joaquín Riviera, que había sido productor de espectáculos en Cuba, es ahora responsable de talento de Venevisión, la mayor cadena de televisiva venezolana. Gran amigo de Celia, la contrata con asiduidad para presentarse en programas regulares y especiales a lo largo de las décadas de los sesenta y setenta, cuando la Guarachera de Cuba cimenta también sus relaciones con los más altos ejecutivos de la televisión venezolana. Así, Celia se convierte en presencia obligada en el segmento musical de eventos relevantes, como el certamen para elegir a Miss Venezuela. Tal relación estará en la base del prolongado y fiel vínculo de Celia con el emporio televisivo de ese país.

Al mercado de EE. UU. Celia había llegado de modo presencial después que al de los dos países antes mencionados, pero en ciertas ciudades —Nueva York en primer lugar— el impacto de la música cubana tiene larga data. Ya desde 1930 *El manisero*, en la voz de Antonio Machín y los instrumentos de la orquesta Havana Casino de Don Azpiazu, había arrastrado a las audiencias norteamericanas detrás de la llamada *rhumba craze*, que fue el nombre americanizado con que la industria del disco y sus voceros dieron a la popularidad del son, la rumba y la guaracha; todo simplificado en un solo y atractivo nombre: *rhumba*.

Celia había llegado por primera vez a Nueva York en 1957, pero desde antes su música era buscada y circulaba entre la población cubana y latina en esa y otras ciudades, como Los Ángeles, Chicago, San Francisco y Miami. Su fama entre los músicos de origen latino era proverbial y bien ganada, de manera que contaba con experiencia para enrumbar sus nuevos derroteros. Pero Celia atribuye su buena estrella también a factores históricos determinados por la presencia de la música cubana en EE. UU. y de sus mensajeros precursores. En su autobiografía, analiza:

> [...] los ritmos de mi país, ya fuera el chachachá, la rumba, la conga, etc., se habían vuelto parte de la vida cotidiana americana. Pero con la llegada de ese régimen a Cuba, los artistas cubanos dejaron de viajar a los EE. UU. Cuba empezó a aislarse, y su música corrió el peligro de desaparecer de la conciencia americana.

Graciela, Celia y La Lupe

Celia y los músicos recién llegados eran la continuidad de la música cubana en EE. UU., en condiciones muy singulares, en tiempos que serían decisivos. Para ella como mujer cantante, en particular, Graciela fue el antecedente.

Desde inicios de los años cuarenta, Felipa Graciela Pérez y Gutiérrez había sido la voz femenina cubana más demandada y valorada en la música popular, en un duradero reinado que desafiaba la casi absoluta primacía masculina. Su nombre artístico fue siempre Graciela y había llegado de Nueva York en 1943, tras iniciar una exitosa carrera como voz del septeto (y luego conjunto y *jazz band*) Anacaona, la primera formación femenina en grabar sones en tiempos de los sextetos y septetos. Con las Anacaona viajó por primera vez a Nueva York para inaugurar el cabaret Havana-Madrid y se presentó en París, y tras regresar a Cuba y cantar con el trío de Nené Allué, Graciela volvió a los EE. UU. reclamada por su hermano de crianza y su cuñado para sumarse a la *jazz band* que ellos recién habían formado.

Machito y sus Afrocubans ha sido no solo su zona de confort musical, sino también familiar y personal, escoltada siempre por dos grandes: su hermano de crianza Frank Grillo, *Machito*, y su cuñado, Mario Bauzá. Su voz fue parte importante del experimento impulsado por Bauzá para fusionar el jazz con elementos de los géneros cubanos con énfasis en la percusión afrocubana.

Graciela brilló en la guaracha, con la que puso a bailar a la comunidad de cubanos y latinos en EE. UU., y en el bolero, donde se afianza como una de las intérpretes más notables y singulares. Graciela es la reina coronada en su tiempo, es la decana de la música cubana en Nueva York.

De tanto reinar en solitario desde una confortable posición que nadie le discutió, la legendaria cantante de Machito y sus Afrocubans, a juzgar por declaraciones en varias entrevistas, no alcanzaría a comprender la evolución de los tiempos, los cambios, paulatinos pero radicales e indetenibles que el éxodo masivo de músicos cubanos había traído a Nueva York. La actitud de Graciela será reactiva y pasional contra la previsible competencia y lo que habrán de significar las incursiones de dos recién llegadas en el panorama musical latino en Nueva York: La Lupe y Celia Cruz. Confirmaba así un escenario de rivalidad, en el que evidentemente se pondrían a prueba fortalezas y debilidades, y el paso el tiempo impondría su inexorable signo en la escena musical y el imperativo de los necesarios relevos de individualidades.

Entre los recién llegados a Nueva York en aquel tiempo, una muchacha santiaguera de voz cristalina y estilo enloquecido acababa de estremecer la noche habanera y provocar en los medios de difusión una de las polémicas públicas más enconadas. Tanto, que terminó presa del miedo y, sumando a ello la incertidumbre que habían instalado los radicales cambios políticos, decidió huir, dejando atrás una estela de popularidad que echaría mucho de menos en su nuevo destino. Finalizaba 1961 cuando Lupe Victoria Yoli Raymond puso rumbo a México y luego a Nueva York.

En sus primeros meses en la gran ciudad, acostumbrándose a la vorágine citadina y lidiando con un paisaje aún hostil, no podía comprender cómo nadie la conocía en la ciudad y por qué en sus primeros meses allí lo estaba pasando tan mal. Lupe, no obstante, tendría mucha suerte, y en poco tiempo tocaría el cielo de la fama. El torbellino y la polémica se trasladaban de La Habana a Nueva York. Tras un complejo periodo de incertidumbre, encontró trabajo en La Barraca, un bar-restaurante de ambiente hispano en el Midtown, donde la ve, asombrado, su coterráneo Mongo Santamaría, quien le ofrece un espacio para presentarse con él, un sustancial apoyo, y propicia la grabación en 1963 del primer disco de la santiaguera tras exiliarse en EE. UU.: *Mongo Introduces La Lupe*, acompañada por una orquesta de músicos cubanos, caribeños y estadounidenses. Las desavenencias surgidas entre ambos dieron paso al interés de los ejecutivos de Tico Records, en cuyos brazos cae La Lupe como escalón ideal para iniciar su trascendente etapa con Tito Puente. La década de los sesenta es el tiempo de la pachanga primero y el *boogaloo* después, y es, sobre todo, el tiempo de La Lupe.

Los cuatro álbumes que grabará con Puente entre 1965 y 1967 catapultaron a La Lupe al cenit de la fama. Tito Puente, sin embargo, quería más, y también algo diferente. «Un día de 1965 recibí una llamada de Tito», contaría Celia años después. «Me dijo que le gustaría trabajar conmigo, y yo le dije que sería un honor. Me pidió que por favor esperara la llamada de un tal Morris Levy».

El aludido era entonces un hombre poderoso en la industria del disco y el entretenimiento nocturno en EE. UU. Dueño y presidente de Roulette Records, Levy fue también dueño de los clubes de jazz Birdland y Roulette Room y una de las figuras más influyentes pero también controversiales en el negocio de la música, tanto estadounidense como latina.

Se había hecho con el control de Tico Records cuando en 1955 su fundador George Goldner vendió sus intereses a Levy y Joe Kolsky, y hace otro tanto con sus sellos Rama y Gee. Goldner era un previsor empresario de origen judío, que, seguro del potencial de la música latina, fundó Tico en 1948, a la vista del desarrollo creciente de la comunidad afín en Nueva York y del posicionamiento de músicos y orquestas en la escena musical de la gran ciudad. Así, en enero de 1957 forman el sello Roulette Records, teniendo a Levy como presidente y, ya para entonces, a Goldner fuera de los cuatro sellos.

En el momento en que la Guarachera de Cuba recibió la llamada de Levy, Pedro Knight funge ya como su *manager* personal, pero no será hasta el 30 de abril de 1966 cuando la segunda trompeta de LSM guarde en su estuche el reluciente instrumento, que, a todas luces, ya no necesitaría más: Pedro Knight dejaba formalmente LSM tras 33 años donde su trompeta y la de Calixto Leicea habían contribuido a crear el limpio sonido que caracterizó al conjunto. A partir de entonces, Pedro se dedicará por entero a «echar pa'lante» la carrera de Celia.

A finales de 1965, con Tito Puente intermediando, Celia, Pedro Knight y Morris Levy, presidente de Tico Records, negociaron el fichaje de la Guarachera de Cuba como artista exclusiva del sello norteamericano. Una foto publicada en *Cash Box* en la edición del 12 de febrero de 1966, donde los tres aparecen sonrientes y Celia, estilográfica en mano, constata la firma del contrato. Cuando Celia llega a Tico Records se acababa de producir la fusión con el sello Roulette. Ambas marcas aportaban un interesante catálogo de música latina con predominio casi absoluto de cantantes masculinos.

Los primeros artistas de Tico desde su fundación fueron algunos de los gigantes de la música latina, entre ellos los Mambo Kings, los reyes del Palladium, Tito Puente, Tito Rodríguez y Machito, que ya eran experimentados líderes de bandas. En 1965 llega una mujer, la única posible con idéntico aval: Celia Cruz, la Guarachera de Cuba. Con un sostenido trabajo como intérprete y la mirada puesta en la historia y la salud de la música cubana, Puente está mejor preparado que nadie para comprender lo que significa el éxodo de músicos cubanos a Nueva York. No solo desde los dos Palladium, en Los Ángeles y la Gran Manzana, donde con su banda figura entre los legendarios tres grandes, junto con Machito y Tito Rodríguez, sino también con su sostenido impacto en la Costa Oeste, y en otras ciudades de importante concentración de población latina, Puente se nutre del caudal espontáneo y prolífico de la música cubana que une a las influencias provenientes del jazz y otros géneros. En 1963 lanza la canción que identificará como uno de sus grandes éxitos, amplificada siete años después por el *remake* de Carlos Santana: *Oye como va*.

El afamado timbalero de origen puertorriqueño también refuerza su incursión como productor, sobre todo en sus propios álbumes, en donde articula la participación de otros músicos y cantantes. En los sesenta tienta el éxito con tres voces femeninas afrocubanas emigradas: una recién descubierta, temperamental y aciclonada, con un instrumento de privilegio, La Lupe; otra, la más famosa de la música popular bailable en Cuba, Celia Cruz, experimentada, disciplinada y profesional, de alegría explosiva, pero en control de los resortes de la industria musical y el espectáculo; y Noraida, una figura desconocida y de escasa experiencia, que, en medio de las tormentas con La Lupe, Tito hizo emerger desde Venezuela, a donde había emigrado. Llamaban la atención su belleza y su «linaje» artístico: era la joven viuda del recién fallecido Benny Moré, el Bárbaro del Ritmo.

A Lupe y a Noraida, Tito las conocía de hacía muy poco, pero a Celia la había conocido en La Habana, cerca de 1955, en uno de los tantos viajes que el timbalero hacía entonces a Cuba en busca del sonido soñado. Desandaba las calles y los sitios de música con el mejor guía posible: el compositor y sonero Marcelino Guerra, *Rapindey*, quien, un domingo, lo llevó a La Tropical a ver a LSM en una de las *matineés* bailables que animaban los grandes conjuntos y orquestas.

Con Celia ya radicada en Nueva York, Tito renueva la certeza de un deseo: el éxito de posibles colaboraciones con la Guarachera de Cuba. A pocas semanas de firmar con Morris Levy, Celia regresa a los estudios para grabar su primer álbum con Tito Puente, el primero en la discografía de Celia bajo Tico Records: *Cuba y Puerto Rico son…* (SLP-1136). En los primeros discos, Tito propuso a Celia iniciar una nueva etapa en su camino discográfico, dejando atrás el formato de conjunto para retomar la experiencia de grabar con orquestas, lo que para la Guarachera de Cuba no resultaba complicado ni novedoso.

El nuevo álbum reúne un grupo de canciones inéditas en voz de Celia, el cual no se limita a las tradicionales guarachas y rumbas, e incorpora otros géneros caribeños y latinoamericanos como el merengue, la cumbia y el bolero. Joe Conzo, biógrafo de Puente, en su libro *Mambo diablo*, narra el ambiente en el estudio cuando Celia grabó el bolero *Me acuerdo de ti* (Gustavo Seclen), que aborda la nostalgia por Cuba:

> Celia terminó con lágrimas rodando por sus mejillas. Tito y los músicos estaban en silencio, conmovidos, cuando terminó. «¡Eso fue fantástico!», exclamó Tito dirigiéndose a Celia. Era obvio para todos nosotros que él también estaba cautivado por los versos conmovedores que Celia había cantado. Normalmente no decía nada. Más tarde me dijo que Celia sí le recordó todos los lugares de Cuba mencionados en la canción.

Puente asume todos los arreglos, y como productores intervienen dos personajes singulares: Morris Pelsman, alias Pancho Cristal, y Al Santiago, ambos viejos conocidos de Celia. Pelsman, de ascendencia polaca de origen judío, fue durante muchos años el distribuidor de la cerveza cubana Cristal en los EE. UU. Carismático, muy popular y querido entre la comunidad latina, comenzaron a llamarle «Pancho, el de la Cristal». Con el paso del tiempo, nadie recordaría su verdadero nombre. Tras la ruptura de vínculos comerciales entre Cuba y EE. UU., Pancho Cristal se dedicó por entero a la representación de artistas, con exitosos resultados, los cuales influyeron en su designación a varios cargos dentro de Roulette/Tico Records, llegando a estar al frente del Departamento de Producción, donde estuvo al cuidado de numerosos discos de intérpretes cubanos y caribeños, incluida Celia.

La experiencia de Al Santiago dejó una huella más profunda, que inició en 1950, cuando se hace cargo de la orquesta de su padre. Cinco años después funda Casa Alegre, una tienda de discos en el Bronx, y que es el origen de su siguiente proyecto: Alegre Records, sello de música latina de origen caribeño en Nueva York con el que impulsó los famosos discos de The Alegre All Stars. Al Santiago acababa de vender Alegre Records a Tico, y *Cuba y Puerto Rico son…* de Celia con Tito Puente será uno de los primeros álbumes que forjaría Santiago desde su nueva faceta de productor unido a Pancho Cristal en su recién estrenada mancuerna discográfica.

En las sesiones de grabación, la puntualidad, la concentración y las rutinas asumidas por Celia son las mismas que cuando se enfrentaba a las grabaciones con LSM en los estudios de Radio Progreso o CMQ en La Habana: en una carpeta, la letra de cada canción mecanografiada en un folio, a veces dividido en dos para mejor manejo frente al micrófono. En los folios, algunos apuntes escritos de su puño y letra, hechos al vuelo o razonados, como guías de improvisación, montunos, etc. Con la meticulosidad de una maestra de escuela, muchos folios en su archivo de aquellos años exhiben unas cifras también manuscritas: el tiempo de duración de cada canción o tema musical, la fecha en que fue grabado... Los cientos de páginas de sus abultados *scrap-books*, donde guardó con precisión todo lo referente a su carrera, quién sabe si con la certeza de que su obra interpretativa trascendería los límites de la vida, revelarán las rutinas de la Guarachera de Cuba al enfrentarse a uno de los procesos más habituales e importantes en la carrera de un cantante: las grabaciones de estudio.

«Siempre fue un placer trabajar con Celia», dijo Puente alguna vez a su biógrafo Conzo. «Era elocuente, poderosa, y su entrega encajaba perfectamente. Celia Cruz era una dama». Puente, citado por Conzo, consideraba a Celia el polo opuesto de La Lupe. Era puntual, llegaba preparada y era muy colaboradora en los ensayos. Entonces trataba a Tito de «maestro» durante los ensayos, entre bastidores durante las actuaciones, y en público.

El segundo disco de Celia con Tico Records que implica a Puente como arreglista, *Son con guaguancó* (SLP-1143), producido igualmente por Al Santiago, tiene como arreglistas también a Louie Ramírez, el propio Santiago, Charlie Palmieri y un joven Bobby Valentín. Willie Torres, cantante principal de Joe Cuba Sextet y de otros grupos latinos influyentes, afirmó que había participado en los coros junto a *Chivirico* Dávila y Santos Colón. En el *line-up* convocado por Puente para la grabación figuraban: Charlie Palmieri, piano; Frankie Malabé, conga; Johnny *Dandy* Rodríguez, bongó, campana; Francisco *Kako* Bastar, timbal; Bobby Rodríguez, bajo; Víctor Paz y Pedro *Puchi* Boulong, trompetas; Mario Rivera, saxofón. Eran, en su mayoría, músicos que formaban The Alegre All Stars y, según Torres, aquella sesión informal de la banda *todos estrellas*, nucleada en torno a Al Santiago, se hizo de modo solidario para apoyar a Celia. Junto con los otros vocalistas del coro, el nombre de Willie Torres figura en las notas de la contraportada de Al Santiago. *Son con guaguancó* es un disco histórico en la carrera de Celia, pues incluye la primera versión de *Bemba colorá*, guaracha-mambo del cubano José Claro Fumero, que se convertirá para siempre en uno de los grandes clásicos de su repertorio.

Los resultados del ingente trabajo desarrollado con Tito durante los sesenta no fueron los esperados, según expresó Celia en varias ocasiones. Del ingente número de temas grabados, ninguno alcanzó el éxito continental soñado por ella. Más que problemas de calidad interpretativa, la razón parecía apuntar al momento en que se encontraba la música popular bailable, sobrepasada de varias maneras por el auge del *pop* y su influencia en las innovaciones que el *boogaloo* introduce en la música latina que se popularizaba en las zonas urbanas de alta concentración de población de ascendencia hispana.

En la producción de estos álbumes, la obsesión de Puente por conseguir la sonoridad de LSM desde otros formatos, y por repetir en nuevas versiones los grandes éxitos de Celia con LSM, pasó factura a la aceptación popular en los segmentos más jóvenes. El desenfado frenético de La Lupe, su juvenil frescura, sus evidentes conexiones estilísticas con el *pop* y el *soul*, y sus indudables dotes vocales y escénicas la convirtieron, sin discusión, en la reina de la música latina en los años sesenta.

La empatía entre Celia y Tito favoreció el ambiente de trabajo, y con el tiempo se convirtió en una verdadera hermandad. Para Celia, Tito Puente «[...] era el caballero del escenario. Su amistad, su cariño y su forma de tratarme es algo que siempre llevo en mi mente», diría años más tarde. La década de los sesenta fue la primera etapa de un trabajo conjunto que, en décadas posteriores, situaría a ambos en otra dimensión creativa. Lo mejor estaba por llegar para el famoso binomio.

La vida dispondrá las cosas para que La Lupe y Celia coincidan en Roulette/Tico Records durante la segunda mitad de los sesenta, y Tito Puente trabajará con ambas. Celia ya se enrumbaba hacia la franja de mayor popularidad en el *hit parade* de la llamada música latina, pero La Lupe reinará durante la década, escalando sin cesar en las listas de éxitos y reteniendo la corona de la música latina.

La polémica sorda entre las figuras femeninas de Roulette/Tico Records por la cúspide de la fama parecía transcurrir únicamente en los pasillos de las oficinas y en el *backstage* de conciertos donde pululaban cronistas y gacetilleros de habla hispana, pero La Lupe decidió llevarla al escenario y al acetato en su álbum *The King and I* (LP-1154) con Tito Puente, en 1967, en su versión de la guajira *Oriente* (Cheo Marquetti) en la que hace un *medley* con *Micaela me botó* (Humberto Fuentes), que popularizara Miguelito Cuní:

Ay, ay, ay, Tito Puente la botó.
Y yo que le daba todo a mi jefecito Puente.
Y yo que le daba todo a mi jefecito Puente.
Se me fue con la de enfrente y solita me dejó.
Ay, ay, ay, Tito Puente la botó.
Me botó, me botó…
[…]
Y pa Celia también
esa es mi inspiración…

Más allá de leyendas urbanas y fabulaciones, ni la historia guardada por la prensa ni testimonios de fuentes consultadas dan fe de respuestas públicas por parte de Celia, ni mucho menos enfrentamientos directos entre las dos cantantes cubanas.

Como parte de los lanzamientos de otoño del sello Roulette/ Tico Records —una profusa lista donde se incluye también el álbum *They Call Me Just La Lupe*, de la frenética cantante santiaguera—, el nuevo LP de Celia y Tito sale a la venta en octubre de 1966. La historia de la música latina en Nueva York marcará 1966 como el año en que el Palladium cerró para siempre sus puertas, exactamente el miércoles 1.º de mayo. Ocho meses antes, el establecimiento había perdido su licencia para expender bebidas alcohólicas, obligándose a funcionar únicamente como una sala de baile en donde continuaron presentándose las más famosas bandas latinas, pero la imposibilidad de servir alcohol ocasionó enormes pérdidas a sus dueños y gerentes. El baile en el que tocaron las orquestas de Ricardo Ray, Eddie Palmieri y la Orquesta Broadway fue el de la despedida. Según el cronista Max Salazar, *Pare cochero*, el famoso son montuno del cubano Marcelino Guerra, *Rapindey*, fue lo último que sonó entre las cuatro paredes de la legendaria sala de baile.

Celia continúa presentándose en teatros y otros espacios escénicos. El Million Dollar Theater de Los Ángeles la vuelve a tener en su escenario, esta vez del 21 al 27 de febrero compartiendo cartel con el cantante mexicano Marco Antonio Muñiz.

El 19 de noviembre de 1966, el Departamento de Justicia de EE. UU. le concede a Celia un Permiso de Entradas Múltiples por un año, prorrogable por otro adicional. Después de tres años de ausencia involuntaria, Celia vuelve a Venezuela. En mayo y junio canta en los programas *La gran revista del jueves* y *Gran Casino* en los canales CVTV y 8, respectivamente. Su regreso coincide con el inicio de las ventas del álbum *Cuba y Puerto Rico son…*

En Nueva York, Celia debuta el 30 de julio en los conciertos de verano de la Metropolitan Opera, que incluyen en su programa una *Noche Latino-Americana* (*Latino-American Evening*) en el Lewisohn Stadium del City College, repitiendo la positiva experiencia presentada el año anterior. El programa lo completan la cantante puertorriqueña Ruth Fernández y Tito Puente y su orquesta, en un *show* peculiar dentro del programa de óperas y piezas líricas que reunió a divas del *bel canto* como Leontyne Price y Renata Tebaldi. Los principales medios de prensa se enfocan en este singular evento, desde el *Daily News* hasta *Billboard*, y para Celia marcará un importante hito en su primera década en los EE. UU.

A poco más de un mes del notable suceso escénico, *Billboard* realiza un estudio comparativo sobre la presencia de los diferentes estilos de la llamada música latina en dos modalidades comerciales: las actuaciones en directo y las *jukeboxes* o victrolas como herramienta de distribución, y en él menciona de nuevo el nombre de Celia (que aún relacionan con Seeco), junto a Arsenio Rodríguez y Guillermo Portabales, firmados entonces por Gema Records, como los tres artistas cubanos que, en la categoría de *folk music*, ocupan los primeros lugares en estas modalidades de distribución musical, cuando aún se está lejos de la categorización de géneros y estilos musicales que involucrará a la música cubana y afrocaribeña en los próximos años.

De un modo orgánico, Celia suma su voz cada vez más a los eventos patrióticos organizados por la comunidad cubana exiliada. Es una de los artistas que encabezan el Segundo Festival Cubano, un gigantesco concierto que se celebra el 20 de mayo, Día de la Independencia de Cuba, y que la lleva a presentarse por tercera ocasión en el escenario del Carnegie Hall, esta vez con LSM. Festivales, conciertos, homenajes y conmemoraciones musicales reúnen a la comunidad de exiliados y residentes cubanos en Nueva York y Florida en torno a los músicos coterráneos que comparten idéntica circunstancia. Productores cubanos como José Curbelo, Tony Chiroldy, Baserva Soler, Rosendo Rosell, y otros, hacen posible estas reuniones musicales en importantes espacios como el Carnegie Hall de Nueva York o el Dade County Auditorium en Miami, entre otros. La representatividad que la comunidad exiliada adjudica a Celia se expresa en la elección que la popular radioemisora floridana WQBA La Cubanísima hace para su identificativo, recreando versos de *Yo soy la voz*, la guaracha de Rudy Calzado como expresión de identidad y pertenencia:

Yo llevo a Cuba, la voz,
desde esta playa lejana,
soy el sabor de mi tierra, soy más cubana,
soy WQBA, ¡Cubanísima!

Celia asiste en junio al exitoso lanzamiento de su nuevo álbum en Panamá y en septiembre actúa en Lima, Perú, con presentaciones en el Grill Bolívar y en el Canal 5, en los programas *Cancionísima*, *La Revista de los Sábados* y *El Hit de la Una*. Su debut en este tercer viaje a Perú ocurre el viernes 23, la víspera del Día de la Merced y, como tradición en Cuba, la Guarachera viste de blanco.

Tras casi 10 años de ausencia, el público limeño ratifica la popularidad de Celia. Durante un breve paseo por la Plaza San Martín, antes de su debut, una multitud se arremolinó en torno a ella y a Pedro Knight. «Es a todos ellos a quien debo mi triunfo, y no puedo correr o escapar para evitarlos; con todo cariño les doy mi firma», comenta Celia a un periodista, subrayando lo que sería siempre, a lo largo de su carrera, su línea de respeto y empatía frente a su público.

En sus presentaciones Celia contó, como en otras ocasiones, con el respaldo de la orquesta de Ñiko Estrada, quien llegó a ser su compadre, pues Celia había bautizado a su hijo. Viaja después a Ecuador para actuar en Guayaquil. En octubre toca Uruguay: se presenta durante tres días en Montevideo, acompañada de la sonora de Rubén Darelli: «Dos presentaciones en El Espectador y una en Canal 5, en Chez Carlos, y cuatro *tapes* grabados en tiempo récord para el canal oficial». En diciembre se presenta con todo éxito en el Quid Night Club de la ciudad de México, casualmente muy cerca de donde también lo hace LSM.

Durante estos años y hasta 1979, Celia y Pedro trabajan y viven en México siete meses cada año, llevando en paralelo las actuaciones en directo y las grabaciones para Tico y Orfeon Records. Tres espacios centraron el trabajo escénico de Celia: los teatros, los centros nocturnos y la televisión. En muchas ocasiones, sobre todo en teatros, la Guarachera de Cuba se hace acompañar por diversas formaciones, como las orquestas mexicanas Guaciri y África.

En los meses finales de 1966, Celia comienza ingentes grabaciones producidas de conjunto por los mencionados sellos con orquestas y conjuntos que implican al mexicano Memo Salamanca y también al cubano Juan Bruno Tarraza. En México se graban los dos primeros: el LP *Bravo*, en el estudio Orfeón, en el Distrito Federal graba el LP *Bravo* (LP y TRLP-1157) y en los estudios RCA Victor y CBS de México, el disco *A ti, México* (SLP-1164).

Guillermo Salamanca Herrera, *Memo*, acumula una amplia y prolongada vinculación con la música cubana como pianista, arreglista, compositor y director orquestal. Seis son los álbumes que Celia graba para el sello Tico con la orquesta y el piano del veracruzano. El primer LP, *Bravo* (Tico LP y Orfeón TRLP-1157), incluye canciones con su orquesta y la del cubano Juan Bruno Tarraza. Pianista excepcional, prolífico compositor y hábil director, Tarraza acompañó a Toña la Negra en sus primeras incursiones en radios y teatros cubanos a inicios de los años cuarenta y casi de inmediato se radicó en México, donde continuó acompañándola, al tiempo que desarrolló una prolongada carrera vinculada también al cine mexicano, como compositor.

El LP *Bravo* toma el nombre del bolero homónimo de Luis Demetrio, popularizado por Olga Guillot y Celia. Aunque las notas del disco afirman que «se trata de la primera grabación [de Celia] en estudios mexicanos, con músicos mexicanos y canciones de compositores mexicanos», en esto último su anónimo escritor acierta y yerra al mismo tiempo, pues Carlos y Pedro *Pituko* Rigual, Silvestre Méndez, Jorge Zamora y el propio Tarraza son compositores cubanos, que adoptaron después a México como su segunda patria. *La Guantanamera* incluida en el disco, y con crédito autoral erróneo (no fue compuesta por Ramón Espígul), tampoco fue creada por un mexicano, sino que se reconoce la autoría del cantante cubano Joseíto Fernández.

Presumiblemente pensado para el mercado azteca, el disco incluye además obras de autores mexicanos, como los boleros *Bravo* y *Más fuerte que tu amor* (Luis Demetrio) y el viejo pregón son *La jaibera* (Mario Ruiz Suárez), donde Celia despliega sus excelentes dotes vocales y soneras, convirtiéndolo en una de sus canciones más veneradas. Grabado íntegramente en México, sale a la venta a inicios de junio de 1967.

En *A ti, México*, Celia es acompañada por una sonora dirigida por Salamanca. Su productor, Pancho Cristal, debe trabajar entre los límites que plantea un disco pensado para homenajear al país donde Celia tiene una fanaticada fiel, que continúa asociándola al estilo musical de LSM, pero también, con ciertos temas, con los que la Guarachera quiere insertarse en las corrientes de moda en el ambiente latino, como ocurre con el *boogalo*, un intento de fusión de los géneros cubanos más rítmicos con el *soul* afroamericano. Es algo que Celia sigue y toma en cuenta, un movimiento musical en el que difícilmente arriesgue algo, porque, en definitiva, tiene mucho de sus raíces, de lo que conoce y domina. Del *boogaloo* dijo Celia cuatro años después, en Caracas, al periodista José Hernán Briceño, de *El Nacional*: «Mucho de lo moderno, es lo viejo con disfraz. El *boogaloo* no es más que el son sin tumbadora. El sonido de los instrumentos eléctricos y la percusión reemplazan un poco los saxos y las trompetas, diversificando el asunto; pero en esencial, el ritmo permanece».

Siendo experimentadas figuras de la escena musical cubana y caribeña en México, con vínculos de larga data en la interrelación musical entre ambos países y dirigiendo lo mismo *jazz bands* que conjuntos, Salamanca y Tarraza, como directores, acompañan a Celia con arreglos en los que se identifican guiños a la corriente dominante del *pop*, pero ajustados a la sonoridad tradicional de estas formaciones en la música cubana.

Ese año Celia coincide en México con LSM, trabajan juntos en algunos escenarios y viajan a Los Ángeles para realizar una memorable actuación el 17 de abril en el Hollywood Palladium.

En marzo vuelve a Venezuela contratada por el Canal 4 y para actuar en el Hotel del Lago y también en El Toledo del Hotel Tamanaco. Al finalizar 1967, un año marcado por una intensa actividad fonográfica para Celia, los resultados no son los esperados. El álbum *Bravo*, de indudables valores y en el que cifraba esperanzas, no puede ni siquiera acercarse a la inmensa popularidad de músicos como Richie Ray y Pete Rodríguez, para muchos entonces el Rey del Boogaloo, con el clásico de la música latina en inglés: *I like it like that*.

En el resumen anual al finalizar 1967, la revista *Record Word* destaca la ruptura de LSM y de su director Rogelio Martínez con Seeco Records, para crear su propio sello disquero. Y en el anuncio navideño que Tico-Alegre hizo colocar en diversos medios especializados, quedaba claro el orden de importancia que en ese momento tenían las tres cubanas de su catálogo: en primer lugar, La Lupe, seguida de Celia, y por último, Noraida, a quien Tito Puente presentó y pretendió convertir en *La Bárbara del Mundo Latino*, sin mayores resultados.

Aun así, Celia recibe el premio de la revista *Record World* en 1967 como la Mejor Cantante de Música Popular del Año (*Popular Singer of The Year*). A partir de entonces, el nombre de Celia aparecerá con frecuencia en el palmarés de estos reconocimientos, aunque deberán transcurrir aún varios años para que la industria estadounidense de la música reconozca especialmente los valores latinos en sus más prestigiosos premios: los Grammy. En México, el diario *El Heraldo* la distinguiría como la mejor intérprete de música tropical en su selección anual, y repetiría con igual distinción en los años de 1968 y 1970.

Los tres primeros meses de 1968 son de intensa actividad para Celia en México: continúa cumpliendo contratos en escenarios, al tiempo que prosigue las grabaciones con Memo Salamanca. En términos discográficos, el año será productivo junto al pianista y director veracruzano, pues a la promoción y difusión comercial de los anteriores se suma el trabajo en otros dos álbumes: *Serenata Guajira* (SLP-1180) y *La excitante Celia Cruz (Oh, That Exciting Celia Cruz)* (LP-1186), para el que grabó su versión de *A Santa Bárbara* (Reutilio Domínguez). Ambos salen al mercado en la segunda mitad de 1968.

Mientras La Lupe cautivaba a la comunidad latina con su más reciente éxito *La Tirana* (Tite Curet Alonso), Celia mantiene fuerte su plaza en México: canta en El Quid y en el Teatro Blanquita, con su amiga Toña la Negra. No era la primera vez: las dos cantantes hicieron época en la temporada que compartieron con LSM en el Teatro Lírico del Distrito Federal en 1961; coincidieron y cantaron juntas en Miami en 1964 y continuaron siendo aplaudidas en las revistas del Teatro Lírico, en las que Celia era ya la primera figura.

En diciembre de 1969 el cartel del Blanquita anunciaba «Celia Cruz y Toña la Negra cantando juntas».

La Guarachera está de vuelta en Nueva York a finales de mayo. En junio se presenta en el popular programa televisivo *Estrellas en Miami*, que es retransmitido también en canales de Los Ángeles y Chicago, y otros de México y República Dominicana. La afamada actriz Silvia Pinal la invita, junto a Olga Guillot, a su *show* televisivo, donde se presenta el 8 de agosto. Al día siguiente aparece en el canal 41 de Nueva York en horario estelar en el programa *Duelo musical*, con los mexicanos Armando Manzanero, Luis Demetrio y Sonia *La Única*.

La noche del 6 de septiembre el Philharmonic Hall del Lincoln Center de Nueva York abría sus puertas al *Show Latinoamericano*, producción lírico-musical de Manolo Alonso que se prolongaría hasta el día 8. Celia y la gran bolerista cubana Olga Guillot se presentan juntas sobre un escenario en Nueva York, como primerísimas figuras de ese espectáculo, recorriendo cada una sus grandes éxitos individuales y uniéndose en el gran final, cantando a dúo, para honrar a la Virgen de la Caridad del Cobre, patrona de Cuba, en su día.

Para el 1.º de diciembre, Tico Records está lanzando el nuevo álbum de Celia, el tercero con Memo Salamanca y producido también por Pancho Cristal: *Serenata Guajira*, donde retoma su ya tradicional referencia en clave nostálgica con su versión de *Cuando salí de Cuba*, del argentino Luis Aguilé.

Al concluir 1968, La Lupe encabeza el *hit parade* de la revista especializada *Record World* en Nueva York con *Carcajada Final* y además, en el lugar décimo tercero, *La tirana*, ambas de Tite Curet Alonso. En esta lista de éxitos Celia no alcanza a ocupar sitio alguno… de momento.

Tres años después de su primer trabajo conjunto para Tico Records, en la primera mitad de 1969, Celia y Tito Puente retoman su trabajo colaborativo y entran a los legendarios Broadway Recording Studios. *Quimbo quimbumbia* (SLP-1193) es el disco resultante, con Puente como productor, arreglista y director musical, el cual recoge

10 canciones, de las cuales la versión guarachera de *Aquarius/Let the Sunshine In* se lanza en junio como primer sencillo.

Los chicos de The Fifth Dimension (Quinta Dimensión), con su *soul* psicodélico, arrasaban en esos momentos con el original que unía en un *medley* las canciones *Age of Aquarius* y *Let the sunshine in*, provenientes del musical *Hair* creado por James Rado y Gerome Ragni, actores en la obra y autores también de la letra de las canciones, cuya música compuso Galt MacDermot. Ese año la canción se situaba en los primeros lugares de preferencia, permaneciendo seis semanas en el número 1 de los Billboard Hot 100 y en camino de convertirse en un clásico de los años del movimiento *hippie* y su cultura de paz, amor y libertad sexual, la psicodelia como expresión artístico-visual, la guerra de Vietnam y el movimiento de protesta que provocó entre la juventud estadounidense. Elevada a los mayores niveles de popularidad en medio del éxito del musical *Hair* en Broadway desde su estreno en 1967, y 12 años después, en el filme homónimo de Milos Forman, *Aquarius* contribuyó a elevar su banda sonora a la categoría de música de culto.

Con su versión, Celia y Tito pretenden incursionar en el *pop*, pero aproximándolo al universo rítmico afrocaribeño. El sencillo con la voz de Celia se anticipaba un mes a la salida del nuevo álbum que lo incluye y que toma su nombre de la guaracha homónima de José Carbó Menéndez. En octubre, la revista *Record World* sitúa a *Aquarius*, la versión de Celia y Tito, en el octavo lugar de su *Latin American Single Hit Parade*. Por primera vez, un *single* de Celia supera en este conteo a La Lupe, quien, con *Puro teatro*, debió contentarse con el último lugar, el número 15.

A mediados de diciembre de 1969 Tico Records y Tito Puente intentan reeditar el discreto pero estimulante éxito de su canción, y lanzan la versión de Celia de otro *hit* en el mercado pop angloamericano: *Sugar, Sugar* (Jeff Barry y Andy Kim) con letra en español de Rudy Calzado y a ritmo de *boogaloo* lento. La versión forma parte del álbum *Etc. Etc. Etc.* (LP-1207), que saldrá al mercado al año siguiente, en 1970.

Es en su versión de *Sugar, Sugar* donde en tres ocasiones, en el *intro* y el desarrollo de la canción, Celia pronuncia su famoso «¡Azúcar!», aunque mucho más suave y sensual que el grito que se convertiría en marca de identidad. Un año después, en la versión guarachera de la ranchera *Te solté la rienda*, de José Alfredo Jiménez, ya su «¡Azúcar!» salta en su voz como grito de guerra y gozadera, y quedará recogido en el álbum *Nuevos éxitos de Celia Cruz* (LP-1232), publicado en 1971 y el último de los cinco grabados con formaciones dirigidas por Memo Salamanca. Sin embargo, años después Pedro Knight, en el programa colombiano de televisión *Yo, José Gabriel*, le comenta a Celia que la dulce expresión data de 1964. «¡Es mi grito de batalla!», le dijo a su entrevistador. *Sugar, Sugar* había sido grabada por primera vez por el grupo The Archis, alcanzando el primer lugar en las listas de éxitos de Billboard y también en Gran Bretaña en 1969, considerado como lo más representativo en el llamado *bubblegum pop*. Un año después, Wilson Pickett alcanzaría el éxito en las listas de pop y *soul* con su versión, que quedaría como definitiva en la memoria de las audiencias. La versión de Celia y Tito no sería recibida como ellos deseaban y pasaría sin pena ni gloria.

En los sesenta, Tito Puente intervino en cuatro discos con Celia, compartiendo el crédito de artista principal, arreglista, director musical o productor, indistintamente, por Tico Records: los LP *Cuba y Puerto Rico son…* y *Son con guaguancó* en 1966, *Quimbo quimbumbia* en 1969 y *Etc. Etc. Etc.* en 1970, en calidad de productor.

Los amores entre Celia y México se hacen cada vez más visibles: durante aquella década la Guarachera de Cuba recibió en dos ocasiones el codiciado Discómetro de Oro, máximo galardón por ventas de discos en ese país. Sin tiempo que perder, Tico Records lanza al mercado *La excitante Celia Cruz*, el cuarto álbum con Memo Salamanca. En sus notas, los productores apuntan una expresión generalizadora: «*Verla actuar en persona, escuchar sus excitantes ritmos tropicales acompañados de un estilo inconfundible, y perder el control, sintiendo la necesidad de bailar, son una misma cosa*». La intención de expandir aún más los límites geográficos de la música que canta Celia es ostensible. Desde su entrada en Tico Records, la diversificación genérica y rítmica ha sido una marca característica en el repertorio de la Guarachera de Cuba, en aras de fidelizar a los melómanos del Caribe, México, Centro y Suramérica.

La sutil contienda por el trono continúa: con promoción destacada, Tico lanza el álbum *La Lupe es la reina* (LP-1192), título con una declaración demasiado sugerente para pasar inadvertida en el escenario de competitividad en que se planteaba la presencia de dos mujeres mitos en la escena musical. Mientras, Celia continúa trabajando fuerte en sus grabaciones con Memo Salamanca y Tito Puente.

En los vertiginosos sesenta, Celia, viviendo en uno de los polos de la vorágine, ha sido testigo distante de trascendentales acontecimientos políticos y sociales: el auge de los movimientos afroamericanos por los derechos civiles, el liderazgo espiritual y alevoso asesinato en Memphis de Martin Luther King, Jr.; el accionar movilizativo de Malcolm X, del Black Power y los Black Panthers; el magnicidio en Dallas del presidente John F. Kennedy el 22 de noviembre de 1963. El incremento incesante de la población inmigrante latinoamericana y caribeña y su asentamiento en las comunidades latinas por todo el país, Nueva York en particular, se suma al clima de lucha y protesta en que vivía la juventud. Es la década del auge de los movimientos de liberación nacional en América Latina y del frustrado intento de la Brigada 2507 en Bahía de Cochinos/Playa Girón, con que el exilio cubano pretendió recuperar el poder perdido en Cuba; es la década de la Crisis de los Misiles. Es la década donde todo ocurrió, o casi todo.

En la música latina y afrocaribeña, si bien había espacios de preferencia conquistados en los EE. UU., para una artista, mujer y cubana, las circunstancias generales no eran halagüeñas. En opinión de Emilio Estefan:

> Creo que [los años sesenta] fue un momento crucial para la música latina en el mundo. En esa época, el mercado latino no tenía la importancia global que tiene hoy, y las compañías discográficas y la infraestructura no eran las mismas. No existían buenas organizaciones de *management* ni el conocimiento necesario para penetrar no solo en EE. UU. o el Caribe, sino en todo el mundo. Sin embargo, Celia lo hizo increíblemente bien para el contexto de su tiempo.

Para Celia, es la década en que llega y se asienta en una nueva realidad geográfica, personal, profesional, y también política. Cierto, había llegado al lugar adecuado en el momento oportuno. Aun así, tal circunstancia no demerita la valentía y determinación en las drásticas y arriesgadas decisiones que tomó, acompañada de su fina intuición y de su capacidad para calibrar con tino cada situación y cada oportunidad. Otra vez apostó a su talento y confianza en sí misma y al trabajo en la búsqueda de la excelencia desde sus raíces e identidad, pero absorbiendo lo nuevo y válido que surgía del entrecruce de culturas, vivencias e idiosincrasias. Su repertorio se expande aún más a las culturas afrocaribeñas y latinoamericanas y se enfoca también en el público angloparlante, con quien se propone conectar desde versiones rítmicas sin despegarse del son, la guaracha, el afro y el bolero.

A pesar de tanto esfuerzo, Celia aún no era la reina: en la música cubana que se creaba desde Nueva York al finalizar los sesenta, La Lupe era considerada la mayor expresión femenina del *latin soul*, que se manifiesta en el éxito comercial del *boogaloo*, sus conexiones con el pop anglosajón y el R&B afroamericano, y se posiciona como la cantante cubana y latina del momento. La santiaguera logra ceñirse y retener la corona de la música latina durante esta década. Catorce años más joven que Celia, *la Yiyiyi*, como también le llamaban, representaba la frescura de una artista emergente con un *performance* frenético e inusual que encajaba en el *pop*, bendecida con una voz fuerte y diáfana, la influencia de la tradición musical cubana y singularizada por un carácter impredecible, toda una mezcla que articulaba con las influencias crecientes del rock y el pop en la música cubana y caribeña que hacían los muchachos de El Barrio y del Bronx.

Músicos y periodistas sabían y reconocían que Celia Cruz era una experimentada cantante con una larga y sólida trayectoria cimentada y afianzada en su país y que, todavía, representaba más la tradición que la novedad. Cuando en 1966 se presentaba en Venezuela, el cronista anónimo del periódico *La Verdad* reconocía la decidida aceptación que habían tenido las apariciones de Celia a través de los canales de CVTV entre el público caraqueño, pero al mismo tiempo apuntaba a ese sabor de tradición en su *performance*:

> Y aun cuando su estilo pudiera tacharse de un poquito pasado de moda —lo mismo que su manera de vestir—, fuerza es reconocer que la morena cubana sigue arrebatando al público. Para muestra, un botón: en un programa de radio que va en horas de la mañana, el locutor propuso un certamen con votos por llamadas telefónicas tratando de averiguar quién goza de mayor popularidad entre el público oyente: si La Lupe o Celia Cruz. ¿Quién creen ustedes que ganó? ¡Pues Celia Cruz!
>
> Obtuvo el doble de votos que La Lupe. Curioso, ¿verdad? ¡Pero así fue!

Los discos de Celia con Tico/Alegre Records destacan en las tiendas de discos en Venezuela, por la conocida marca El Palacio de la Música, y tienen una discreta distribución en países como México, a través de Orfeón; y en Colombia, con Discos Fuentes, entre otros.

En Cuba se establece con criterios cada vez más férreos la censura y la cancelación de quienes abandonaron el país para continuar viviendo y trabajando en otros. La frase «con la revolución todo, contra la revolución nada», pronunciada por Fidel Castro en su discurso conocido como *Palabras a los intelectuales*, definió el férreo marco contextual para la creación intelectual y artística. La ausencia de Celia era perceptible en la radio y la televisión, pero sobre todo en Tropicana, cuyos nuevos directores artísticos se resistían a modificar la estructura de sus *shows*, donde el llamado segmento «afro» no se concebía sin la presencia de Celia. Caridad Cuervo y Caridad Hierrezuelo emergen como reemplazo imposible, a pesar de la calidad que exhibían.

Mientras, el movimiento del *feeling* impacta en el bolero e influye en una segunda generación de compositores que también cantan, como Marta Valdés, Ela O'Farrill, y algunos que entran de manera intermitente o puntual en el estilo, como Frank Domínguez o Juan Pablo Miranda, y los recién llegados Meme Solís y Pablo Milanés; y cantantes como el dúo Nelia y René, Bobby Jiménez, Elena Burke, Omara Portuondo y la fugaz Freddy, entre otros.

En la canción, en paralelo, otro fenómeno caracteriza los años sesenta en Cuba: los aires de los festivales europeos de la canción sitúan la balada en el centro de la popularidad, con legiones de adoradores de Marta Strada, Luisa María Güell, Georgia Gálvez, algunas de sus principales voces. Y en ambas formas expresivas de la canción, el *boom* cuartetero marca de manera especial esta década con los cuartetos de Meme Solís y Los Zafiros arrasando con sus estilos diferentes, pero frescos y singulares. Orquestas como la Aragón y la Banda Gigante de Benny Moré, Riverside, y conjuntos como el Casino, Chappottín y sus Estrellas y el emergente Estrellas de Chocolate, continúan haciendo bailar a los cubanos en el archipiélago, sin que mucho de lo que está pasando en Nueva York les llegue en términos de influencia: la brecha de incomunicación que provocó la ruptura de relaciones diplomáticas y comerciales entre Cuba y EE. UU. era real.

Todo esto ocurría cuando en 1967 Pablo Milanés y Silvio Rodríguez comienzan a contar y cantar la realidad con canciones diferentes, con textos poéticos, que conceden protagonismo a la guitarra como único acompañamiento y una imagen que abandona los cánones de la farándula conocida, con la mirada puesta en los viejos trovadores. Está naciendo la Nueva Trova Cubana que, como movimiento, terminará oponiéndose y negando la validez cultural del mundo del espectáculo y sus medios y modos expresivos. La Nueva Trova Cubana toma partido en la política del país y es ungida como representación creativa de la naciente revolución cubana. El trabajo autoral de sus principales exponentes se centrará en la exaltación del periodo revolucionario posterior a 1959, aunque no podrá ocultar la notoria valía de sus principales figuras —Silvio Rodríguez, Pablo Milanés, Noel Nicola— como compositores y cantantes, por igual.

La década de los sesenta constata cuánto trabajo incansable y disciplinado entregó Celia en estos 10 años, sin que nada la amilanara, siempre centrada en su ambicioso objetivo de triunfar aún más en tierras todavía ajenas y de entregar la excelencia, con la que llegaría hasta donde nadie pudo siquiera imaginar.

Celia en México y México en Celia fueron esenciales en esta década, donde afianzó amistades previas y cimentó otras igual de duraderas y leales, cautivó a músicos y compositores y fidelizó a miles de admiradores. Para muchos, los discos grabados por Celia en la década de los sesenta son considerados fallidos por sus resultados comerciales, pero en lo creativo son la expresión de una etapa importante en su carrera y de un trabajo conjunto con experimentados líderes de bandas, que transparentan la sedimentación de la tradición sonera y guarachera, y la búsqueda de nuevos caminos para asimilar la riqueza transformadora de esos años. Revisitar estos discos décadas después permite descubrir a una Celia Cruz en plenitud de su voz y esencia.

Celia junto a Ralph Mercado, Ruth Sánchez Laviera y Papo Lucca.

La era Fania, el gran salto
(1970)

Quizás no alcanzó a imaginar la trascendencia que la nueva década tendría en su vida, pero, de momento, Celia está decidida a mantener a sus audiencias tradicionales, y, en la misma medida, conquistar a los jóvenes, a lo que ella comenzaba a llamar «generación pop». Muchos eran los cambios e influencias a los que se exponían los jóvenes, así como la inconformidad con la sociedad en que vivían. Los jóvenes latinos reflejaban los cambios socioeconómicos, políticos y musicales que estremecían a la comunidad afroamericana desde la década anterior. Sonidos renovados traen nuevas sacudidas en la industria musical estadounidense. Mientras el auge del R&B catapulta a quienes serán sus más valiosos exponentes a nivel mundial con Motown liderando la industria, los primeros balbuceos del Sonido de Filadelfia (Philly Sound) aúpan los antecedentes de la música disco, y un estilo, una suerte de reacción a la contracultura de los sesenta donde grupos sociales se unen en expresiones del rock como género musical y diversas formas bailables que refuerzan otros modos de exponer voces y cuerpos. Es temprano aún para intuir si la música disco será una amigable compañera del movimiento salsero que se gestaba o una persistente antagonista.

En Cuba, desde finales de la década anterior, los escarceos exploratorios de algunos músicos desembocan en la creación de dos formaciones que marcarán el pulso vital de la década en la música bailable y el jazz: Los Van Van, de Juan Formell, quien, influenciado por el rock, ya experimentaba con el son y algunas de sus variantes; y el grupo Irakere, de Chucho Valdés, expuesto a la música cubana más raigal y al jazz desde sus más tempranas experimentaciones, en particular, con la percusión afrocubana.

En cuanto a Celia, la experiencia colaborativa iniciada con Tito Puente en los sesenta marcará no solo la década siguiente, sino el curso de toda su carrera hasta la desaparición física del Rey del Timbal. La versión guarachera de *Aquarius/Let The Sunshine In* es, sin duda, la grabación más exitosa de Celia —junto a Puente— en ese decenio. Al comenzar los setenta le reconocen con los Discos de Oro en Miami y Nueva York, y el Búho de Oro en Panamá.

La Arena Deportiva de Los Ángeles fue sede el 19 de abril del 3.er Festival «Disco de Oro de Hollywood 1970». Según la revista *Record World*, el trofeo se entrega «a los artistas más destacados en el año anterior, tomando en cuenta la popularidad y las ventas en California y en cada una de las diferentes categorías», entre ellos Celia Cruz. Entonces, ella trabajaba para conquistar nuevos espacios y nuevos seguidores en Nueva York, y en otros estados quizás más difíciles, pero a donde también su disquera hacía llegar sus grabaciones. Prueba de ello es la posición que desde los primeros meses de los setenta ocupó su versión de *Sugar, Sugar* en los índices de preferencia en Texas, un estado que entonces no se caracterizaba por tener una población caribeña significativa. Mientras tanto, Celia se prepara para un acontecimiento que considera crucial: su debut en España.

Elba Montalvo, su amiga desde la adolescencia, era una de las voces del cuarteto cubano Los Rivero, que triunfaba en la península ibérica. Ella y su esposo y *manager*, Carlos Durante, ayudaron a Celia a abrir el mercado español a su música. Los Rivero se presentaban en Nueva Romana, una sala de fiestas en Madrid. Elba y Carlos hablaron con su promotor, Paco Bermúdez, y le hicieron conocer la música y el talento de Celia, así como el éxito enorme que había tenido en Cuba. Lo convencieron, y él convenció a Luis Torres, el dueño de Nueva Romana, de traer a Celia Cruz a Madrid por primera vez.

Durante los años sesenta, la música de Celia y LSM se radiaba de modo excepcional en algunas emisoras en España, como Radio Rioja, Radio Vida, de Sevilla. Ni ella ni el conjunto se habían presentado nunca ante aquel público, pero algo cambiaría a partir de 1970. «Alta, morena, simpática y llena de ritmo, así es Celia Cruz», decía el diario español *ABC* en su edición del 1.º de noviembre de 1969, mientras Celia sonreía desde una foto con la que se anunciaba su «peculiar» versión de *Aquarius/Let The Sunshine In*. Probablemente esa era la primera vez que una foto de Celia aparecía en un medio de prensa español.

La España a la que Celia llega, la España franquista, ha recibido, desde siempre, y ahora mucho más, a músicos cubanos. La oleada más reciente había comenzado en 1959 en Madrid, Barcelona, Valencia y otras ciudades.

A Celia le hacía tanta ilusión que preparó minuciosamente su debut. La acompañan —o la anteceden— un gran número de maletas repletas de vestidos de calle y de escena, de batas cubanas de interminables colas, cargadas de pasacintas y volantes; y también de pelucas monumentales, aquellas que las cubanas llamábamos *María Caracoles*, auténticos rascacielos capilares, como se usaba en los tiempos que corrían. Celia se exige a sí misma tanto en lo vocal e interpretativo, como en la imagen que proyecta con sus *outfits*. El nivel de su vestuario escénico ha sido y continúa siendo elegante y de altura. Cumple determinados rituales: en ese tiempo siempre viste de blanco el día del debut y al cierre de sus actuaciones en cada lugar. Cree que hacerlo así le da suerte.

Celia tiene claro a qué tipo de audiencia está enfrentándose. Así se lo contó a la venezolana María Alcira Dubuc, corresponsal del periódico caraqueño *Meridiano*, que dedicó una página completa a la entrevista y en donde Celia califica la respuesta del público como maravillosa. El primer día muchos amigos y cubanos residentes en Madrid acudieron a arroparla. «[...] y han seguido yendo. Allá hay un señor, por lo menos uno, que yo veo todos los días, sentado en primera fila. Va todos los días», contaba alegre la Guarachera de Cuba.

Celia debuta formalmente en España el 15 de junio de 1970, en Nueva Romana, donde actuaría como atracción especial con doble *show* los sábados y domingos hasta el 4 de julio. La Nueva Romana era uno de los más renombrados espacios de la noche madrileña, al igual que Florida Park, donde entonces se presentaba el gran director y compositor cubano Armando Oréfiche y su orquesta Lecuona Cuban Boys. A juzgar por la prensa, Celia concitó las mayores expectativas y el público acudió a sus presentaciones a pesar del mal tiempo que intentó malograr su debut. «¡Señores, allí echan humo las palmas. A Celia Cruz hay que verla!», afirmaba el redactor anónimo del diario *Pueblo*.

Sin embargo, su debut en España no fue exactamente en el Nueva Romana: dos días antes se celebraba el día de San Antonio y, con Elba y otros amigos, Celia se sumó al grupo que se acercó a Caripén, el *tablao* de Lola Flores para festejar a su esposo Antonio *el Pescaílla*: se reunieron allí los amigos «de la casa»: Junior y Rocío Dúrcal; la Polaca y su marido; Curro Romero y su mujer; y otros, según contó el periodista José Manuel Carrillo, del diario *Pueblo*.

Lola y Celia se habían conocido en La Habana, en los años cincuenta. Se reencontraron a inicios de los sesenta en México, cuando vivieron en el mismo complejo de apartamentos Pennsylvania. Desde entonces se fermentó una amistad duradera.

Lola solía aparecer en Nueva Romana con un grupo de amigos y personajes. Cerraba el Caripén y los llevaba para que conocieran a Celia, a quien consideraba un prodigio cubano. Décadas después, Celia contaría al periodista Carlos Galilea, del diario *El País*:

> [...] ella me llevaba a la gente. Llamaba al dueño: «Luis, no pongas todavía el *show*, porque voy». Yo le decía: «Pero, Lola, ¿cómo tú vas a sacar a los clientes de tu restaurante?», y me respondía: «España te tiene que conocer, porque tú eres la Niña de los Peines cubana y quiero que todos los españoles sepan quién es Celia Cruz».

Aludía a la cantora gitana Pastora Pavón (Sevilla, 1890-1969), la legendaria «Niña de los Peines», una de las voces más relevantes del flamenco.

En su debut en España, Celia incluyó, junto a éxitos recientes como *Aquarius/Let The Sunshine In*, sus clásicos de siempre: *El yerbero moderno*, *Burundanga*, *Tu voz*... De su repertorio confiesa que le gustan todas las canciones, porque es ella quien las escoge y se congratulaba por la suerte: siempre las compañías con las que trabajó le permitieron tener la última palabra en cuanto a las canciones que interpretaría.

El periodista Emilio G. Loygorri rezuma sinceridad en lo que escribe y titula «Un prodigio»:

> Como cualquier profesional, conocía discos de Celia y había, por supuesto, leído, especialmente en prensa sudamericana, sobre ella. Y figuras españolas que habían actuado en Sudamérica me habían hablado elogiosamente de la cantante. Todo esto es pálido frente a la realidad de su actuación. *La Voz*, que debían apodarla *«chorro de voz»*, es la más alta representante del ritmo cubano. Es imposible superarla. Fuerza, temperamento, autenticidad, sentimiento, «sabor» y ese misterio de la sangre que eleva la canción a rito ancestral. Algo que llega al público de tal manera que en Nueva Romana no la dejan terminar una canción, siempre rota por una ovación. A Celia le llueven flores en escena. A Celia no la dejan irse del escenario. A Celia le van piropos, adjetivos, bravos. El público se pone en pie porque el misterio de su canción se ha hecho verdad, porque pone los pelos de punta, porque hace estremecer, porque no nos había venido de América una voz así. Una voz, La Voz, el chorro de voz que yo creo que pronto, urgentemente, tendrán que ver y oír en televisión.

Televisión Española escuchó el llamado del periodista: Celia grabó para el programa *Galas del Sábado*, para lo cual debió retrasar su regreso desde Madrid. Así, el sábado 18 de julio de 1970 Celia aparece en la Primera Cadena.

Tres días después del debut de Celia en la televisión de España, Sidney Siegel, el dueño e impulsor de Seeco Records, fallecía en altamar a bordo del crucero *Michelangelo*, cuando se dirigía a la Riviera Francesa junto a su esposa. En 1968 le había sido diagnosticado un cáncer y, reacio a los médicos y los fármacos, se resistió a los tratamientos. En un momento de ira durante el viaje lanzó al mar el medicamento que pudo salvarle de la neumonía que finalmente le cobró la vida.

Los últimos días del comentado éxito de Celia en su primera toma de contacto con el público español desde Nueva Romana les pone difícil la elección a sus noctámbulos: en el Florida Park canta Joan Manuel Serrat, Julio Iglesias en el Pavillon, y en La Riviera está despidiendo también Armando Manzanero.

A su regreso de España, no hay descanso: el 19 de junio, Celia inicia una breve temporada en el Crystal Grill de Elizabeth, Nueva Jersey y, pocos días después, vuelve al Montmartre de Miami, estimulada por los ecos sobre la cálida aceptación que le dispensaron en Madrid, la nueva ciudad que comienza a conquistar.

El Montmartre de Miami pretendía replicar, con claves tradicionales y otras nuevas, el escenario de éxito que hizo leyenda a uno de los tres grandes cabarets cubanos. Elogios de la prensa local, reconocimientos y anécdotas permiten imaginar el nivel de la propuesta musical y escénica de Celia en el cabaret miamense. Marisol Malaret, la recién elegida Miss Universo 1970 y primera boricua en conquistar el lauro, está siendo agasajada en el Miami Beach Auditorium, pero al enterarse de que Celia canta en el Montmartre, pide que la lleven allá para ver a la cubana en su última actuación allí.

Cuando en octubre de 1970 Tico/Alegre Records está lanzando *Alma con alma* (LP-1221), el nuevo LP de Celia y Tito Puente, también debuta el fonograma de un talentoso chico panameño, a quien igualmente le corre sangre cubana por las venas: Rubén Blades se estrena con *De Panamá a Nueva York*.

Alma con alma se graba en Broadway Recording Studios y se eligen dos cortes para su promoción: *Cuyí* (Rudy Calzado) en el estilo guarachero de raíces afro que es tradicional e identitario en Celia, pero con respaldo orquestal, y su versión de *Alguien vendrá* (Sergio Esquivel-Memo Salamanca), convertida en *hit* en México en la voz de José José, pero también en la línea de la balada festivalera que arrasaba entonces en España. Su impacto queda muy lejos de los resultados esperados.

Antes de que termine 1970, en octubre, Celia vuelve a Madrid, esta vez junto a Tito Puente, para grabar su próximo disco, *Celia Cruz y Tito Puente en España* (LP-1227). Su casa disquera ha confiado en los frutos que su debut puede arrojar en ese mercado y se suma a la gestión de la promoción local. El disco incluye temas de autores cubanos en su mayoría, además de *Guajira a España* (Tito Puente) y una versión singular de *El cóndor pasa*, fragmento de la antigua zarzuela peruana rescatada por el grupo peruano Los Incas y los newyorkinos Simon & Garfunkel, el famoso dúo de folk-rock. Graban en los Estudios Columbia de la capital ibérica, con la producción y dirección de Puente, y arreglos de Charlie Palmieri, Osvaldo Estivill y del propio Tito. El álbum comenzará a distribuirse a inicios del año siguiente.

Por ese tiempo, Celia dejaba claro a los periodistas de qué no quiere —no quería en ese momento— hablar, al punto de que uno de ellos, Jesús Bustindui, titula así su larga entrevista: «Celia Cruz tiene tres temas tabú: dinero, política cubana y colegas», y en esto último precisa más: «[...] ni decidirse por mejores artistas, ni hablar de otras colegas».

Tras varios años de ausencia, Celia regresa en 1971 a una de las plazas donde más la han amado: las Antillas Holandesas. Su fanaticada local se había mantenido al tanto de sus nuevas grabaciones y probablemente también de los vaivenes de su carrera tras su salida de Cuba. Ahora podrían constatar en directo que Celia seguía siendo la Celia querida. En una corta gira concretada —como en tiempos anteriores— por el promotor y ejecutivo disquero Angel

Job, *el Gordito de Oro*, llegó a Willemstad, capital de Curazao, el 1.º de marzo, acompañada por Pedro Knight, para presentarse durante cuatro días en Cinelandia y el Centro Social Montagne con el respaldo musical del Conjunto San José. Ese año regresa para los festejos de Navidad y fin de año. Años después se verá que sus reiteradas presentaciones en las Antillas Holandesas a lo largo de varios años conformaron una base de seguidores que será decisiva para su entrada en la Europa continental no hispanoparlante.

En marzo de aquel año, Celia vuelve al Montmartre de Miami para cantar y encantar a su público floridano y su impacto allí se repite en el Chateau Madrid de Nueva York. Ubicado en la calle 48 y avenida Lexington, se ha convertido en uno de los sitios hispanos más concurridos en las noches newyorkinas. Su dueño, Ángel López, se empeña en mantener ese ambiente que trasciende lo latino para llegar también a lo ibérico. El *show* de Celia, que debuta el 30 de septiembre con el gran tamborero Cándido Camero y el grupo flamenco La Zambra, vuelve a remover los recuerdos habaneros del reconocido Bob Sylvester. En su popular columna *Dream Street* en *Daily News*, Sylvester declara su fascinación por la Guarachera de Cuba en su crónica «Una Cruz con música», donde narró cómo, 14 años atrás, una multitud enloqueció cuando una chica subió al escenario, como mismo le ocurrió a aquel joven cuando ella terminó de cantar. Era Celia Cruz, «y era una de las favoritas de toda Cuba».

A mediados de mes, la repercusión en la prensa norteamericana se resumía en frases como estas: «Excelsa» (John Wilkins, en *Times*), «Una maravilla, totalmente maravilloso, contagioso» (Bruce Sinclair, en *Cue Magazine*). Si todo esto fuera poco, un titular hace historia el 8 de octubre de 1971: «Celia Cruz, excelsa en el Chateau Madrid». Dicha reseña de John S. Wilson propicia que el nombre de la cubana aparezca por primera vez en *The New York Times*, uno de los más influyentes diarios en toda la Unión Americana. El columnista, tras caracterizar el sitio dentro del espectro musical newyorkino, analiza la actuación de Celia, que canta en inglés conocidas canciones como *Red Lips* o *Afro-Blue*, *Guantaname-ra* y *Yesterday I Heard the Rain* [Esta tarde vi llover]. Para Wilson esto «hace que su canto sea más accesible de lo habitual para los oyentes de habla inglesa sin diluir las cualidades esenciales que el oyente de habla hispana viene a escuchar» y apunta un interesante vínculo de Celia con el jazz.

Celia explicaría años después la decisión de cantar también en inglés, como mismo en los años cincuenta había cantado en creole en Haití, y en papiamento en Curazao: cuando trabaja en hoteles de Panamá, Puerto Rico y Nueva York, la audiencia suele ser principalmente norteamericana, por lo que siempre incluía una canción de un autor latino que fuese reconocible y popular para ese público. A veces cantaba la mitad en inglés y la otra mitad en español:

> No lo hago para congraciarme con los norteamericanos: es que cuando ellos no entienden el idioma de uno, medio que le prestan atención. Pero cuando oyen una cosita en su idioma, aunque tenga acento y todo, ya ponen más atención. Creo que eso es muy bonito, porque si a Cuba fue Nat King Cole y grabó aquello de «toma chocolate, paga lo que debes» [...] no veo nada de malo que Celia Cruz haga su numerito aquí y allá en inglés.

Que el desempeño de Celia en sus presentaciones en directo ya no pase inadvertido para la gran prensa resulta un escalón importante frente a los insuficientes resultados de los discos, proponiendo un nuevo y prolijo repertorio con diferentes contextos instrumentales.

El sello Tico/Alegre lanza el álbum *Nuevos éxitos de Celia Cruz* (Tico LP-1232), esta vez acompañada por Memo Salamanca y su orquesta. De su contenido, en septiembre había publicado un sencillo con *La Bikina* (Rubén Fuentes-Alexandro F. Roth) y la guajira *Canoero*, donde el compositor uruguayo Roberto Darwin musicaliza algunos de los *Versos Sencillos* de José Martí.

Como es habitual cada año, Caracas, México, D. F., Nueva York y Miami son las plazas de mayor trabajo para Celia también en 1972.

Llenan su agenda temporadas como las que cumple en el Teatro Blanquita en el Distrito Federal; conciertos en el Festival Internacional Nueva Onda en enero y durante los carnavales de Caracas y Maracaibo en febrero; y homenajes, como el que varios músicos cubanos tributaran al gran Benny Moré en el Radio City Music Hall.

Regresa a los estudios con Tito Puente para grabar *Algo especial para recordar* (Tico CLP-1304), que se lanza en agosto y recoge algunos de sus grandes éxitos con LSM pero ahora con nuevos arreglos. Celia aparecerá en dos recopilatorios: *Hits of the Seventies. Vol. 1* (Tico LP-1234) y *Homenaje a los santos* (LP-25037), un álbum recopilatorio con grabaciones de Celia con LSM ligadas a la liturgia religiosa afrocubana.

La revista *Record World* en sus International Latin Awards concede a Celia la distinción de Cantante Femenina de Música Tropical del Año, en un salomónico palmarés donde sitúan a La Lupe en una curiosa categoría: *Soul Singer of The Year* (Mejor cantante femenina de *soul*). Durante la década de los setenta los Premios Latinos de la revista *Record World* reconocerán prácticamente cada año el trabajo de Celia, eligiéndola como la mejor cantante y algunos de sus discos como las mejores producciones del año. En junio de 1972, el Festival del Disco de Oro de Miami la proclama la Mejor Intérprete de Música Tropical.

Quizás pasara inadvertido, pero en el anuncio de felicitación por la Navidad de 1972 que Tico/Alegre publicó en *Record World*, Celia aparece antes que La Lupe, solo precedida por Tito Puente, Ismael Rivera y Eddie Palmieri.

Cuando ya es inevitable prestar atención a la explosión de aquello que comenzaron llamando *latin soul* y luego *salsa*, pero que antes fue son, guaracha, rumba, afro, bolero, va en aumento el número de sellos y productores de conciertos que centran su trabajo y su catálogo en esta nueva realidad. Finaliza 1972 y el 10 de noviembre el Madison Square Garden (MSG) abre sus puertas al Primer Festival de Música Latina en Nueva York, diseñado por sus promotores para mostrar la pujanza de los nuevos sonidos en la gran ciudad. El productor es el experimentado Richard Nader, hoy considerado precursor de los festivales latinos en el MSG y responsable de situar a La Lupe y a Tito Rodríguez en ese magno coliseo del arte y el deporte en la Gran Manzana. En este caso, fue un evento masculino en su totalidad y que prescindió de cantantes significativos en un cartel que se enfocaba en las orquestas.

Hommy, *el pórtico a Fania*

Laurence Ira Kahn —mejor conocido como Larry Harlow—, rubio, pelo largo y en desorden, un poco de *hippie look*, viene del mundo del jazz y el rock, donde es un experimentado pianista, pero también un apasionado de la música cubana, de la que bebió en el ambiente familiar a través de sus padres, con los que había vivido algún tiempo en la mayor isla del Caribe. Allí había nacido su acendrada pasión por el son. Venera a Arsenio Rodríguez, *el Ciego Maravilloso*, pero no se contenta con el esquema simple del *boogaloo* de moda y comienza a experimentar en esa mezcolanza de sonidos y culturas dentro de la que vive, soñando siempre con lograr el sonido del conjunto que dirigía el genial tresero invidente. Harlow, uno de los jóvenes músicos que se reunieron en Cheetah Club, en el Midtown, el 26 de agosto de 1971, en un evento que será filmado para ser parte de la historia que se escribía en Nueva York.

Lleva tiempo trabajando en un proyecto inusual: la creación de una *latin opera* inspirada en la ópera-rock *Tommy*, que el grupo británico The Who convirtiera en un éxito reciente, la primera de su tipo, presentada en un álbum doble con una narrativa lineal que va completándose en la sucesiva progresión de las canciones, pero con ritmos cubanos a los que el nuevo movimiento musical que se gestaba en el Nueva York latino apelaban.

Así surge *Hommy*, la primera ópera latina, cuyo argumento escrito por Henny Álvarez narra la historia de un niño hispano nacido sordo y ciego, pero que de pronto se convierte en un habilidoso bongosero. Fue solo después de que Harlow había completado la estructura de la *latin-opera* cuando supo que faltaba una figura femenina. El personaje de La Gracia Divina es la versión latina de la Acid Queen (la Reina del Ácido) en la ópera de The Who. Harlow decidió que nadie mejor que Celia Cruz para encarnarla.

La narrativa de *Hommy* refleja una característica que marcará a fuego los inicios y la época de oro del movimiento salsero nucleado en torno a Fania Records: la onmipresente preeminencia patriarcal, y la subvaloración de la mujer, una continuidad de lo que ya prevalecía en las músicas que se creaban en Cuba, el Caribe y América Latina. El catálogo de Fania Records en esos años era abrumadoramente masculino y la única excepción llegaría con la entrada de Celia Cruz a este controversial universo, precisamente de la mano de Harlow y Álvarez con su *latin opera*.

Harlow había convencido a Masucci y a Pacheco para que Fania asumiera la producción del espectáculo. Así, *Hommy* tiene su estreno mundial en el legendario Carnegie Hall en una única fecha el 29 de marzo de 1973, repitiendo la función en la medianoche. *The New York Times* lo incluye en su guía de espectáculos, destacando a Celia y a Cheo Feliciano entre los cantantes principales y el compromiso sentimental de Larry Harlow y su familia con la música latina.

Que eso que comenzaba a llamarse *salsa*, la música de moda, se presentara y sonara en el Carnegie Hall era una absoluta novedad, y mucho más en forma de *latin opera*, pues hasta entonces solo había sido acogida por sitios y clubes latinos a donde se iba a bailar. Se trataba ahora de un escenario legendario, y excelso hasta para los norteamericanos, que, a partir del suceso *Hommy*, abriría sus puertas también a músicos latinos que consolidarían el movimiento salsero. Tanto Harlow como Masucci y Pacheco no solo pensaron en los aspectos socioculturales y sentimentales que suponía una obra como *Hommy*: también el lado comercial importaba, y mucho, en la encarnizada contienda entre Fania y Tico/Alegre por la conquista de las audiencias latinas.

En *Hommy*, los músicos son los de la Orquesta Harlow y las voces pertenecen al cubano Justo Betancourt (el padre-Sr. González), los boricuas Cheo Feliciano (José, el tío y el padrino de Hommy), Pete *el Conde* Rodríguez (El elemento del bonche), Adalberto Santiago (el Doctor), Genaro *Henny* Álvarez (el Heladero y también narrador de la historia en escena), Junior González, y Celia (la Gracia Divina). Johnny Pacheco, en actuación especial, interviene con su flauta y también en los coros, donde resaltan las voces de los boricuas Yayo *el Indio*, Adalberto Santiago y el cubano Marcelino Guerra, *Rapindey*. No menos importantes, el trombonista Lewis Kahn; Larry Spencer y Eddie *Guagua* Rivera, en la trompeta y el bajo, respectivamente; el tresero Charlie Rodríguez, Harlow, Marty Sheller, José Luis Cruz, Papo Lucca y Javier Vázquez en los arreglos.

Herman Rodríguez-Bajandas, empresario de la industria fonográfica, era entonces un joven que seguía los vaivenes de la música latina y fue uno de los que asistieron al estreno de *Hommy*:

> A la entrada, cuando entregabas el *ticket* te regalaban el álbum con la música de *Hommy*. Aún lo conservo. Se llenaron las dos funciones, la segunda un poco menos, con un público que no era el habitual de Celia —personas mayores cubanas, puertorriqueñas, dominicanas—, ni tampoco el público que solía ir al Carnegie: eran los jóvenes que seguían a los salseros y leían la revista *Latin NY*, que sabían quién era Celia Cruz, que la escuchaban en los encuentros familiares de los fines de semana, de las celebraciones con discos que traían sus mayores, aunque quizás nunca la hubiera visto en un escenario. Todo transcurría bien, normal, pero cuando Celia salió al escenario y empezó a cantar, aquello fue grandioso, extraordinario.

Al desempeño de Celia en el escenario del Carnegie Hall se refirió breve, pero elogiosamente, el columnista Jim Melanson en la revista *Billboard*:

> La Srta. Cruz apareció por cortesía de Tico Records y dominó el escenario con su interpretación en solitario de *Gracia Divina*. Mezclando un sonido de alta calidad con una rica emocionalidad, hizo que el público se sintiera en vilo, al borde de sus asientos. Un fallo de la producción fue que su actuación se limitó a un solo número.

Desde mucho antes, Harlow había querido trabajar con Celia, deseo que, al parecer, aumenta en 1972, cuando comienza a trabajar en algunos arreglos con Marty Sheller, hasta que decide sumar a Celia al elenco de *Hommy*. La leyenda urbana que posteriores generaciones de salsófilos han querido imponer, y que adjudica a la Providencia el encuentro de la Guarachera de Cuba con Harlow y el entorno Fania, es desmentida por el primero y por la agenda de Celia, quien se encontraba trabajando en México. Lo más que pudo hacer Harlow fue enviarle un *cassette* con la música y la letra para que se aprendiera la canción y así ganar tiempo en los ensayos que estaba previsto hacer en Nueva York.

Celia responsabiliza a Masucci con la idea de que fuera ella *Gracia divina*, y narró así en su autobiografía el modo en que encaró la grabación: «Cuando regresamos a Nueva York, me salieron con la noticia de que habían fijado la fecha para que yo grabara la canción con Larry Harlow. Me aprendí el número el mismo día que lo grabé…», narró Celia.

Harlow contó su asombro a César Miguel Rondón en su programa radial *Bachata* en 1977, al recordar detalles de la grabación en el Good Vibration Sounds Studios, y la impresión que en todos los presentes causó Celia:

> Esa señora es un genio, lo más grande que ha nacido […]. Cuando yo le dije que ensayáramos, ella dijo que no, que tratáramos de grabar de una vez […]. Y entonces, bueno, empezamos a grabar […]. Y esa versión que está en el disco fue la primera y la única que se grabó […]. Celia no ensayó nada, se disparó todo el número desde

> arriba, completo, sin equivocarse, sin repetir nada [...]. Yo me sorprendí todo, esa era la grabación, estaba lista, no había nada que corregir [...]. Yo nunca he visto a alguien igual, solo ella hace eso, lanzarse un número completo sin ensayo, como si se conociera de memoria mi orquesta, con inspiraciones y todo [...]. Olvídate, Celia es única, la más grande [...].

Hommy, con el elenco original, tuvo otras dos presentaciones ese año en Puerto Rico, con notable aceptación. Su interpretación de *Gracia divina* constituye para Celia el pórtico a una definitiva etapa de expansión y reconocimiento mundial. Fue la entrada al universo conformado en torno a Fania Records, un movimiento musical que ya se identifica con el controversial e inexacto —pero comercial y pretenciosamente abarcador— nombre de *salsa*. Y aunque Johnny Pacheco y Jerry Masucci sabían quién era Celia Cruz, lo que vieron sobre el escenario del Carnegie Hall la noche del 29 de marzo de 1973 puso ante sus ojos una nueva perspectiva que se refuerza con los índices de venta que alcanza el LP de Fania con la grabación original de *Hommy* (SLP-00425).

Poco más de dos meses después del éxito de *Hommy*, Celia vuele a aparecer junto a nombres prominentes del sonido latino en Nueva York, esta vez en un lugar emblemático. El Cheetah se anuncia como el escenario de los Latin Achievement Awards, evento anual producido por Richard Bonilla Management, Ltd., y toma en cuenta los votos recogidos entre las tiendas de discos y salas de bailes en cuanto a los proyectos y eventos de 1972. Celia conquistó el premio a la mejor cantante femenina, categoría en la que había sido nominada junto a La Lupe y Graciela.

Según la revista *Billboard*, en aquel tiempo Miami experimenta una creciente demanda de orquestas y conjuntos clasificados como latinos y que tiene como trasfondo una verdadera guerra de precios desatada entre los promotores de conciertos, fiestas y bailes, en la ciudad de mayor concentración de cubanos. Desde su perspectiva, Celia juega con cierta ventaja frente a nombres como La Típica 73,

Tito Puente, Charlie Palmieri, Andy Harlow, Willie Colón y Johnny Pacheco.

Aparece 8 y 9 de septiembre en el Latin American Festival 1973 del Lincoln Center en Nueva York, y el día 13 regresa al Chateau Madrid con un contrato de dos presentaciones diarias —tres los sábados— hasta el 10 de octubre, para repetir el éxito de su anterior temporada en 1971. En su tercer día en el elegante sitio de la Lexington Avenue y la calle 48, una foto impresa de Celia Cruz aparece por primera vez en las páginas de *The New York Times*. El crítico Michael Iachetta, del *Daily News*, se rinde ante su excelencia:

> Le llaman «la Sarah Vaughn de América Latina» y también «Miss Latin Rhythm». Y está a la altura de su estatus como cabeza de cartel del Chateau Madrid. Agita su cabeza, sacude sus hombros y mueve sus caderas, mientras el evidente placer que experimenta en la interpretación se suma a tu disfrute como oyente. Canta con un aplomo que proviene de haber hecho cinco películas y haber sido estrella en los mejores clubes de Miami, Las Vegas y América Latina.

El juicio crítico de Iachetta permite conocer la propuesta de Celia: 10 canciones en español —las sempiternas *Guantanamera*, *Burundanga*, *Caramelos*, *Me voy a Pinar del Río*, *Bemba colorá*, y otras recientes, como *Aquarius/Let The Sunshine In*, *A todos mis amigos*, y la nostálgica *Cuando salí de Cuba*— y en inglés: *Love Me With All Your Heart*, cuya interpretación califica de «conmovedora». Elogia el diálogo entre Celia y Cándido Camero, voz y cuerpos interactuantes con la percusión.

Hay consenso entre los historiadores de Fania y la llamada *salsa* al afirmar que Las Estrellas de Fania nacieron una noche de 1968 en el Red Garter, un pequeño local newyorquino manejado por Jack Hooke y Ralph Mercado, dos nombres que ya sonaban en el mundo de los espectáculos de música latina. Sus dueños querían atraer al público latino. Se hablaba entonces de *latin soul*, no de *salsa*, y como prueba vale la categorización que aquella noche hizo el célebre Symphony Sid, quien anunció por primera vez al elenco musical como Fania All Stars (FAS).

Jerry Masucci y Johnny Pacheco lanzan así un pulso a la competencia, retomando una fórmula que no era nueva: las legendarias Cuban Jam Sessions de Panart, lideradas sucesivamente en La Habana de los cincuenta por Julio Gutiérrez, Cachao y Niño Rivera, que años atrás habían inspirado primero a Al Santiago con su Alegre All Stars y luego a Joe Cain para organizar la Tico All Stars, todos con sus respectivos discos. Solo que ahora varios chicos de muy buen ver y buenas voces captaban la atención en el *front line* de la orquesta.

Los líderes musicales y empresariales de aquel movimiento —Johnny Pacheco y Jerry Masucci— celebraron la presencia de 800 personas como un resultado más que alentador, aunque los discos editados poco después, *«Live» at the Red Garter*, volumen uno y dos, no resultaran éxitos de ventas. De este modo, los principales líderes de las orquestas del joven sello Fania —Johnny Pacheco, Ray Barretto, Larry Harlow, Willie Colón, Bobby Valentín, Joe Bataan, Mongo Santamaría, Louie Ramírez, Bobby Quesada y Ralph Robles— y los músicos amigos que llevaron cada uno —Pete *el Conde* Rodríguez, Adalberto Santiago, Orestes Vilató, Héctor Lavoe, Ismael Miranda, José Mangual Jr.— tocaron y cantaron por primera vez juntos como Fania All Stars, teniendo como invitados a Eddie Palmieri, Tito Puente y Richie Ray para una descarga que, 50 años después, reafirma una línea cantada en aquella ocasión: *«Esta es una noche/ inolvidable para siempre…»*.

Sin embargo, como si no bastara con una fecha y lugar fijados, historiadores y fanáticos gustan de marcar la noche del concierto del club Cheetah con la rimbombancia con que se anuncia un pretendido y relumbrante nacimiento (otro más) del fenómeno salsero y su «todos estrellas».

El Cheetah era un club anodino, sin encanto particular más allá de aquel espacio interminable que lo asemejaba a una nave destinada a ser almacén. El 26 de agosto de 1971 Jerry Masucci y Johnny Pacheco reunieron allí a una selección de músicos de las orquestas firmadas bajo Fania y protagonizaron uno de los conciertos considerados más trascendentes del fenómeno salsero. Ambos fueron grabados; el concierto de Cheetah fue incluso filmado, en una inteligente y calculada estrategia de Masucci, apoyada por Pacheco, y a la que Larry Harlow sumó a su amigo Leon Gast, un graduado de Columbia que ya se interesaba por el cine documental. Con mucho material original y de archivo, Gast y Masucci producen *Our Latin Thing (Nuestra cosa latina)*, un documental que pretendía explicar a los estadounidenses, desde su óptica e intereses empresariales, los orígenes y el significado del movimiento musical de la juventud afrocaribeña que crecía y se afianzaba en Nueva York.

A la *premiere* mundial, los dueños de Fania llevaron a los músicos de su *all-stars* vestidos de *smoking* y en limusinas junto a sus novias y esposas, en un despliegue de opulencia y *glamour* que ribeteó la aureola de poder que ya emanaba de los jóvenes salseros y sus *managers*.

Ni en el concierto del Red Garter en 1968, ni en el de Cheetah en 1971, ni en el estreno de *Our Latin Thing* estuvo Celia. Tampoco estuvo el 14 de febrero de 1973, cuando Las Estrellas de Fania, a pesar de discusiones, abandonos y suspicacias, inauguraron con un esplendoroso concierto en el Coliseo Roberto Clemente en San Juan, Puerto Rico, ante más de 13,000 personas, en su primer concierto en la Isla del Encanto. FAS, en sus dos nacimientos, fue enteramente, rabiosamente, una banda masculina, un «todos estrellas» de puros hombres. Pero, gracias a *Hommy*, tal condición estaba a punto de cambiar.

Mirando los resultados de la década anterior y el inicio de los años setenta, era lógico admitir que La Lupe, principal figura femenina de la música latina en Nueva York, sería absorbida por el triunfante proyecto de Masucci y Pacheco. El tresero puertorriqueño Nelson González, con una destacada trayectoria, trabajó para Lupe y Celia, y fue parte de FAS y su historia. Así lo contó a la autora:

> Es cierto que en quien primero piensan como figura femenina es en La Lupe; ella empieza a trabajar con Fania en conciertos y presentaciones muy importantes en la televisión americana, pero después La Lupe fue marginada, sufrida, la sacaron [...], Masucci y Pacheco, que eran los que mandaban, deciden soltar a La Lupe y concentrarse exclusivamente en Celia. Las razones las desconozco, pero me imagino la lucha de una mujer en ese ambiente estrictamente machista. Cuando una mujer exige lo que ella cree que se merece, pues ya sus exigencias la convierten en problemática en ese ambiente. Imagino que fue lo que años después ocurrió con La India.

González precisa las exigencias de La Lupe y recuerda la entrada de Celia en Fania:

> Se trataba de exigencias económicas, de derechos, de condiciones de trabajo [...], le prometían una cosa y, cuando llegan al lugar de la actuación, era otra [...]. También hubo hechos de indisciplina de Lupe que influyeron [...]. Cuando marginan a La Lupe es cuando entra Celia en Fania, con mucho más respeto y cuidado, porque ya Ralph Mercado había empezado como *manager* de Celia, pero Celia y Pedro acordaban sus exigencias de cara a *Ralfy* y a todo lo demás, y no las ventilaban públicamente.

Una leyenda urbana que el morbo ha contribuido a extender habla de un eventual enfrentamiento entre Celia y La Lupe por aquellos años, y sobre los que la investigación para este libro no encontró evidencias en prensa ni en entrevistas, salvo las expresiones directas e indirectas de Lupe en las canciones *Oriente* y *Micaela me botó*. Al respecto, Nelson González afirma:

> Nunca supe de enfrentamientos entre La Lupe y Celia. Los que crearon esa rivalidad fueron los historiadores, los periodistas que vieron lo que pasaba La Lupe [...], la sacaron totalmente en parte por exigencias, en parte por indisciplinas. Celia, por el contrario, velaba por que su *manager* fuera quien exigiera y que todo estuviera como ella deseaba. Era una mujer muy inteligente, muy astuta, y prueba ello es cómo utilizó su estilo interpretativo, sus improvisaciones, como forma de expresión o declaración para hablar de hechos y situaciones determinadas. Personalmente nunca escuché a Celia hablar mal de La Lupe. Nunca. Más allá de todo eso, nunca escuché a Celia hablar mal de nadie. Si tenía que decir algo, lo decía directamente y donde tenía que decirlo, donde nadie más tenía que enterarse.

Seis meses antes del acontecimiento que marcaría el gran cambio en su carrera, Celia firma con el sello mexicano Discos Gas un contrato por dos años prorrogables para la distribución en exclusiva, en territorio mexicano y de habla hispana en EE. UU., de todas las grabaciones que Celia realizara dentro y fuera de México en español y en inglés con una tarifa del 50 % de regalías.

Masucci quiere tocar el cielo, y sus referentes son las grandes estrellas del rock and roll: si sus máximos nombres son capaces de llenar estadios, Las Estrellas de Fania, en el momento de efervescencia y popularidad en que estaban, también lo harían. Dispuso todo a ese nivel: fotógrafos, equipos de grabación y filmación, amplia publicidad. FAS conmociona con el anuncio de su más grande concierto en el estadio del equipo de baseball de los Yankees de Nueva York. Muchos escépticos lo dudaron, pero el 24 de agosto de 1973, conmemorando el 1.er aniversario de *Our Latin Thing*, FAS reunió a cerca de 42,000 personas, en su mayoría a quienes bailaban con ellos en los clubes y *ballrooms* dispersos por las comunidades latinas.

En el poster oficial del evento, ni el nombre ni el rostro de Celia aparecían, pero sí un aviso: «[...] plus «Special Added Star

Attractions»...To Be Announced». El debut de Celia con Las Estrellas de Fania hubiese sido una gran sorpresa aquella noche, pero no ocurrió. Como sucedió en el St. Nicholas Arena en su primera presentación en EE. UU. en 1957, Celia se quedó en el camerino vestida para la actuación, sin salir al escenario. Tommy Muriel, músico e historiador de FAS, refiere aquel momento: «[...] como me lo contó en una ocasión el propio Larry Harlow, Celia se suponía debutara con ellos en el Yankee Stadium como atracción sorpresa (sin previo anuncio), pero la cancelación del segundo set esa noche no lo permitió».

El temor de los gestores del estadio se hizo realidad: cientos o miles de los asistentes se lanzaron sobre el terreno de juego mientras los más osados corrieron hasta la tarima para ver de cerca a sus ídolos... y llevarse lo que pudieran como *souvenir*. El segundo *set*, que comenzó con *Congo Bongo*, una fiera batalla de tambores entre Ray Barretto y Mongo Santamaría, surtió tal efecto en los espectadores que iniciaron la estampida hacia el terreno, forzando el final del concierto. Aun así, la leyenda iniciada en Cheetah tuvo su consagración definitiva y que trascendió los límites hasta entonces conocidos para los grupos latinos de la época.

El debut de Celia con Las Estrellas de Fania debió esperar tres meses, ocurriendo el sábado 17 de noviembre de 1973 en el segundo concierto de la megabanda en el Coliseo Roberto Clemente. La Guarachera de Cuba encabeza la lista de invitados: junto a ella se presentaron Mongo Santamaría y el saxofonista camerunés Manu Dibango, Héctor Lavoe, Justo Betancourt, Bobby Cruz, Ismael Miranda, Ismael Quintana, Pete *el Conde* Rodríguez, Santos Colón y Cheo Feliciano. Celia brilla entre ellos, cantando la guaracha *Diosa del ritmo*, creada por Johnny Pacheco especialmente para ella, y su popularísima *Bemba colorá*. En *Diosa del ritmo*, Pacheco deja fijado lo que, según él, representa Fania para Celia y su carrera, y lo que significó su entrada en grande en el universo salsero al cantar *Gracia divina*, en *Hommy*:

Ahora sí que estoy contenta,
estoy como yo quería,
guarachando con Las Estrellas de Fania
y cantando esta dulce melodía.
Y me dijeron que ahora aquí en Puerto Rico
se escucha un comentario por toditas las esquinas:
que viene la Fania con la diosa divina,
y dicen que soy la gracia divina.

A partir de entonces, en la cálida cercanía de su amistad, Pacheco siempre llamó a Celia «mi diosa divina». Pero, sin duda, su gran éxito fue *Bemba colorá*, con la que Celia lanzó el reto de la excelencia a los chicos que cantaban en el *front-line* de FAS y un aviso definitivo de lo que representaba su entrada a la agrupación y al catálogo de la disquera.

En lo creativo, dos tendencias se evidenciaron muy temprano en Fania: la representada por Willie Colón, una línea que apostó desde el inicio por una nueva sonoridad que, si bien se inspiraba en los géneros de la música popular cubana, asumía claras influencias externas a ese ámbito provenientes del jazz, el rock y otros géneros, proponiendo una incuestionable singularidad que suponía vanguardismo; y la que representaban Johnny Pacheco y Larry Harlow, quienes decidieron apegarse a la tradición y al legado de LSM, Arsenio Rodríguez y otros conjuntos cubanos más tradicionales, a partir de arreglos sugerentes y actualizados.

En cuanto a los cantantes, con la llegada de Celia a Fania quedaba clara la imposibilidad de un éxito comercial duradero sin las claves tradicionales del son, la guaracha y la rumba cubanas, en una imagen y voz tan audaz y dúctil a las nuevas sonoridades como representativa de esa tradición en la que se reconocían miles de seguidores de la música popular cubana bailable, incluidas las generaciones más jóvenes que aplaudían las nuevas formas en que esa música se expresaba.

Siguiendo la costumbre iniciada con los álbumes *«Live» at the Red Garter* y *Live at the Cheetah*, Masucci decide publicar las grabaciones de FAS en los dos conciertos de 1973, pero determinados ajustes resultaron también en una confusión que repercute hasta nuestros días. La prioridad estaba en las películas que gestaba Masucci con Leon Gast a partir de los mismos conciertos: el álbum *Live at the Yankee Stadium Vol. I* (Fania SLP-00476) se publica en 1975, y aunque Celia no llegó a cantar en el coliseo de la estampida aparece listada en él con el tema *Diosa del ritmo*, lo mismo que en el segundo volumen (Fania SLP-00477), que se publica en 1976 e incluye *Bemba colorá*. Como estrategia comercial, Masucci pretende potenciar al máximo el efecto del megaconcierto y revertir las consecuencias negativas de la avalancha y la estampida. Ante la imposibilidad de disponer de un material excelente en su totalidad en cuanto a calidad sonora, el empresario decide utilizar no solo el audio registrado en el Yankee Stadium, sino también algunos temas grabados en el concierto de noviembre en San Juan, entre ellos, las dos canciones de Celia. El asunto lo comenta el periodista e investigador César Miguel Rondón, en su texto *El libro de la salsa: crónica de la música del Caribe urbano*:

> [...] el elemento capital que determinó las ventas y la popularidad [de los dos discos] no fue otro que la presencia de Celia Cruz. [...] En el segundo volumen se incluyó una nueva versión del tema de [José Claro] Fumero, *Bemba colorá*, que previamente fue grabado por la propia Celia con el respaldo de la orquesta de Tito Puente. Esta segunda versión, cualitativamente inferior a la original, permitió el endiosamiento definitivo de la Cruz. El arreglo de Bobby Valentín fue concebido de manera tal que Celia pudiera lucirse con toda la potencia de su inigualable chorro de voz. Las Estrellas de Fania se le rendían incondicionalmente; la Fania, como compañía disquera, hacía lo mismo pariendo una idolatría difícilmente conocida en este mundo musical.

En 2009 Fania Records —ya en manos de Emusica— publicó el álbum *San Juan 73*, tras encontrar en unas cajas olvidadas las cintas que recogían la grabación del concierto de noviembre de ese año en la capital puertorriqueña, pero no se incluye tema alguno de Celia. Según Dean Rudland, DJ y compilador británico que escribiera las notas al CD, la cinta master que contenía la participación de Celia no fue encontrada al momento de trabajar la producción, 36 años después del concierto, aunque aún hay esperanzas de que la cinta original pueda ser encontrada.

El *boom* arrasador de la salsa estremece Nueva York e irradia al ámbito musical de otras ciudades en EE. UU., y Celia Cruz estará en el centro del acontecer. LSM y algunos músicos y cantantes soneros cubanos eran espejos en los que querían reflejarse muchos de los artistas nucleados en torno a Fania. Arsenio Rodríguez, el pianista Luis *Lilí* Martínez, los cantantes soneros Miguelito Cuní, Benny Moré y otros eran influencias asumidas.

Algunas fuentes afirman que Masucci siempre quiso atraer a Celia a su proyecto —y probablemente sea cierto, conociendo lo que conocía de la Guarachera—, porque además de ser un portento musical y artístico era un clásico viviente; la portadora de aquel sonido que Pacheco quería reproducir desde su contemporaneidad. Celia contó en su autobiografía:

> Después de *Hommy*, Masucci se encaprichó con que quería grabar conmigo. Hablamos con Morris Levy y nos salimos del contrato [con Tico/Alegre Records], ya que no nos estaba haciendo muy buena promoción con los discos que grabé con Tito Puente. Entonces firmé un contrato con Masucci, con la condición de que si no pasaba nada con el primer disco no seguiríamos juntos.

El contrato entre Celia y Vaya Records —uno de los sellos que integran la marca Fania— se firma el miércoles 16 de enero de 1974, en Nueva York, quedando a la expectativa la posible renovación del vínculo legal. Ampliaciones a este contrato vendrían el 6 de marzo de 1978 y el 10 de abril de 1979.

La noticia, sin embargo, ya corría de boca en boca en sectores de la prensa y la industria, pues *Record World* anunciaba: «[...] prepara Fania el próximo lanzamiento de la primera grabación de la enorme Celia Cruz en su sello». El compromiso contractual abarca solo un año y un disco, y en él Celia —como antes— se reserva el derecho a hacer propuestas sobre la producción y a decidir sobre el repertorio, una de sus grandes y más duraderas conquistas en su carrera profesional. Algo que contó en su autobiografía:

> Jerry Masucci cumplió con todo lo que me prometió con ese primer LP. Lo primero que hizo fue preguntarme con quién quería grabar, y yo le dije: «Con Pacheco», ya que en aquel entonces Pacheco sonaba como La Sonora Matancera. Él siempre fue gran admirador de la Sonora, tanto, que cantaba en sus coros y era la misma voz de *Caíto*.

Sin que se conocieran los detalles, la ruptura de Celia con Tico Records y la firma con Fania generó expectativa en los medios asociados a la industria fonográfica. Ante la inminente publicación del primer disco con Masucci, los ejecutivos de Tico-Alegre, con Joe Cain a la cabeza, se apresuraron a publicar lo mejor y más ecuménico grabado por Celia bajo su marca en una serie que ya habían diseñado para compilaciones de los artistas más populares de su catálogo. Tras un breve viaje a Hawái, Celia entra en estudio para grabar su primer disco con Vaya Records, y su primero en colaboración con Pacheco: *Celia & Johnny* (XVS-31), sale en 1974 y no tendría que pasar mucho tiempo para ser considerado uno de los grandes clásicos entre los álbumes de la llamada *salsa*.

Graban en un espacio ya conocido por Celia. Eligen 10 temas con una evidente intención abarcadora dentro del espectro de amantes y bailadores de la música cubana y caribeña. El disco abre con el solo de bongó de una guaracha inédita, destinada a convertirse en emblema. Su título es una onomatopeya de percusiones dialogantes que se hará universal: *Químbara*, firmada por Junior Cepeda y con arreglo de Felipe Yáñez, venía al mundo con un signo de júbilo y tragedia a la vez. El joven puertorriqueño que había sido capaz de crear esta y otras piezas que se convertirían en éxitos del movimiento salsero no vería incrustado en el acetato la voz de Celia con su guaracha. Junior Cepeda muere víctima de un crimen pasional días antes de la salida del sencillo con su *Químbara* como principal del álbum *Celia & Johnny*. No pudo ver el éxito mundial de su composición, que en poco tiempo se convertirá en uno de los temas insignia del repertorio *salsero* y, en particular, parte del sello identitario de Celia Cruz.

Celia contó que a Masucci no le gustaba ese número, ya que todas las canciones *salseras* dicen «la rumba me está llamando». Celia, paciente y convincente, le explicó que los cantantes, en el momento de la inspiración, dicen esa frase, que hasta ella misma quizás la dijo en alguna grabación con LSM y que *Químbara* representaba un diálogo entre la tumbadora y el bongó, donde lo percusivo entraba en la propia narración. «Le dije que el número estaba muy bueno y que yo lo quería grabar. Al fin accedió». Para Celia, *Químbara* ha sido el corte más famoso de aquel elepé, un tema que se ha puesto a la par con los que grabó junto a LSM, como *El yerbero moderno* y *Bemba colorá*.

El álbum conecta con la comunidad cubana exiliada en EE. UU., en Puerto Rico, Venezuela, República Dominicana y México, pero, sobre todo, en Perú, que ya Celia había conquistado en la segunda mitad de los años cincuenta. El segundo corte trae al mundo su versión de *Toro mata*, un baile —el *toromata*— creado por esclavos africanos en Lima y los valles de Cañete y Chincha en el Perú virreinal, y rescatado por el músico e investigador Caitro Soto, que se considera autor del que canta Celia. Si bien este legado ancestral afroperuano había sido publicado antes, nunca había alcanzado tal difusión mundial como cuando Celia lo introdujo en la guaracha cubana.

A finales de junio, Fania había lanzado el sencillo *Químbara*, que antecede a la publicación de *Celia & Johnny*. El tema de Junior Cepeda se posiciona rápidamente en los *hit-parades* de las emisoras latinas y reporta crecientes índices de ventas en las tiendas de discos en Nueva York, Miami y otras ciudades con populosas comunidades latinas. *Químbara* es, sin duda, el corte que remolca a los temas restantes: al concluir el año es el más popular en el *hit-parade* en Puerto Rico, según las listas de WKAQ citada por *Billboard*.

La revista *Latin New York* confiaba en la lista de los 15 más vendidos en Casa Latina Music Shop, la popularísima tienda de discos en el número 151 de la calle 116 en El Barrio, que era un buen termómetro para el movimiento de los discos. Al finalizar 1974, *Celia & Johnny* ocupaba el segundo lugar en ventas, superado únicamente por *Desengaño*, de la orquesta La Corporación Latina. Como era de esperar, en octubre de 1975 Celia y Pacheco reciben de manos de Jerry Masucci el codiciado Disco de Oro por las ventas de su primer álbum conjunto.

El criterio de Fania para otorgar discos de oro era opaco y no parecía coincidir con lo establecido por el mercado anglosajón. No solía anunciarse a partir de qué cifra de discos vendidos sus ejecutivos concedían tal distinción, aunque lo expresado por el periodista Agustín Gurza en *Los Angeles Times* podría dar alguna idea de los niveles de ventas que se manejaban entonces:

> [...] Aunque todo esto indica que se está produciendo un *boom* de la salsa local, la industria de la salsa es aquella en que un álbum que vende 50,000 copias se considera un éxito y los pocos que venden más de 100,000 (como la primera colaboración de Johnny y Celia) son considerados monstruos. A ese ritmo, es imposible que un álbum de salsa obtenga reconocimiento nacional al llegar a las listas de éxitos, un objetivo que está en la mente de los ejecutivos de las discográficas de salsa.

Celia & Johnny marcó también un cambio en la imagen de la Guarachera de Cuba. Lo había iniciado en el concierto de noviembre de 1973 en San Juan con el pelo afro y vistiendo un magnífico *dashiki* largo y enormes pendientes; una imagen que la aproximaba a sus orígenes africanos, conectando con la estética del movimiento afroamericano en refuerzo de la identidad y en la lucha por sus derechos civiles. El concepto «*black is beautiful*», que fortalecía el orgullo y sentido de pertenencia de la comunidad afroamericana, penetra también en los sectores afrocaribeños del Bronx y El Barrio.

Ron Levine se encargó del diseño del álbum, con una propuesta simplista en su estructura, pero impactante por el estilismo de Celia, con el que, acaso, reafirmaba lo que parecía ser una de las obsesiones de Masucci: con un lenguaje simplificador, ubicar a África en la inmediatez directa de la llamada *salsa*, sin mención clara a los procesos de transculturación y mestizaje ocurridos durante siglos en el Caribe. Pero otra interpretación también es posible: Celia estaba lanzando una señal de apertura para conectar a través de su imagen con las nuevas corrientes musicales, culturales y filosóficas que movían a la juventud.

El monumental éxito del álbum, que quebró récord de popularidad y ventas, tuvo un sabor agridulce. A la peor parte se refirió Agustín Gurza en *Los Angeles Times*, al comentar que ni siquiera su fiel Pedro Knight, como *mananger*, pudo protegerla de la soledad que implicaba el negocio discográfico latino dominado por hombres: «¡Decidió aceptar una suma total por ese primer álbum… y luego vio cómo se acumulaban ventas récord. «¡Ay! De todos modos, casi nunca se cobran regalías (en este negocio)», dijo Celia con afable resignación». Ciertamente, el contrato con Fania estipulaba un pago general y único de 10,000 dólares, que dejaba fuera la retribución de *royalties* o regalías por ventas.

Cuarenta años después de su grabación y lanzamiento, en 2013 el álbum *Celia & Johnny* es incluido en el Registro Nacional de Grabaciones de la Biblioteca del Congreso de EE. UU., que recoge los álbumes, discos sencillos, grabaciones fonográficas diversas y registros radiofónicos hablados considerados significativos «por su relevancia cultural, histórica y estética», al reflejar o aportar conocimiento acerca de la vida en los EE. UU. Celia es la segunda mujer cubana en figurar en un registro sonoro integrante del RNG, antecedida únicamente por Rita Montaner con su grabación de *El Manisero* de 1927.

Al iniciarse su vínculo con Fania Records, Celia comienza a ser manejada en sus presentaciones en directo por RMM Management, la agencia de representación de Ralph Mercado y Ray Avilés, con Pedro Knight fungiendo como *manager* personal y director musical.

Un joven de origen afrocaribeño de apenas 30 años —hijo de madre boricua y padre dominicano, pero nacido en Brooklyn—, Ralph Mercado, decide en 1972 crear su propia empresa. A finales de los años cincuenta ya organizaba bailables en su propio espacio, que podía ser un apartamento, o un sótano sin más, y que se conocieron como las *fiestas de cintura*, pues tenían un singular precio de entrada: cada muchacha pagaba dos centavos por cada centímetro de su cintura, y era el astuto *Ralfy* quien se encargaba personalmente de medirlas en la puerta. En 1961, Mercado comienza a dirigir el Three & One Club, un espacio social situado sobre una fregadora de autos en Brooklyn, al tiempo que se vincula a la promoción y producción de algunos espectáculos de *soul* a través de la empresa Showstoppers, con nombres ya famosos y establecidos, como James Brown y Aretha Franklyn.

Su entrada a la promoción de música latina ocurre en 1970 cuando decide contratar el Cheetah Club para organizar conciertos las noches de jueves, pronto llega a involucrarse en las operaciones diarias del club. Mercado es un nombre clave en los inicios del movimiento salsero newyorkino que tuvo en el Cheetah uno de sus puntos iniciales más importantes. En 1972 funda RMM Management, una empresa para manejar artistas y producir conciertos en directo, a la que se asocia Ray Avilés, cuyo camino para llegar a la música latina fue bastante más accidentado que el de Mercado: Avilés había trabajado en servicios y almacenes, operó bares y parrillas antes de involucrarse en el negocio de la promoción musical.

Gracias al éxito de *Celia & Johny* y del buen hacer de Mercado y Avilés en RMM, Celia, con 49 años y la energía de una quinceañera, renace en una nueva dimensión de su carrera artística. Sigue cantando lo mismo que cuando conquistó a las audiencias en Cuba: la expresión más auténtica de la guaracha entroncando con el son montuno, el mambo, el bolero y la rumba, pero al mismo tiempo, la intrínseca capacidad transformativa de estos géneros y ritmos. Su gran mérito es preservar la tradición, asumiendo e interactuando con un nuevo marco sonoro en el que se reconocen los jóvenes, cuyos padres cubanos, boricuas y dominicanos habían bailado y bailaban aún con LSM, Arsenio Rodríguez, Machito y sus Afrocubans, el Conjunto Casino, Chappottín y sus Estrellas, Estrellas de Chocolate, la Orquesta Aragón, Fajardo y sus Estrellas, y muchos otros.

El posicionamiento de FAS tras el concierto del Yankee Stadium compensó las pérdidas económicas que resultaron de su abrupto final, lo que, sumado a la experiencia de los dos conciertos en el Roberto Clemente, mostraba la demanda de su fanaticada por conciertos en grandes espacios. Los altos ejecutivos de Fania comprenden la creciente aceptación de los músicos y cantantes de esta nueva onda y, avizorando las posibilidades comerciales de un concepto que apela a la unicidad dentro de la diversidad, planean realizar conciertos en espacios de amplio aforo.

El Festival Latino que Richard Nader producía en el MSG fue el antecedente directo de la fórmula que impulsarían Ralph Mercado y Ray Avilés con los líderes de Fania. En él participaban muchos de los músicos que ahora integraban el concepto de FAS. En su edición de 1974, el festival incluye a Celia como cabeza de cartel con las orquestas de Ray Barretto, Johnny Pacheco, Machito con Graciela, el cantante dominicano Fausto Rey, Roberto Torres y Chocolate Armenteros, La Típica 73 y los Apollo Sound de Puerto Rico. Es

1.º de marzo y su primera actuación en el magno coliseo de Manhattan fue calificada de «salvaje» por el crítico Michael Iachetta en el *Daily News*.

Desde su debut Celia será presentada como artista invitada en los conciertos de FAS, y entre los primeros nombres del cartel, por lo que, en rigor, no se sometía al calendario de giras y actuaciones de la orquesta, preservando la suya propia con presentaciones de manera individual.

Celia continúa cumpliendo contratos de actuación en la misma línea pluricultural que la ha unido a la herencia boricua y caribeña. En Miami, con Tito Puente y Charlie Palmieri animó en febrero un bailable en el Dinner Key Auditorium —donde hacía un evento anual— presentado por el Canal 23. En julio aparece en la televisión local de Miami en el programa *Solo para bailadores*; y regresa, como ya va siendo habitual, a su temporada en el Montmartre, pero esta vez junto a su gran amiga Tongolele, y Pedro Knight, como solía hacer, dirigiendo la orquesta acompañante.

Del 31 de mayo hasta el 10 de agosto transcurre la primera gira de FAS, y Celia no participa en todos los conciertos, no figura en el cartel del concierto en el MSG el 26 de julio, celebrando el 2.º aniversario del documental *Our Latin Thing*, pero sí lo hace en los de Puerto Rico y Miami. Aunque su rostro sigue sin aparecer en la imagen corporativa creada por Izzy Sanabria para FAS, Celia es uno de los principales nombres en el cartel del concierto que reunirá en el Miami Beach Convention Center a Las Estrellas de Fania el 3 de agosto de 1974. Ese era su primer concierto en la Florida. Luego siguen a Puerto Rico y Venezuela, pero sin Celia Cruz. Faltaba poco más de un mes para la reunión de FAS que se convertirá en leyenda.

La imagen llamativa y a veces estrafalaria de Don King inunda los medios de prensa asociados al deporte, y también a la política. Tras una encarnizada batalla con la competencia, el conocido promotor norteamericano había logrado concretar el combate entre Muhammad Ali y George Foreman por el campeonato mundial de la división de pesos pesados en el boxeo profesional, a celebrarse en Kinshasa, capital de Zaire (hoy, República Democrática del Congo). Don King había desplegado sus más refinadas estrategias para lograr un importante acuerdo con el gobierno dictatorial de Mobutu Sese Seko, quien estaba empeñado en promover a escala internacional una imagen más amable de su régimen.

En las semanas previas al combate Alí-Foreman —del 22 al 24 de septiembre— Mobutu organizó el Festival Zaire '74, evento con el que pretende situar al Congo en el mapa cultural y económico de África y del mundo, dentro de su ideología de la autenticidad y el retorno a las raíces, con la que insta a su gente a rechazar las influencias occidentales, incluidos costumbres, nombres, vestimentas y música.

El vínculo previo —y en cierta medida, escaso de coherencia— de FAS con Manu Dibango al hilo del éxito de *Soul Makossa*, sumado a la intención política de Mobutu, le vienen de perlas a Jerry Masucci, quien desarrolla una estrategia de comunicación que incluye de nuevo a Leon Gast y la intención de producir varios audiovisuales como elementos de convencimiento. Aprovechar una coyuntura internacional y concretar un concierto de FAS en África era, probablemente, el punto culminante de la estrategia comercial del binomio Masucci-Pacheco para su disquera: mostrar la preeminencia ancestral africana de la *salsa*, subvalorando los procesos seculares transculturales, de asimilación y transformación que ocurrieron en lo social y lo musical en el espacio afrocaribeño insular y costero-continental.

Los organizadores fletan un avión de grandes dimensiones para transportar a todos los músicos que viajan desde los Estados Unidos. Además de los de Fania, sus acompañantes y periodistas, hacen el viaje los legendarios James Brown, B. B. King, Bill Withers y los grupos emergentes, pero ya muy populares en la escena afroamericana del pop y el R&B, The Pointer Sisters, The Spinners, Sister Sledge, The Jazz Crusaders, la cantante sudafricana Miriam Makeba, y el coproductor del evento Hugh Masekela, junto con Stewart Levine.

En el largo viaje a Zaire los músicos conjuraron el aburrimiento con una fabulosa descarga que convirtió el avión en un privilegiado e irrepetible escenario donde brillaron la flauta de Pacheco, los montunos e inspiraciones de Celia y el socorrido y oportuno toque de cualquier cosa que pudiera ser percutida.

Los músicos de FAS que hacen el viaje a Kinshasa son Celia, como invitada especial, Johnny Pacheco como líder, Larry Harlow en el piano, Bobby Valentín en el bajo, Ray Barretto en las tumbadoras, Nicky Marrero en los timbales, Roberto Roena en el bongó, Yomo Toro en el cuatro, Jorge Santana (invitado) en la guitarra eléctrica, el violinista y multinstrumentista cubano Félix *Pupi* Legarreta, Víctor Paz, Luis *Perico* Ortiz y el británico Curi Rano (que sustituía a Ray Maldonado) en las trompetas, los trombonistas Ed Byrne —en reemplazo de Barry Rogers— y Lewis Kahn (que también dobló al violín), y los cantantes Cheo Feliciano, Héctor Lavoe, Ismael Miranda, Ismael Quintana y Santos Colón. Por supuesto que viajaron también los imprescindibles: Jerry Masucci, en su jerarquía de mando y de DJ, el ingeniero de sonido Jon Fausty, el presentador Izzy Sanabria, y el también presentador y activista político Felipe Luciano.

La gradería del estadio Statu Hai está sin público, un vacío que, más allá del calor reinante, no parece intimidar a Celia ni a Pacheco, ni a los músicos dirigidos por este, ni a los técnicos que acomodan cables y amplificadores. Para la historia quedan las imágenes de la prueba de sonido donde Celia canta la *Guajira guantanamera* con idéntica perfección, alegría y emotividad, cual si lo hiciera delante de todo un público.

Una multitud de cerca de 80,000 personas abarrotó el estadio zairense, dando fe del profundo calado que la música cubana, afrocaribeña y, más recientemente, la que se hacía en Nueva York, han tenido por décadas en el África Subsahariana, y, concretamente, en territorios originarios de las culturas congas. Celia es, sin duda, la superestrella de ese concierto. Su influencia en ciertos sectores populares y entre los músicos congoleños viene desde sus tiempos en Cuba con LSM. En 1961, por ejemplo, el prominente grupo congoleño African Jazz, liderado por Joseph Kabasele, conocido como El Gran Kallé, en su tema *Africa Mokili Mobimba* reproduce los acordes iniciales de *Madre rumba*, grabado en 1958 por Celia junto a Celio González y LSM.

Alan Brain, experto en la rumba congoleña y sus conexiones transoceánicas, en entrevista con la autora, resume el proceso de sedimentación del prestigio de Celia y la música cubana y afrocaribeña en el Zaire de los años setenta:

> La influencia de Celia, y de la Fania, es evidente. Ese concierto marcó un antes y un después porque FAS, de manera figurativa, representa la llegada triunfal de las estrellas de la música que los congoleños habían escuchado en los discos de pizarra de Gramophone Victor (con *El Manisero* al centro de todo) en los años cincuenta. Es ahí donde nace esa relación fortísima con la música cubana. Se desarrolla en el tiempo y los congoleños pasan de comprar los 78 rpm de Gramophone Victor, a comprar los 33 rpm de La Sonora Matancera, los del Trío Matamoros y después los de Johnny Pacheco, y esa influencia es fundamental en la creación de grupos como Tout Puissant OK Jazz (fundado en 1956) y el African Jazz. Cuando llegan a los años setenta, ya eso está metido de manera muy fuerte en el día a día de los congoleños. Y la llegada a Kinshasa de Celia y la FAS es la llegada de las leyendas del linaje musical de aquellos discos de Gramophone Victor.

Con una imagen cuidada hasta el detalle, y enfundada en un ajustadísimo traje largo multicolor diseñado y confeccionado por el cubano Enrique Arteaga, Celia era la encarnación del movimiento y una rutilante imagen de la sensualidad. De los mitones en sus brazos salían múltiples pañuelos de colores que añadían plasticidad a sus movimientos, pero que también pudieron representar el respeto que una mujer no iniciada rendía a las nueve deidades u *orishas* del panteón yoruba.

La salida de Celia al escenario provocó verdadera conmoción en las graderías, con sus soberbias interpretaciones de *Químbara*, y *Guajira guantanamera*, con versos del poeta y patriota cubano José Martí, apoyadas por un solo de violín que reivindicaba el sonido charanguero.

Leon Gast se encargó de que quedara muy bien reflejada en su documental la empatía de los músicos de Fania con la idea de la madre África en el concepto salsero. Se les ve lanzando vítores y llamados en las improvisaciones generalizadoras que mencionan más a África que a los anfitriones obviando particularidades de las ricas culturas que conforman el continente y reforzando el concepto simplificador del que muchos de ellos conocían su inverosimilitud.

En opinión de Alan Brain:

> El concierto de Celia con FAS en Kinshasa hizo que los congoleños se sintieran conectados con el mundo más allá de África. Y ese sentimiento se magnifica cuando muchas de esas estrellas se conectan con las raíces africanas que representaban los propios zairenses. Vemos a Muhammad Ali corriendo por las calles de Kinshasa, y los congoleños gritándole: «¡Alí Boma ye!», que significa: «¡Alí, mátalo!», porque los congoleños estaban del lado de Alí, pero también porque de alguna manera Alí había demostrado un interés más evidente en sus raíces africanas, más que Foreman. Lo mismo sucede con los músicos de Fania, que se pasean por las calles de Kinshasa en esos días y conectan con los congoleños.

Del pietaje rodado en este viaje, Leon Gast realizó y dirigió el documental de 54 minutos *Celia Cruz and the Fania All Stars in Africa* (1974), producido por el propio Gast, Jerry Masucci, Keith Robinson y David Sonenberg, quien fungió como productor ejecutivo. Era el primer documental dedicado por entero a Celia.

Durante cerca de 10 días cantaron y tocaron en diversos sitios en Zaire. La intervención de Celia en el concierto de Kinshasa en 1974 ha permanecido como una de las más importantes y estremecedoras actuaciones de su carrera; la primera vez que cantó en el continente africano.

Aunque se ha repetido hasta la saciedad que Las Estrellas de Fania fue la primera agrupación musical latina en presentarse en el continente africano, la afirmación no es cierta: en los años cincuenta algunos países de África del Norte, como Túnez y Egipto, eran plazas habituales para músicos, cantantes y bailarinas cubanas que vivían en Europa, y, al menos en diciembre de 1971, la legendaria orquesta cubana Aragón se presentó en Tanzania, Guinea-Conakry y Congo-Brazzaville.

Celia y Pedro no pueden acceder a sus propios deseos de conocer más la tierra madre: compromisos con el canal Venevisión se los impiden, y desde Kinshasa viajan a Caracas. Volverán años después a África solo en dos ocasiones: para participar en el Festival de Jazz de Camerún y en un viaje de vacaciones a Ciudad el Cabo, Sudáfrica.

A finales de 1975, en España circulan los discos de Fania, y el movimiento que arrasa Nueva York es presentado y analizado por la prensa todavía con el nombre inicial: *salsoul*. El sello Discophon licencia a Fania los nuevos títulos, como parte de la campaña de expansión internacional iniciada por Masucci, y cuyos resultados no serán los esperados.

Como no podía ser de otro modo, el binomio Celia y Johnny tuvo altísima demanda para los festejos de fin de año, pero fue el Hipocampo, el *night club* en Jerome Avenue con Burnside en el Bronx, y su dueño, José Rosado, quienes se llevaron las palmas, presentándolos el día 31 para recibir el año 1975 con esperanzas y retos renovados.

Para 1975 y a pesar del desempeño de Fania, la narrativa sobre los orígenes de la salsa no era uniforme entre músicos de prestigio y columnistas especializados de importantes medios. La polémica salta a la palestra pública. Por ejemplo, John Rockwell, prestigioso periodista y crítico musical, opina para *The New York Times*:

Brutalmente simplificada, la «salsa» debe sus orígenes a la música africana preservada en cultos religiosos caribeños, luego filtrada a través de tradiciones caribeñas más distintivas y finalmente mezclada con influencias recogidas en América del Norte. Los ritmos y formas folklóricas cubanas predominan en la música incluso hasta el día de hoy, pero Puerto Rico, República Dominicana y América Central y del Sur han hecho sentir su presencia. La música latina ha asaltado periódicamente a América del Norte, dando como resultado las modas del baile latino y las amalgamas de jazz latino de las últimas décadas.

Entre los músicos latinos, el cubano Mario Bauzá, protagonista y testigo de la implantación y el desarrollo de la música cubana y afrocaribeña en Estados Unidos, fue enfático y emocional en varias declaraciones acerca del fenómeno salsero. Años después expresó la esencia de su pensamiento sobre la llamada *salsa* en entrevista con el escritor Leonardo Padura:

> ¿Se ha fabricado algún edificio sin cimientos? Claro que no, porque eso es imposible. Y los cimientos son la música cubana, con otros arreglos y añadidos. Lo que se conoce como «salsa» tuvo la virtud, que esa sí no se la niego, de levantar la bandera de la música cubana fuera de Cuba, cuando la que se hacía en la isla no se difundía ni era especialmente buena, como sí lo es ahora. Pero nada más que eso, porque la bandera sigue siendo cubana y esto no es más que otro proceso en una historia musical que es más larga e importante que la de cualquier otro pueblo del Caribe, porque la música cubana está viajando el mundo desde hace más de un siglo.

Tito Puente fue breve, pero lapidario: «Para mí la salsa es lo que se le echa a los espaguetis».

La encendida polémica gravitaba también al interior del universo Fania y trascendía al espacio público en forma de declaraciones y actitudes individuales que mostraban el rechazo de algunos músicos, de absoluta autoridad, como Mongo Santamaría, que llevó la pelea desde dentro de la propia Fania durante el poco tiempo que estuvo en ella.

El percusionista no temió ventilar sus diferencias con los dueños de Fania, nada menos que en la mayor revista especializada de la industria musical: *Billboard*, en su edición del 15 de abril de 1978, donde critica la escena newyorkina de la salsa en esos años, la que, según él, es simplemente imitativa de las formas cubanas: «La música que escuché en Cuba es muy progresiva. Ellos están avanzando fantásticamente, mientras que aquí ocurre justamente lo contrario. Los músicos en Nueva York no están creando, están imitando». Para ser coherente con su postura, el percusionista se había negado a hacer una gira con FAS, a pesar de la atractiva propuesta económica de Masucci.

Cuando Mongo viaja a Cuba, en 1978, el panorama musical en la isla gozaba de una notable creatividad en un ambiente experimental que desde finales de los sesenta había abarcado la música bailable, el jazz y la música para cine. Además de Los Van Van e Irakere, Afrokuba, el revolucionario pianista Emiliano Salvador, el Grupo de Experimentación Sonora dirigido por Leo Brouwer eran muestra de ello, aun cuando sus grabaciones no llegaran al mercado internacional.

Celia fue coherente pero sagaz al exponer su opinión sobre la salsa. Nelson González, desde su perspectiva al interior de Fania, se refería a ella:

> Celia era tan astuta que evitó siempre mezclarse en dimes y diretes y evitó totalmente que la involucraran en cosas en que no le convenía estar, aunque pensara diferente. Y ella tenía razón: nunca estuve de acuerdo con lo que le llaman «salsa»: para mí eso siempre fue música cubana y punto. Y que se aprovecharon de esa raíz cubana para cambiarle el nombre y llamarlo «salsa», sí lo hicieron. Por esa parte, comercialmente, Celia tenía razón cuando dijo que, si no hubiera sido por estos intérpretes, esa música se hubiera

quedado en Cuba y hoy en día nadie hubiera sabido quién fue Arsenio y Chappottín, porque uno de los dueños de Fania, Johnny Pacheco, dio a conocer mucha música cubana y la gente creía que era música de Pacheco. Estuve en desacuerdo con muchas de las cosas que se hicieron, cambiarle títulos, frases, letras a sones y guarachas cubanas, para su propio beneficio.

Así opinaba Celia en 1975, entrevistada para la revista *Latin New York*:

> Mucha gente dice que la música actual es demasiado actual; otros dicen que no es suficientemente moderna... ¡Ah! No, no es tan actual. Por eso la llaman *salsa*, porque ha sufrido una serie de cambios. Pero no hay nada malo en ello, porque hay que cambiar. La gente cambia sus gustos y su pensar. Me han dicho en Miami que la juventud cubana de allí considera la música cubana demasiado anticuada. Ellos se vuelven locos por Pacheco, Johnny Ventura, Willie Colón, El Gran Combo, Eddie Palmieri. Y estas son personas que tienen diversas edades, pero aceptan esos nuevos arreglos. No es tan actual, pero lo que han hecho con la música, la ha rejuvenecido y enriquecido.

No obstante, el creciente éxito del movimiento salsero y de Fania parece imparable. Sin que en los medios especializados de la industria de la música existan estadísticas comparativas sobre el comportamiento de ventas de discos del *boom* salsero para unos y *salsoul* para otros, sus defensores afirmaban que, a la altura de 1975, superaba en ventas al jazz y a la música clásica. En este contexto, el éxito extraordinario de *Químbara* y del álbum *Celia & Johnny* catapulta a Celia a una renovada popularidad. Su presencia mediática aumenta. *Latin New York* servía a Fania como una suerte de vocero o medio oficioso. Con rostro sonriente y su afro identitario, Celia aparece en la portada de la edición de febrero de 1975, por primera vez en la de un medio de prensa estadounidense. En la revista es enaltecida como la Primera Dama de la Salsa y, al interior, una larga entrevista ocupa más de una página. WXTV Canal 41 de Nueva York presenta su primer especial de televisión dedicado por entero a Celia. Producido por José Bovantes y dirigido por Raúl Dubreuil y José A. Íñiguez, el programa salió al aire el 27 de enero de 1975.

En enero de 1975, Celia y Pacheco vuelven a Good Vibrations Studios para grabar su segundo álbum conjunto: *Tremendo caché* (Vaya VS-37), donde planean que Celia explaye su enorme potencial interpretativo, incluyendo su excelencia improvisatoria dentro de la tradición montunera del son.

Durante la etapa en el estudio, la cubana mantiene su rutina de trabajo, seria y profesional, avenida ahora a la de su contraparte. Así lo contó por esos días a la revista *Latin New York*:

> Por su forma de trabajar, Pacheco ensaya un día y graba al siguiente; luego entro y pongo las voces, pero voy a todas las sesiones porque me gusta escuchar cómo va a sonar, a qué *tempo* están tocando los números, y también puedo familiarizarme con los arreglos. Esto ahorra tiempo para cuando tengo que hacer las voces.

El disco incluye cuatro temas de compositores boricuas: *Cúcala* (Wilfredo Figueroa), *Oriza eh* y *Dime si llegué a tiempo* (conocido también como *Con la punta'el pie*) (Junior Cepeda) y *De la verdegue* (Tite Curet), una sabrosa bomba dedicada al popular barrio; y cuatro temas de compositores cubanos, tres de los cuales serán omitidos en los créditos del disco: *Ni hablar* (Anam Munar); *La sopa en botella* (Senén Suárez), un verdadero e increíble himno de rebeldía frente al machismo, que Celia había grabado y popularizado en 1957 en La Habana con LSM y que ahora en esta nueva versión el arreglo de Papo Lucca enriquece y actualiza para que siga siendo un clásico en el repertorio de Celia, y *No me hables de amor* (Antonio *Ñico* Cevedo), en el que Celia revalida sus dotes de temperamental bolerista.

La grabación incluye también temas como: *Rico changüí* (Calixto Callava), con arreglo de Bobby Valentín basado en el original de Javier Vázquez, que rescata con inteligencia elementos del changüí oriental como género musical al reemplazar el solo de bongó de *Yiyo* en la grabación original de LSM por el de Charlie Rodríguez con su tres, instrumento del que carecía la Matancera en su formación instrumental, y *No aguanto más* (Johnny Pacheco), un merengue dominicano «urbano» que ubica la historia de su letra en el ambiente newyorkino de El Barrio y el *subway.*

Respecto a *Cúcala*, Celia habló en su autobiografía de su renuencia inicial a grabarla:

> Masucci se encaprichó en que yo tenía que grabar ese número, pero yo no quería porque el gran maestro Ismael Rivera ya lo había grabado y a mí simplemente no me gustaba cómo sonaba en tiempo de bomba plena. No me gustaba para nada. Entonces Pacheco me dijo: «Mi Diosa Divina, vamos a cambiarla a una guaracha a ver qué pasa». Cuando la oí así, ahí sí me gustó. Me gustó tanto que la grabamos con Ismael Rivera en el Madison Square Garden. Después se metieron a un estudio para corregirle todos los defectos que ocurren cuando se graba en vivo, y así fue como se convirtió en uno de mis más grandes éxitos.

Como en otros cortes del álbum, la prolongación de la duración favoreció el vínculo imprescindible de Celia con la tradición improvisatoria del son montuno. *Dime si llegué a tiempo* era uno de los dos temas que, según testimonio de la propia Celia, el finado Junior Cepeda había incluido en el *cassette* que entregó a Pacheco, y se popularizó, convirtiéndose en otro de los grandes éxitos de Celia en su periodo Fania. *Tremendo caché* sale al mercado en agosto de 1975, y rápidamente se posiciona en los *hit-parades* de la música latina, principalmente en Nueva York.

En julio de aquel año, *Record World* anuncia su selección de Valores Latinos de Nueva York y Puerto Rico, publicados también por *Billboard.* La revista especializada no reconocía aún el término *salsa*, identificando el movimiento en torno a Fania con su nombre inicial, *salsoul.* Celia es elegida como Cantante Femenina Salsoul del Año, *Químbara* es el Tema Salsoul de Mayor Éxito y el álbum *Celia & Johnny* la Producción Salsoul del Año.

En 1975 Fania avanza hacia un control más abarcador de la llamada música latina desde una estructura que no deja hilos sueltos: con Ralph Mercado en el *management* de sus más importantes figuras, una revista a su entero servicio; Izzy Sanabria en el diseño de una imagen corporativa eficaz y moderna, extensiva a otros medios; Leon Gast en la producción y control del mensaje en las pantallas. Tocaba ahora perfilar y expandir la distribución de sus discos y productos audiovisuales y su presencia en otros países; es decir, hacer crecer el imperio. Los dos gigantes reinantes en la música latina, Jerry Masucci y un Morris Levy agobiado por deudas, anuncian que a partir del 15 de marzo Fania distribuirá todo el producto de Tico/Alegre Records y de todos los demás sellos latinos controlados por Roulette Records. Astuto, Masucci prescinde de los servicios de Levy, colocando en su lugar a Louie Ramírez, quien destacaba como arreglista, director de bandas, compositor y vibrafonista, y quien desde entonces se convierte en productor oficial de Fania, y ya no de los sellos Tico y Alegre, lo que contribuye a frenar la carrera de La Lupe e impulsa la de Celia, a pesar de la innegable diferencia de estilos y repertorios entre ambas cubanas.

En paralelo, Fania inicia su pretendida expansión internacional. A los acuerdos de licencia y distribución para países latinoamericanos adiciona otros similares en España con la marca Discophon, y con RCA Tokyo para Japón, Corea del Sur, Hong Kong, Singapur e Islas Fiji, según informa *Billboard* en su edición del 31 de mayo de 1975.

Mientras, en Nueva York proliferan los *night-clubs*, salas de baile y discotecas de música latina: El Corso, The Monastery, The Last Laff, Chez Sensual, Boombamakaoo son solo algunos de ellos. Los álbumes generan la necesidad de un espectáculo y así se concibe un *show* que une a Celia y a Pacheco, quienes se presentan en varias ciudades y recintos, como el Hollywood Palladium de Los Ángeles.

En su vínculo con FAS, Celia ha preservado la independencia de su carrera como solista, que no le impide la interacción con otras orquestas, conjuntos y cantantes, y también continúa su entrega a la comunidad cubana radicada en Miami. Ese territorio era especial para ella. Aunque desde Nueva York Ralph Mercado gestiona el manejo general de su carrera, para las actuaciones de Celia en Miami el hombre era José Curbelo, pianista, director de orquesta y amigo cercano de la Guarachera de Cuba. Curbelo, devenido en exitoso promotor y representante, manejaba todas sus actuaciones allí, lo mismo que las de Tito Puente y Vicentico Valdés, entre otros.

Con su entrañable Sonora Matancera —ahora con Yayo el Indio como cantante principal—, Celia protagoniza el 22 de marzo de 1975 un baile de gala en el Fort Homer Hesterly Armory en Tampa. Ella está en la cúspide de la fama reconquistada, con la que apoya a sus hermanos del legendario conjunto, que, con el paso del tiempo, vive las horas tranquilas de un clásico, pero aún mantiene el brillo y linaje de la tradición. El 5 de abril siguiente actúa en Port Chester, en el condado de Westchester, Nueva York, encandilando a varios centenares de cubanos, puertorriqueños y latinoamericanos que se congregaron en el evento organizado por el Círculo Cubano de Port Chester para recaudar fondos destinados a la compra de un inmueble para su nueva sede.

Se multiplican las presentaciones por toda la Unión Americana. La estrategia de Fania no desatiende la Costa Oeste con una numerosa comunidad de mexicanos y centroamericanos, pero con presencia histórica de la música cubana y afrocaribeña. Canales locales de TV reproducen cada vez más la imagen de una triunfal Celia Cruz en diversos programas, coincidiendo con su presencia e intensa actividad en California. Cerca de 3,000 personas de orígenes diversos repletan el Hollywood Palladium la noche del 24 de mayo de 1975 para bailar con Celia y Pacheco. Van luego a San Francisco para actuar el 25 de mayo en el hotel Hilton, repitiendo allí el éxito en Los Ángeles.

Ya con el nombre de «salsa» el MSG anuncia el concierto producido por Masucci para celebrar el 11 de julio de 1975 el 4.º aniversario del encuentro musical en Cheetah, ya conocido como *Nuestra cosa latina*. Los primeros nombres del cartel, en ese orden, son Las Estrellas de Fania, Celia Cruz e Ismael Rivera, *Maelo*, presentados como «atracciones adicionales».

Esa noche Masucci entregó los Discos de Oro y Celia, por supuesto, recibía junto a Pacheco el suyo por el álbum *Celia & Johnny*. Precedida por Roberto Roena y su Apollo Sound, y la presencia movilizadora de Ismael Miranda, Ismael Quintana y Héctor Lavoe, entre gritos y aplausos atronadores, hizo Celia su entrada al escenario. De inmediato interpreta *Toro mata* junto con Pacheco, tiró unos pasillos con Justo Betancourt y luego junto a Maelo, en una actuación que ha permanecido con el fulgor de la leyenda; cerró su participación con *Cúcala*, permitiendo a Yomo Toro con su cuatro dar un paso al frente en un recordado solo.

El dúo de Celia y *Maelo* fue el plato fuerte de la noche, tanto, que se repitió una semana después en el Coliseo Roberto Clemente, en otro concierto de FAS. De este resultó el álbum *Live* (JM-00515), que recoge una selección de ocho temas interpretados esa noche. El disco no se publica hasta dos años y medio después, en enero de 1978.

Otra monumental reyerta se asocia a un concierto de FAS: el de San Juan, que según la prensa terminó en «un verdadero manicomio». Con los estelares Willie Colón, Ray Barretto, Willie Figueroa, Héctor Lavoe, Roberto Roena, Cheo Feliciano, los Ismaeles —Rivera y Miranda— y Santos Colón, y Celia como estrella invitada, el concierto se vendió completamente con días de anticipación. Pero eso no disuadió a varios miles que, sin entradas, aspiraban a acceder, abriéndose paso a través de las puertas.

En julio de 1975 Celia inicia su temporada en el Centro Español de Miami, arropada por Fania, que con un *cocktail* presenta *Tremendo caché*. La Guarachera arrebata y, según *Billboard*, rompe récords de asistencia en el recinto. Aparece también junto a El Gran Combo de Puerto Rico en el Canal 23, en lo que, según el periodista, ha sido descrito como el *show* más espectacular de los últimos tiempos en Miami.

La salsa llega también a las bandas sonoras de filmes recientes. Arthur Penn dirige *Night Moves* (*Secreto oculto en el mar*), en escenarios miamenses, con Gene Hackman y Jennifer Warren. En las escenas filmadas en los cayos de La Florida, suena, como música incidental, la voz de Celia en *Químbara*.

Ese mismo año Celia se prepara para una conmemoración. El Grand Ballroom del Hotel Americana abre sus puertas el 20 de septiembre —un día antes de su cumpleaños— al concierto bailable y de celebración *Las 3 eras de Celia Cruz*. Se entiende que Celia y los promotores Mercado y Avilés decidieron marcar el inicio de su carrera 25 años atrás, cuando debutó con LSM el 1.º de agosto de 1950 en su natal La Habana, y no en la década de los cuarenta cuando realizó sus primeras actuaciones en programas radiales, hizo sus primeros viajes como cantante y realizó sus primeras grabaciones.

A estas alturas, ya Celia es calificada como la «reina de la música latina», la «Ella Fitzgerald latina». La revista *Latin New York* recordó cómo sus admiradores de todo el mundo se debatían constantemente en determinar cuál de las tres eras de su carrera era la más destacada, y aquella noche Celia y sus acompañantes no decepcionaron a nadie.

Con mirada crítica, el periodista Martin Levine en *Newsday* dedica al festejo la crónica «Demostrando su resistencia», donde no muestra demasiadas simpatías hacia la Guarachera de Cuba, ni motiva a la comunidad angloparlante a acercarse y apreciar su arte, aunque reconoce su calidad, su arraigo en la comunidad latina y la alta valoración que de ella tienen sus colegas:

> Aunque está dotada de una gran voz del tipo que puede emocionar con notas largas y frases gruñidas, es más famosa por su sentido rítmico y su capacidad para improvisar letras durante los *montunos* de las canciones. Hasta cierto punto, esto último hace que sea difícil para los no hispanohablantes juzgar su arte. Pero su número de seguidores entre los latinos es grande y, como lo atestiguan un telegrama de felicitación de Frank Sinatra y la aparición en el escenario de Miriam Makeba, también tiene el respeto de una amplia gama de otros cantantes.

El tema de la puntualidad en los horarios de sus actuaciones es algo en lo que a lo largo de su vida y carrera Celia fue ejemplar; no parecía serlo, sin embargo, para sus colegas del *front-line* de FAS, y en esta presentación de la que hablamos la proverbial seriedad de la cubana se vio lastrada: el concierto estaba programado para las 9 pm, pero los retrasos provocaron que el segmento con Johnny Pacheco comenzara a las 2:15 de la madrugada, con una multitud que llegó a las 3,000 personas, y que, según el periodista, desbordó el aforo de los dos salones de baile y también la paciencia de algunos. Levine sumaba a estos problemas las letras en español, que, citando a algunos conocedores, constituían el mayor obstáculo para que la *salsa* consiguiera avanzar en las audiencias angloparlantes.

El día 20 de aquel mes, Celia se une al Concierto Latino de Salsa para Salvar a Jazz Radio, emisora en riesgo de ser cerrada. Fue una gran sorpresa cuando, en medio de la actuación del Grupo Folklórico Experimental Nuevayorquino, apareció Celia en el escenario. Según el periodista Gerson Borrero en *Latin New York*, lo que ocurrió…

> […] fue un frenesí absoluto. Celia actuó como nunca antes la había visto. Cantó y bailó cantos lucumíes, levantando a todos de sus asientos. La ovación de pie que Celia y el Grupo Folklórico recibieron fue solo una demostración simbólica de lo que realmente pensábamos de su actuación.

Termina 1975 y Celia Cruz tiene en el paso arrollador de Fania en el mercado discográfico una innegable responsabilidad. Las ventas del producto Fania saltaron de 200,000 dólares en 1974 a más de 500,000 al cierre de 1975, gracias al empuje de los artistas de mayor éxito en el catálogo: Celia Cruz y Johnny Pacheco, Willie Colón, Mongo Santamaría y Ray Barretto.

Tras el éxito de sus dos álbumes con Pacheco, Celia es reclamada cada vez más por la prensa.

A la altura de 1975 reafirma con determinación los cinco temas sobre los que declinaba hablar con la prensa: política, dinero, religión, su edad y sobre otros colegas. Con el tiempo, solo sobre uno cambiaría de opinión a medida que el gobierno de su país y la censura se empeñaron en invisibilizar sus éxitos, al tiempo que se alejaban sus esperanzas de regresar alguna vez a su tierra amada.

El año 1976 comenzaba por todo lo alto para Las Estrellas de Fania. Viajan a Europa el 19 de enero con dos propósitos: participar en el Mercado Internacional del Disco y la Edición Musical (MIDEM) en Cannes, Francia, y realizar el primer concierto de FAS en Londres. Salvo en las comunidades latinas e hispanoparlantes, no tan nutridas como las de otras regiones, en Reino Unido apenas se conocía el estremecimiento de la salsa.

Island Records había comenzado a distribuir en Reino Unido algunas de las producciones de Fania a partir de la grabación del disco *Delicate and Jumpy* (en el que Celia no participa), lo que sirvió de argumento lógico para que FAS realizara su primer concierto en el Reino Unido el 21 de enero de 1976, aunque esta vez con Celia como cabeza de cartel. Con todas las entradas agotadas en el Lyceum Ballroom de Londres, los integrantes de FAS subieron al escenario precedidos por el cantante británico Steve Winwood como invitado especial. Celia, como artista invitada de FAS, solía aparecer en el escenario primero para cantar sus canciones y luego se retiraba. En esta ocasión, contrario a lo usual, permaneció todo el concierto con el resto de los cantantes, participando incluso en los coros.

La ya coronada Reina de la Salsa glosó al periodista Andrés Tápanes en Miami, lo que le resultó más destacable de su debut en Londres:

> El 70 % del público en el teatro era inglés, con el resto venezolano. Si había un cubano o un puertorriqueño en el teatro era mucho. Cuando llegamos preguntamos cómo estaba la venta y nos dijeron que había sido vendida desde el día anterior. El teatro estaba repleto, no cabía ni uno más. Cuando terminamos, que la orquesta estaba recogiendo, tuvimos que tocar otro número. Los ingleses no nos dejaban ir.

Cuatro días después, quizás sin proponérselo, el actor Anthony Quinn, haciendo gala de su pasión por el baile, dio tintes de leyenda a la presentación de FAS en Cannes el 25 de enero de 1976 en la gala inaugural del Mercado Internacional del Disco y la Edición Musical (MIDEM) cuando subió al escenario a tirar unos pasillos con Celia y los músicos. Cannes sirvió de vitrina para que Celia y FAS mostraran sus virtudes en directo ante un público compuesto por ejecutivos de la industria mundial. El ritmo caló y movió cuerpos de disímiles procedencias, mientras la presencia de los *salseros* fue ampliamente destacada.

De regreso a Nueva York, la cubana y el dominicano protagonizan el concierto *Celia & Johnny* el viernes 13 de febrero en el Beacon Theater, a teatro lleno, en medio del gran éxito del álbum. A finales del mes e inicios de abril, Celia canta en Barranquilla, Colombia, donde coincide con su gran amigo Miguelito Valdés y su comadre y amiga querida Matilde Díaz. Va por segunda vez a Cali, donde hace una única presentación el 3 de abril.

Salsa, el documental encargado por Masucci al realizador Leon Gast, se estrena el 31 de marzo de 1976 en el cine-teatro New Embassy en Nueva York, y en agosto de ese año Columbia Pictures lo distribuye en su circuito de salas en la Costa Este. Las tres líneas que parecen transcurrir a lo largo del material —las presuntas raíces de la salsa, el reflejo hollywoodense de la música latina y el concierto de FAS en el Yankee Stadium— no confluyen en el punto deseado: sustentar la inédita grandeza del momento actual propiciado por el movimiento salsero newyorkino y por Fania Records. Los resultados del audiovisual dividen a la prensa especializada, mientras que todos valoran positivamente la aparición de Celia en la pantalla. John Crittenden en *The Record* menciona, de los primeros, a Mongo Santamaría y a Celia, a quien describe como «uno de los momentos más altos de este documetal [...], una leona con un enorme afro que irradia amor...».

A juicio de Richard Eder en *The New York Times*, solo se salvan el camerunés Manu Dibango con su solo de saxo, y Celia, sobre la que fue categórico al ensalzar sus cualidades vocales y expresivas: «Todo indica que la mejor sección es un tema de siete minutos, *Bemba colorá*, de Celia Cruz. Ella es una Ella Fitzgerald caribeña y una Pearl Bailey, todo en uno; ella es una emperatriz; ella es magnífica».

Martin Levine, en *Newsday*, se rinde ante Celia esta vez y opina sobre su fulgurante posición y su superioridad cualitativa respecto al resto del elenco vocal *faniático*:

> Visualmente, por supuesto, no hay mucho de interés, pero eso ocurre en casi todas las películas de conciertos que se han intentado. Más grave es la debilidad de la música. Solo El Gran Combo (con *Julia*), de origen puertorriqueño, y la eterna y resplandeciente Celia Cruz (cantando *Bemba colorá*) muestran la especial combinación de firmeza y desenfreno de la salsa. En resumen, este documental no es el sitio adecuado para empezar a aprender o disfrutar de la salsa.

En Nueva York, los más afamados *ballrooms* se suman a otros sitios nocturnos conquistados por la salsa. Celia aparece cada vez más en prominentes eventos y conciertos que atraen a famosos angloamericanos, y evidencian la paulatina curiosidad o inusitada devoción por la salsa en sectores no latinos de la vida newyorkina.

Numerosos periódicos locales replicaron con insistencia la noticia: Celia, con Pacheco, Harlow y Tito Puente y su orquesta, canta en mayo en el Club Corso en la fiesta de recibimiento a Carlos Santana de vuelta en Nueva York.

La música latina entraba por fin en los Premios Grammy. La Academia Nacional de las Artes y las Ciencias de la Grabación (NARAS, por sus siglas en inglés) había anunciado en los primeros días de mayo de 1975 el reconocimiento a la labor de los músicos latinos y el lugar que ocupaban en la industria creando la categoría de Mejor Grabación Latina, cuya primera selección y reconocimiento se haría al año siguiente. Larry Harlow fue uno de los músicos más combativos en el empeño por conseguir al menos tres categorías para la llamada música latina dentro de los galardones. Hubo que contentarse con una, pero aun así aquello era un triunfo.

El Hollywood Palladium de Los Ángeles acoge el 28 de febrero de 1976, en su gala decimoctava, la entrega al primer Grammy a la Mejor Grabación Latina, que recae en el álbum *The Sun of Latin Music*, de Eddie Palmieri. Celia con su canción *Diosa del ritmo* está presente en este hito de la música latina, y por primera vez asociado a los Grammy, con su nominación colectiva por la participación en el disco de FAS *Live at Yankee Stadium. Vol. 1.*

La revista *Latin New York* se ha erigido en la fuerza mediática detrás de la salsa. Su director Izzy Sanabria ha logrado una mancuerna casi perfecta con Fania y su *entourage*, al que sirve. Ellos mismos se proclaman como «la revista pionera y única en inglés dedicada a una cobertura inmersiva en la escena nacional de la salsa». En otra importante acción, había creado en 1974 los *Premios anuales Latin New York* que, a partir de encuestas entre sus lectores, serán un potente elemento de *marketing* para la salsa y el primer sistema de reconocimiento por categorías a músicos, productores, ejecutivos, sellos disqueros, dentro de la música latina en los Estados Unidos.

La gala de entrega de los premios en su segunda edición vuelve al Beacon Theater el 16 de mayo de 1976. El gran ganador vuelve a ser Eddie Palmieri, con cuatro galardones. Celia, por su parte, se alza con el premio tras ser nominada dos veces en la categoría de Mejor Intérprete Vocal Femenina por los álbumes *Tremendo caché* y *Live at Yankee Stadium Vol. 1.* Otros premios involucran a la Guarachera: el concierto *Las tres eras de Celia* es distinguido como Baile del Año y el concierto de FAS en el MSG de 1975 como Concierto del Año. Era obvio: tal y como estaban las cosas en Nueva York con el *boom* de Fania y la música latina, la Guarachera de Cuba no tenía contrincantes.

En su edición de aquel 16 de junio, *Billboard* publica un *dossier* especial dedicado a la salsa. El *dossier* no solo da brillo al innegable éxito de Fania y su movimiento salsero, sino contribuye a validar la narrativa de sus ejecutivos acerca de los orígenes y desarrollo de la música que graban y difunden. Incluye un «Quién es quién» en la salsa donde, por supuesto, se pone a Celia en un lugar muy destacado.

Para que se tenga idea del empuje del movimiento salsero y de la agresiva gestión de sus ejecutivos, baste reseñar la presencia de Celia y Tito Puente a inicios de junio en The Great Belmont Stakes, uno de los eventos de mayor antigüedad y arraigo en el mundo de la hípica en Estados Unidos, actuando en Belmont Park como unas de las atracciones asociadas a las carreras. Repetirán en julio de 1980, llevando hasta el circuito de carreras hípicas no solo a los aficionados, sino a sus familiares y amigos que se movilizaban no precisamente para ir tras los caballos de raza, sino al compás del ritmo de la salsa.

A estas alturas Celia ha logrado capitalizar la popularidad y el respaldo de la comunidad cubana afincada en el sur de la Florida, la más importante junto a las de Nueva York y Nueva Jersey. Renueva la fidelidad de quienes la siguen desde los tiempos en Cuba con LSM y suma a grandes sectores de las generaciones sucesivas. Para el año siguiente, ya se establecen las recordadas temporadas dobles de Celia en el Centro Español y en el Chateau Madrid, respaldada en ambos sitios por la orquesta de Armando Mena.

Ante el avance e impacto local de otras expresiones de la música latina, y el surgimiento de nuevas figuras en Miami, el movimiento salsero y su reflejo en el mercado era visto desde su propia perspectiva. La compositora Anam Munar, devenida articulista en *Billboard*, razonaba así:

> La colonia de habla hispana en Miami no está desanimada por la música latina *per se*. Por el contrario, los exiliados cubanos son firmes partidarios de la música latina, pero en sus expresiones en vivo, no como compradores de discos. Entonces, aunque las grabaciones de salsa no se venden bien en esta área, la música en sí es bastante bien recibida en términos de presentaciones en vivo [...]. Dado que las excepciones siempre hacen la regla, Celia Cruz ha demostrado ser la excepción. Nunca ha perdido su atractivo en términos de venta de productos grabados ni actuaciones personales. Como consecuencia, sus grabaciones de Fania con Johnny Pacheco constituyen la mayor penetración de la salsa en el mercado de Miami.

Entre la comunidad de cubanos en Miami, Celia hace trizas las barreras etarias. Cristina Saralegui, en su columna en *The Miami Herald*, comentaba su experiencia la noche en que vio el *show* de Celia: «[...] había adolescentes abarrotando el lugar (que no tenían por qué conocerla), y personas mayores bailando acaloradamente en los pasillos, pañuelos en mano... Cuando esa negra canta, no hay pie que se quede quieto».

Quizás como en ningún otro sitio, en Miami la coexistencia generacional guarachando con Celia era mucho más evidente. Ella misma lo explicaba así en 1976 a *The Miami News*, con un sentido evolutivo, en una de sus tempranas declaraciones públicas acerca de la apropiación y resignificación de la palabra *salsa*:

> La juventud de hoy me ve hacer la misma música que yo hacía antes, y la llaman «salsa». El nombre, a mi entender, es el que ha

> levantado a la juventud. El nombre les gustó, pero el ritmo sigue siendo el mismo que yo hacía cuando empecé. Si he vuelto a rejuvenecer el estilo es gracias a los jóvenes de ahora y a las gentes de los años cincuenta que todavía me siguen.

FAS inicia su nueva gira, pero Celia solo estará en algunos conciertos, como el del 3 de septiembre en el MSG, en la primera edición de *Salsa at the Garden*, el festival producido por el binomio Mercado-Avilés.

Vuelve a República Dominicana en octubre, y estremece el Estadio Olímpico, el mayor escenario hasta entonces en el país, con un aforo de cerca de 27,000 personas. El *show*, con un elenco afrocubano y afrodominicano, fue bautizado como *La fiesta negra*, y participaron además Rolando Laserie, Fausto Rey, Johnny Ventura y su Combo Show, el cuarteto Los Rivero, Wilfrido Vargas y sus Beduinos, Joseíto Mateo, Hilda Saldaña y Rafael Colón.

LSM está cumpliendo sus 50 años de vida, desde que fuera fundada en Matanzas en su célula originaria, La Tuna Liberal. Celia vuelve a reunirse con sus músicos y cantantes para varios conciertos en Colombia, Venezuela y Curazao. En Cali actúan durante dos días en el Coliseo Evangelista Mora y en el hotel Intercontinental ante un público que llenó ambos sitios. Lo hacen también en Buenaventura, donde la multitud abarrota el Coliseo Cubierto. Realizan además dos presentaciones en Venezuela, los días 21 y 22 de septiembre, y varias durante una semana en Curazao. La breve gira es también la despedida de Lino Frías como pianista del legendario conjunto, con una condición de salud que le impedía continuar, entrando en su reemplazo Javier Vázquez, músico de probada versatilidad.

El arraigo de Celia en EE. UU. y el afianzamiento de su elección como país de acogida y residencia tienen un punto culminante cuando el 29 de octubre de 1976 recibe el Certificado de Naturalización y obtiene su primer pasaporte estadounidense. Hasta ese momento, los reiterados permisos oficiales de entradas múltiples a territorio estadounidense habían facilitado sus movimientos internacionales.

En noviembre de 1976, Celia ofrece un importante concierto personal en el Kennedy Center en Washington, D. C., que le abre sus puertas por primera vez, y en el que reúne a cerca de 2,000 personas. El periodista Luis Aguilar León escribió una emotiva crónica, enfocada en el vínculo indisoluble de Celia con su comunidad nacional:

> Celia no era un recuerdo melancólico: Celia Cruz era Cuba viva, presente, ardiente, germinal y eterna. Celia cantó y sandungueó, tremoló sus ecos, aleteó su falda a vuelo inigualable… y nos brindó algo más: clase, elegancia, jerarquía.

Apenas dos años después de su primer trabajo con Celia, y del enorme éxito sobrevenido, Johnny Pacheco, en su condición de productor musical —función no reconocida en los créditos del disco, pero oficiada en la práctica—, hace un viaje inmersivo a las raíces del sonido tradicional del son y la guaracha cubanos, aterrizando directamente en el repertorio y el espíritu de LSM. El resultado es el álbum *Celia, Johnny, Justo & Papo: Recordando el ayer* (Vaya Records JMVS-52). Con él, y al renombrar a su orquesta Pacheco y su Tumbao Añejo, el dominicano confirma su apego a la sonoridad del conjunto tradicional cubano. El nuevo álbum abre con *Besitos de coco* (Ismael Rivera), por Justo Betancourt, guaracha que en su día grabara Celio González con LSM, ahora con arreglos de Jorge Millet y letra modificada para que Celia pudiera intervenir. Versiones de cuatro añejos éxitos de Celia con LSM y de compositores cubanos son llevadas a nuevos arreglos por los experimentados Louie Ramírez y Papo Lucca, que parten de los originales de Severino Ramos: Celia había grabado la guaracha *Ritmo, tambó y flores* (José Vargas); *Reina rumba*, guaracha dedicada especialmente a ella y para ser cantada por ella por su autor Senén Suárez; *Vamos a guarachar* (Salvador Veneito) y el pregón-chachachá *El yerbero moderno* (Néstor Milí), uno de sus clásicos de todos los tiempos en voz de Celia. En dúo con Justo Betancourt versionan *Cuando tú me querías* (Juan S. Garrido), que había sido grabado por ella en 1965.

El álbum, que sale al mercado entre septiembre y octubre de 1977, carece de notas o texto —algo común en la discografía de Fania—, pero aquí no solo se habrían agradecido, sino que debió explicarse con transparencia la intención de esta producción y el origen real de su contenido musical. Sin embargo, excepto en los casos de Néstor Milí y *Caíto*, no hay referencia alguna a LSM y en los créditos han sido omitidos los nombres de autores cubanos. Obviamente, el título —*Recordando el ayer*— y el limitado diseño de carátula no resultan suficientes para hacer justicia a los creadores originales y la decisiva impronta de LSM y otros conjuntos soneros cubanos en la pretendida *Fania family*. César Miguel Rondón identifica el patrón seguido por Pacheco como «matancerización» del sonido Fania, por su apego casi exclusivo al repertorio y estilo de LSM como principal referente, y comenta que:

> El disco fue un éxito y la música que él recoge, sin duda, es buena. Sin embargo, este disco supone un *pero* importantísimo que no podemos obviar fácilmente. Como su nombre lo indica, el disco pretendía evocar el pasado, lo cual es legítimo desde la salsa y desde cualquier otra manifestación musical. El problema, no obstante, se da cuando esa evocación se presenta como lo mejor de la salsa, lo que, por supuesto, es un contrasentido.

El año 1976 cierra en alto para Celia. Sus elepés con Fania se sitúan prácticamente en todas las listas de éxitos (*hit-parades*) de Nueva York, Miami, Chicago, Los Ángeles y Puerto Rico y en países como Venezuela y Santo Domingo. En particular, *Billboard* destaca el reciente álbum *Recordando el ayer* en la categoría Latin Salsa National, según ventas y difusión radial en los Estados Unidos. Sus viejas y recientes grabaciones con Seeco Records son renovadas en nuevos prensajes recopilatorios que aprovechan el enorme tirón mediático y de ventas de sus nuevos discos con Fania.

En 1978, el fenómeno salsero intentó en vano conquistar España. Son escasas las reseñas de discos en la prensa y la proyección de la *salsa* en el Instituto Francés de Barcelona no consigue un acercamiento que trascienda lo anecdótico.

La conquista de Europa para Celia había comenzado por España en 1970, y seis años después plantó bandera en nuevos territorios con sus actuaciones en Reino Unido y Francia. Donde la salsa ha tenido su aceptación más importante en el extranjero, aunque no se haya notado sustancialmente en las ventas de discos, es en aquellos países donde el jazz americano siempre ha sido popular. Como consecuencia, nombres como Mongo Santamaría, Willie Bobo, Machito, Santana y Ray Barretto resultan familiares a los aficionados europeos al jazz, pero en el caso de Celia —hasta ahora sin aparentes vínculos con ese jazz más instrumental que vocal— tal conocimiento ha sido escaso y puntual.

Innegable era el impacto comercial y mediático de los *megashows* producidos por Masucci y Mercado, y presentados en el MSG, en particular los que apoyan la distribución de los nuevos álbumes. La fórmula habrá de repetirse muchas veces, hasta que agote su potencial. Bajo el título *Salsa's Perfect Combination* (*La combinación perfecta de la salsa*), presentan el 4 de febrero en el MSG Celia, Pacheco, Justo Betancourt y Papo Lucca el nuevo álbum *Recordando el ayer*. Además, y entre otros, también acuden Willie Colón y Rubén Blades, en binomio estelar, anticipando algunos temas de lo que sería su primer —y legendario— álbum *Metiendo mano!* El experimentado etnomusicólogo y periodista John Storm Roberts escribe en *Newsday* sus impresiones sobre el espectáculo, considerando la «sorprendente» Celia Cruz como el punto más alto del concierto: «[…] una especie de combinación de Ella Fitzgerald y Bessie Smith de la pura tradición afrocubana, cuya invariable potencia y dinamismo la han convertido en una fuera de serie durante un cuarto de siglo».

Desde hace años, Willie Colón había acreditado su talante iconoclasta y singular como *enfant terrible* de la salsa, y sobre todo, un prestigio como uno de los músicos más inteligentes y creativos de su generación. Desde su primer álbum de estudio *El malo*, de 1967, Colón marcó un territorio muy suyo e inimitable, lanzando un sonido ecléctico y contemporáneo, que pugnaba por distanciarse de lo inmediato anterior —*boogaloo*, pachanga, jala-jala, etcétera—, pero con visibles raíces en la música cubana y afrocaribeña. La banda de Willie estaba reputada como una de las mejores en la escena latina de Nueva York, donde la preeminencia de la metalería, en particular del trombón, marcará el nuevo sonido de la música afrocaribeña hecha en la Gran Manzana.

En 1977 da comienzo formal su etapa colaborativa con Rubén Blades, Colón produce el primer álbum del binomio donde lo experimental y renovador era evidente: *Metiendo mano!* se convierte en un éxito inmediato. Ambos representan la corriente más creativa y renovadora dentro del movimiento salsero de Nueva York. Los textos de Blades, apoyados en los conceptos musicales de Colón, introdujeron la narrativa de compromiso social en la llamada salsa, demostrando que, como expresión musical de su tiempo, podía ir más allá del ámbito estrictamente bailable e instalarse en conceptos que van desde la fusión y revitalización de ritmos y géneros, hasta la apropiación de espacios de pensamiento, cuestionamiento de la realidad social en las comunidades latinas y en los países del entonces llamado Tercer Mundo, concepto hoy en desuso.

> Cuando me enteré que Celia venía para Fania, a cada rato yo instaba a Jerry Masucci porque quería hacer una producción con ella. Yo desde chamaco, cuando estaba empezando, escuchaba Celia y para mí era la máxima exponente de la música caribeña cubana. Para mí, Celia era una autoridad, alguien que conocía todos los géneros con una inteligencia musical, que podía cantar cualquier clase de música. Por eso estaba seguro que podíamos hacer algo

> excelente. Aprovechando el sabor ese típico que ella tenía como base, y su flexibilidad como cantante e intérprete, trabajar con ella era algo que me entusiasmó mucho.

Así narró Willie Colón a la autora sus motivaciones para emprender en 1977 su primera colaboración con Celia como productor y músico: el álbum *Cruz & Colón: Only They Could Have Made this Album* (Vaya VS-66). Paradoja histórica, la canción que sería la más exitosa de este álbum y, probablemente, de la etapa colaborativa Cruz-Colón, pudo no haber sido incluida, según contó el músico a la autora:

> Nos encontramos en la oficina de Jerry [Masucci] y escuchamos números para escoger. A mí me gustaba mucho el número brasileño *Usted abusó* y quería incluirlo. Celia lo escuchó y me dice: «¡Ay, Willito, yo no puedo cantar eso!». Yo la convencí de que ella lo podía hacer, que solamente los acordes eran un poco diferentes a lo que ella estaba acostumbrada, pero que ella tenía la habilidad, y lo aceptó.

Cuando a mediados de 1977 Celia y Willie Colón entran en La Tierra Sound —los antiguos estudios de RKO que después se renombraron Good Vibrations Studios—, ella tiene 51 años, él 27, y *Metiendo mano!* está en la cima de las listas de éxitos salseros. Los respectivos mundos musicales y la experiencia atesorada distan de ser idénticos, pero hay una raíz y una espiritualidad comunes. *Only They Could Have Made This Album* (*Solo ellos podían haber grabado este álbum*) se titula así para subrayar lo que hicieron evidente: que Celia podía trascender la sonoridad y el estilo de LSM para atemperarse y dejarse arropar por la creativa y moderna experimentación de Willie, y brillar en ella. Del trabajo en el estudio, de la relación artista-productor, Colón recuerda, 47 años después en entrevista con la autora:

> Para mí fue una sorpresa agradable la actitud de Celia. Yo había producido a otros artistas de menos talla y han sido más divos que Celia. Ella fue paciente y abierta a las sugerencias. Cuando yo le pedía: «Vamos a hacer otra toma», ella cumplía sin quejarse. En realidad, grabamos unas pistas excepcionales, que quedaron para la historia.

Celia lo consideraba un músico de la más alta categoría, como escribió en su autobiografía. De esa añorada colaboración, había anticipado en 1975, a la revista *Latin New York*: «Para mí va a ser una experiencia nueva, porque nunca he grabado con el tipo de banda que él [Willie] tiene. Estoy muy contenta por ello».

Tite Curet escribió para este disco una excelente versión de la samba *Você abusou* (Usted abusó), de Antonio Carlos Marques Pinto y José Carlos Figueiredo, *Jocafi*, sin duda el tema insignia del álbum, y uno de los más trascendentes y populares en la carrera de Celia.

El nuevo disco está en la calle el 2 de octubre de 1977 y, según *Billboard*, solo en Nueva York se vendieron 7,000 copias en menos de 15 días. Muy pronto, como hito curioso, se posiciona en los primeros lugares de las listas semanales de *Billboard* no solo en la categoría *latin salsa*, sino también en *pop*, en Nueva York y Miami. En la selección anual de los 25 álbumes más destacados del año 1978, Celia y Willie reinarán en el primer lugar en la categoría Latin Salsa.

A partir del concierto de Celia y Willie Colón el 23 de septiembre de aquel año en el Roseland Ballroom, donde también se presentó la orquesta femenina de salsa Latin Fever, el álbum motivará sucesivas presentaciones en directo. Para Ray Terrace, el músico y columnista de *Cash Box*, Willie Colón ha propiciado aún más el arraigo de Celia en la popularidad contemporánea: «El nuevo tándem Celia-Willie personifica el intercambio intergeneracional no solo en el canto, sino también en la vida».

En paralelo, Celia continúa actuando con Pacheco y otras orquestas. El Corso está celebrando el 25 de mayo de 1977 su 10.º aniversario con ambos artistas en su pista. A Miami vuelve en julio para su ya tradicional temporada en el Centro Español. Es una de las principales figuras en la Gran Verbena del Canal 23 en Miami en la víspera del 4 de julio, junto a Miami Sound Machine, Willy Chirino y otros.

A finales de la década de los setenta, y en contradicción con la respuesta multitudinaria en conciertos en directo, como los protagonizados por Celia y Pacheco en las radioemisoras de Miami, la salsa comienza a enfrentar la competencia de la música disco, aunque la salsa mantenía vigencia y preferencia. Celia viaja a Colombia después para cumplir contratos entre el 22 y el 25 de agosto. En Cali canta con LSM y, dentro de la obligatoriedad legal de ofrecer un concierto gratuito en institución o espacio público, canta en la Cárcel de Villanueva. «Los presos se agitaban como una ola gigantesca y gritaban como locos. Celia Cruz los hipnotizó con su voz, les hablaba como si fuera su madre ausente», contó el periodista caleño Umberto Valverde. Al despedirse del público colombiano, la Guarachera de Cuba viaja a Puerto Rico para otro concierto de FAS en el Coliseo Roberto Clemente, encabezando un cartel con la ostensible ausencia de importantes nombres del *line-up* del «todos estrellas».

Con *Salsa II*, otro concierto para multitudes, vuelve Celia al MSG el 2 de septiembre de 1977, junto a El Gran Combo de Puerto Rico, Willie Colón, Ismael Miranda y Héctor Lavoe, que fue, a juzgar por la reseña de Ernest Leogrande para el *Daily News*, la gran estrella de la noche, por el apoteósico recibimiento de su público en el Garden, tras varios meses desaparecido de los escenarios y micrófonos debido a un periodo de crisis física y mental. Pero para *Latin New York*, la gran estrella fue Celia, que provocó una ovación de tres minutos completos con solo aparecer en el escenario para cantar con Willie *Usted abusó*; luego, *Zambúllete*, tema dedicado a Panamá con guiños al tamborito; el bolero *Plazos traicioneros* y *Bemba colorá*.

El periódico *Daily News* lanza sus Front Page Music Awards en 1977 como reconocimiento a la música en Estados Unidos, e incluye géneros disímiles como R&B, jazz, country, rock, pop y el que la prensa comienza a llamar como *latin*. Linda Ronstadt, Diana Ross, Ella Fitzgerald, Olivia Newton-John y Celia Cruz han arrasado en la carrera por la elección de las mejores estrellas femeninas de la música en la Encuesta Musical de Primera Plana que, por votación elegirá a las más populares. En la categoría Música Latina, Celia retiene el cetro superando a La Lupe, que queda en segundo lugar, mientras que Iris Chacón recibe también un buen porcentaje de los votos.

La entrada de Celia a uno de los premios angloamericanos más publicitados representa, a esas alturas, un reconocimiento implícito de las audiencias no solo latinas, sino estadounidenses en general.

The Stanley Siegel Show en WABC-TV Canal 7 transmite el 26 de diciembre de 1977 la primera entrega de estos premios del *Daily News*, donde Celia se presenta junto a auténticas superestrellas estadounidenses, como Stevie Wonder y Gladys Knight & the Pips, entre otros. La Guarachera había volado directamente desde la ciudad de México para grabar el *show*, recibir su premio y desafiar las luces de la televisión con un vestido desbordado de lentejuelas mientras cantaba su exitosa versión de *Cúcala*. Probablemente se trata de una de las primeras apariciones de Celia en un evento televisivo de tan amplia difusión, no gestado desde y para la comunidad latina.

En la misma línea, *Billboard*, desde mediados de 1976, creaba listas semanales de éxitos (Hot Latin LPs) para los álbumes de *salsa*, diferenciándolos del resto de la música *pop* que consideraban dentro de la categoría *Latin*. Ante el impacto del conglomerado Fania, al finalizar 1977 *Billboard* emite por primera vez listas diferenciadas de los 50 álbumes más relevantes en el año en la categoría: Latin Pop y Latin Salsa. Las listas específicas de salsa se separan por sus dos principales polos de difusión y arraigo: Nueva York y Los Ángeles. En esta última, el primer lugar corresponde a *Recordando el ayer*, de Celia, Johnny Pacheco, Justo Betancourt y Papo Lucca. A su vez, Celia tiene una presencia mayor y más trascendente en esa lista, siendo el nombre más mencionado del catálogo Fania: en el número 39 aparece con *Tremendo caché*; en el 40 *Only They Could Have Made This Album*, con Willie Colón; y en el 47 con *Celia & Johnny*. Es decir, los cuatro discos grabados hasta ese año por Celia para Vaya Records (Fania) aparecen en esta lista.

Para Celia, los primeros meses de 1978 son de gira.

Imposible evadir en Venezuela la polémica recurrente. «¿Qué opina del resurgimiento de la música afrolatina, que ahora han bautizado con el nombre de «salsa»?», la aborda a este respecto Cándido Pérez al llegar al estudio donde ensayarían. El periodista recoge la respuesta de Celia en su artículo «Celia Cruz y la Dimensión Latina limpian sus armas para los carnavales»:

> A mí me gusta mucho, porque me ha devuelto a la popularidad. Por otra parte, y a pesar de las largas discusiones que se han producido, yo creo que la «salsa» no es un ritmo nuevo. Lo único que tiene de novedoso son los arreglos, porque ni la inclusión de los trombones es nueva, ya que hace algunos años [el puertorriqueño] Mon Rivera incluyó esos instrumentos en su orquesta.

En marzo de aquel año, Celia viaja a Colombia, y se reencuentra con dos viejos amigos: Matilde Díaz y Miguelito Valdés, con los que emprenderá una intensa gira por Bogotá, Cali, Medellín y Barranquilla. Tras este meteórico renacimiento, Celia renueva su relación contractual en exclusividad con el sello Vaya (Fania) por otros cinco años y la grabación de dos álbumes por año, en contrato firmado el 6 de marzo de 1978, mientras Ralph Mercado, a través de RMM Management, retiene el manejo de sus actuaciones en directo.

Celia parece flotar en medio de sucesos, contradicciones y sacudidas que experimenta Fania en los últimos tiempos. Desde la estrategia empresarial evidente en sus grabaciones, Fania continuará adjudicando a Celia la representación de la tradición, aunque alejándola de vez en vez del sonido de Pacheco y su Tumbao Añejo, tan apegado a la influencia de LSM. Ninguno de los cantantes principales de Fania será sometido a tantos sucesivos cambios de orquestas y conjuntos acompañantes como lo fue Celia, pero ella misma se encargará de enfatizar la necesidad de un perfecto equilibrio entre tradición y renovación, y, en particular, estará abierta a las nuevas sonoridades como un atractivo para las generaciones más jóvenes. Los conciertos gozados y los álbumes grabados con Willie Colón serán la muestra suprema de ello.

El Premio ACE, que anualmente otorga la Asociación de Cronistas de Espectáculos de Nueva York, recae por primera vez en Celia en la categoría de Mejor Cantante Femenina. Lo recibe el 29 de abril de 1978 en el *grand ballroom* del hotel Hilton de Nueva York. En lo sucesivo, Celia recibirá este premio en diversas categorías seis veces más.

La noche del 23 de agosto de ese año es de locura irrefrenable, demostración de poder y fuerza para Fania: se celebra el 10.º aniversario de FAS en el MSG, el escenario de sus grandes éxitos. La estrategia de Masucci equipara a Las Estrellas de Fania con los más famosos *rock-stars*, porque así han querido verse y así son percibidos por las decenas de miles de enfebrecidos seguidores que colman el legendario coliseo.

Llegan en interminables limusinas y desfilan sobre una alfombra que huele a champán, vistiendo chaquetas de diseñador con la inscripción «All Star» bordada al dorso. Masucci, el zar, ya no se arredra ni se abstiene de presumir: su Rolls-Royce es más que elocuente con la matrícula «Salsa I», para que quede claro quién es el rey en el negocio. Periodistas y fotógrafos con acceso a *backstage* se agolpan y confunden con los músicos, mientras otros menos afortunados buscan el brazo seguro de quien parezca ser importante para intentar entrar. Masucci, Pacheco y sus músicos son los héroes del disfrute, de quienes todos hablan, ya sea para adorarlos, denostarlos o envidiarlos. Son jóvenes, famosos, *sexys*, y no solo están haciendo buena música, sino también imponiendo un nuevo *status* de virilidad; son los nuevos *latin lovers*. *Latin New York* afirma, en dicho tenor:

> [...] es una celebración, una razón para desmayarse por Willie Colón en lugar de por John Travolta, y por Celia Cruz en lugar de por Aretha Franklin. Es difícil ser crítico u objetivo sobre la fiebre de la All Stars, porque todos van con la locura en la cabeza.

Celia, que hacía solo cuatro años se había vinculado a FAS, es la superestrella, presentada como «*Special Guest*, *Star Attraction* y la Guarachera del Mundo», en el multitudinario evento desbordado de autoelogios y discos de oro, uno de los cuales Celia y Willie Colón reciben por su primer álbum conjunto y arropados por la nómina al completo, incluyendo los nuevos y brillantes Rubén Blades y Pete *el Conde* Rodríguez, que ya enardecen a la multitud. Según Robert Palmer, columnista de *The New York Times*:

> [...] lo más destacado de la velada fue la fascinante aparición de la vocalista cubana Celia Cruz. Aparentando no tener más de 30 años, aunque en realidad es una veterana de algunas décadas de música latina, la señorita Cruz dominó sin esfuerzo el escenario, dando vueltas y bailando con su resplandeciente vestido verde y cantando con su voz asombrosamente rica y poderosa. Su fraseo de trompeta y su ritmo instantáneo se mostraron especialmente bien en una larga improvisación frente a una respuesta coral repetitiva, durante la cual mostró un talento para la improvisación musical que haría que la mayoría de los instrumentistas sintieran envidia.

Sobre el desempeño de la Guarachera, *Latin New York* destacó que una vez más demostró, con una ovación de pie, que ella era la monarca indiscutible y amada.

El concierto coincide con la inauguración de la exposición *Raíces Latinas: Una historia de la música hispana en Nueva York entre 1930 y 1978* en la biblioteca del Lincoln Center, auspiciada por el National Endowment for the Arts (Fondo Nacional para las Artes), la primera de su tipo organizada en Estados Unidos, y a la que asistió la ex–primera dama Jacqueline Kennedy. En esta se exhiben numerosos objetos ligados a la rica historia musical, entre ellos unos timbales pertenecientes a Tito Puente, la veterana trompeta de Mario Bauzá y una bata cubana de Celia, que constituyen el centro de la atracción, junto a instrumentos originarios de percusión afrocubana.

El magno festejo del MSG se trasladó a Puerto Rico en otro baño de multitudes que reunió en el estadio Hiram Bithorn, según datos de *Latin New York*, a 27,000 seguidores de Fania. Las voces que encantan son Cheo Feliciano, Adalberto Santiago, Pete *el Conde* Rodríguez, Ismael Quintana, Rubén Blades y la propia Celia, que sorprendió en medio de la ovación al salir a escena enfundada en un *smoking* confeccionado a medida, con una pajarita repleta de lentejuelas.

Este año Masucci lanza el LP *A todos mis amigos* (JMTS-1423), un recopilatorio de grabaciones realizadas por Celia en su etapa con Tico Records. A la idea de las compilaciones también acuden otros sellos con catálogos de música bailable cubana, ansiosos por atrapar alguna parte del gran pastel que ofrece el rol protagónico de la cubana en la *salsa fever*. El sello mexicano Orfeón, que en su tiempo tuvo acuerdos de licencia con Seeco Records para las grabaciones de Celia y LSM, edita *Orfeon Salsa Super Stars* (LP-16H-5116), un recopilatorio un tanto inverosímil, donde en el espectro salsero *cuelan* hasta Pérez Prado y donde Celia aparece con *Ven Bernabé*, junto a la Matancera.

Del 18 al 20 de agosto de 1978, el teatro Apollo, en Harlem, presenta su primer gran concierto de salsa con Celia, Eddie Palmieri, Mongo Santamaría y Bobby Rodríguez y La Compañía.

He aquí un vínculo inusitado de Celia con el *base ball*, entonces apreciado como el deporte nacional de Cuba: el 28 de agosto más de 5,000 personas se reúnen en el Roosevelt Stadium de Nueva Jersey en el Juego de Veteranos de la Liga Cubana de Béisbol profesional, enfrentados en los equipos Habana y Almendares, dirigidos por los *peloteros* cubanos Clemente *Sungo* Carreras y Rodolfo *Rudy* Fernández. Celia es invitada a lanzar la primera bola que dejaría inaugurado el encuentro, en un acto que demuestra el alto aprecio conquistado por la Guarachera del Mundo en la comunidad de exiliados cubanos y que trasciende el ámbito meramente musical.

Aprovechando el descanso del *Labor Day*, se hará habitual cada año el Festival de la Salsa de Nueva York, en el que Celia será presencia habitual hasta el año 2000 como cabeza de cartel. Dos *megashows* los días 1.º y 2 de septiembre, con las principales figuras salseras del momento, atraen a cerca de 38,000 personas.

Celia graba ese año otros dos álbumes para Fania, en la línea de asociarla a formatos instrumentales diferentes: *La ceiba* (JMVS-84), su primera colaboración con La Sonora Ponceña, la legendaria banda puertorriqueña, lo que podría considerarse natural y lógico después de la enjundiosa incidencia de Papo Lucca con su renovador concepto del piano y los montunos en sus arreglos para grabaciones de Celia y en sus conciertos en la etapa Fania; el álbum, sin embargo, no obtuvo los resultados deseados a nivel comercial, y *Eternos*, el tercer álbum colaborativo entre Celia y Pacheco. De las nueve canciones de este último disco, tres son versiones de éxitos de Celia con LSM: la danza conga *La danza del cocoyé* (Luis Griñán), la guaracha *Yembe laroco* (Rafael Blanco Suazo) y la guajira *En el bajío* (así es el nombre correcto de la pieza, aunque en el disco aparezca acreditada simplemente como *El bajío*).

El nuevo disco de Celia y Pacheco, no obstante, dividió las opiniones: la revista *Cash Box* elogia el desempeño de Celia en él, califica su voz de «impecable»; destaca su habilidad para insertarse en la orquesta de Pacheco y lo considera depositario de «su mayor esfuerzo, y un imprescindible en su colección de éxitos. Todos los cortes del álbum demuestran su talento excepcional». Pero, al calor de la discusión sobre las nominaciones a los Grammy en la única categoría para la música latina, el columnista Tony Sabournin, de *Latin New York*, fijaba una opinión divergente, calificando al material como «un esfuerzo mediocre». Y ampliaba: «Lo que originalmente comenzó como la combinación de dos de las fuerzas más dinámicas de la música latina se ha convertido en una fórmula predecible: ofrecer los mismos tipos de guaguancós, bombas, boleros y merengues».

Opiniones similares van a caracterizar algunas críticas sobre conciertos en directo donde se adjudica a Pacheco y a Celia cierto estancamiento en una zona de confort que dominaban, pero que precisaban renovar, sobre todo Pacheco como productor y director musical, desde aportes que dejaran atrás abordajes demasiado previsibles de las sonoridades tradicionales.

Aun así, *Eternos* le proporciona a Celia su primera nominación como artista principal a los Premios Grammy en su 22.ª edición en la categoría de Mejor Grabación Latina junto a *Touching you, touching me* de Airto Moreira; *Cross Over* de FAS, donde también aparece Celia con uno de sus grandes y más perdurables éxitos: *Isadora*, e *Irakere*, del grupo cubano homónimo, que fue el que se alzó con el premio. Celia asiste a la gala de premiación en el Shrine Auditorium de Los Ángeles, el 27 de febrero de 1980.

Las presentaciones de Celia en Holanda en noviembre de 1978 pueden considerarse como su verdadero debut en la Europa continental no hispanoparlante, y el contacto directo con su público, pues en Cannes el concierto de FAS ocurrió en el ámbito de un evento para profesionales de la industria. Con cuatro conciertos en La Haya, Arnhem y Ámsterdam, Celia se presenta por primera vez, siendo ya la reina coronada de la salsa. Esto marcaría un antes y un después en el conocimiento y expansión de la música cubana y caribeña en ese país a través del movimiento *salsero*, como reconoció la prensa local.

Respaldada por una orquesta de 10 músicos junto al ya famoso Pete *el Conde* Rodríguez, Celia contó con la surinamesa Sonora Paramarera —que desde los años cincuenta tocaba música bailable cubana y afrocaribeña— para abrir su concierto inaugural. El empresario antillano Freddy Martina, con la empresa Mojo Concerts, se arriesgó con esta gira. A pesar de saber que la llamada *salsa* era todavía un fenómeno relativamente desconocido para el público holandés en general, no era así para los miles de holandeses antillanos provenientes del Caribe insular neerlandés y asentados, o de paso, en la antigua metrópoli, para quienes la música cubana y la *salsa* no eran ajenas, sino todo lo contrario. Celia, como LSM, Arsenio Rodríguez y su Conjunto, y Chappottín eran conocidos desde los años cincuenta a través de sus discos y sus actuaciones en directo en Curazao, Aruba y Bonaire, donde tenían un público entregado y fiel.

«Como una reina, Celia Cruz entró en el Hotel Americano de Ámsterdam: abrigo de piel, mucho oro y purpurina en manos y orejas. Con una amplia sonrisa, aceptó la larga ovación de pie que le tributaron», narró Jan Bart Klaster para el periódico *Het Parool* en su artículo «La salsa de Celia Cruz hace feliz a la gente». Es presentada como la cantante «que ha gobernado la música latinoamericana durante tres generaciones».

El primer concierto, en La Haya, reunió a una legión de admiradores que bailaban en medio de un gran frenesí. Sin embargo, Celia debió abandonar el escenario por un requerimiento inconcebible de la producción —limpiar y poner a punto el salón para la próxima actividad— pero se anunció oficialmente lo que nunca se hizo visible, lo que en ella resultaba inexplicable: «Celia Cruz está muy cansada».

La prensa holandesa recogió varias reseñas y comentarios, pero sin duda el titular que mejor reflejó el arte musical de Celia fue el de Jan Bart Klaster para el diario *Het Parool*: «La salsa de Celia Cruz hace feliz a la gente».

En declaraciones al periodista, Celia enfatiza una de las líneas discursivas de Fania: «Mi gente en New York es pobre, muy, muy pobre. Nuestra música es muchas veces lo único que tienen, les hace olvidar la miseria por un rato y la salsa les hace sentir como si estuvieran en una gran familia».

Apenas dos días después de concluir las exitosas presentaciones en Holanda, Celia recibe una noticia fatal: Miguelito Valdés, su gran amigo, había muerto en plena actuación en el hotel Tequendama de Bogotá. Un ataque al corazón terminó el 8 de noviembre de 1978 con su vida extraordinaria y fecunda. Este mismo año, en marzo, Celia y Miguelito habían trabajado juntos en el mismo hotel donde la muerte le sorprendió.

Sin siquiera sospechar que el final del gran cantante cubano estaba apenas a seis meses de distancia, un gran concierto en su honor había reunido el 26 de mayo en el Roseland Ballroom de Nueva York a una verdadera constelación de estrellas: Xavier Cugat, Desi Arnaz, Cab Calloway, Dizzy Gillespie, Tito Puente, LSM, Machito, Mongo Santamaría, Cándido, Celia Cruz, Xiomara Alfaro, José Fajardo, Charlie y Eddie Palmieri, Myrta Silva, Ruth Fernández y muchos otros, además del propio homenajeado en una actuación especial.

Celia, devastada, rememoró a su amigo entrañable, alguien que, en 1948, cuando ya era Mr. Babalú y había alcanzado una enorme fama en Estados Unidos, acogió con cariño y elogios a la muchachita de la voz prodigiosa de Santos Suárez. «Miguelito era mucho Miguelito. Hemos perdido una cosa muy grande, creo que su puesto va a quedar vacante, como el de Benny Moré», declaró Celia. Semanas después, organizó una misa en tributo póstumo al gran cantante cubano, reuniendo el 16 de noviembre de 1978 en la iglesia de San Benito en Manhattan a numerosas figuras del ámbito musical, entre ellos Tito Puente, Myrta Silva y Cándido Camero.

Un concierto de artistas de Fania sacude el 11 de noviembre de 1978 a una multitud de cerca de 12,000 personas —según datos de *Latin New York*—, reunidas en el Philadelphia Civic Center. Bobby Rodríguez y La Compañía, la orquesta femenina Latin Fever y Héctor Lavoe subieron la temperatura en el recinto, pero la aparición de Celia y Willie Colón fue catalogada como una auténtica locura.

Días después, el 24 de noviembre, aunque no está claro de quién fue la idea, se declaró el Día Oficial de la Salsa en Puerto Rico, y se celebró con un gran concierto en el Coliseo Roberto

Clemente, donde aparecen Celia, Héctor Lavoe y Cheo Feliciano, actuando con Joe Cuba y Roberto Roena y su Apollo Sound.

El disco de Celia y Willie y la canción *Usted abusó* tuvieron presencia casi permanente durante aquel año en las listas semanales de éxito de varias revistas especializadas que contabilizan tanto índices de popularidad como de ventas en Nueva York, Chicago, Los Ángeles y Miami. Fania aprovecha el tirón y publica el recopilatorio *The «Brillante» Best* (Vaya VS-77), con grabaciones propias de Celia acompañada por las orquestas dirigidas por Pacheco y Colón.

Celia, Willie Colón y Rubén Blades arrasan completamente en la consulta pública para la entrega de los premios Latin New York de este año. Ella, en particular, se alza como la Cantante del Año, seguida de Yolandita Rivera, la cantante de La Sonora Ponceña; *Usted abusó*, en dueto con Colón, se encumbra como la Canción del Año, y *Only The Could Have Made This Album*, también con Colón, lo hace como el Álbum Salsa del Año. *Billboard*, por su parte, sitúa dicho álbum de Celia y Willie en el primer lugar entre los mejores de Latin Salsa del año.

A finales de los años setenta, EE. UU. atravesaba una profunda crisis económica, marcada por una grave crisis fiscal y la desinversión en servicios públicos. El estancamiento de la economía, la inflación y las subsecuentes reducciones salariales y pérdidas de empleos, especialmente en grupos que dependían de la industria manufacturera, la construcción y los servicios tuvieron un impacto considerable en la población latina, recrudeciendo las dificultades económicas especialmente de las familias con ingresos más bajos. En este contexto, era lógica la drástica reducción de los gastos destinados al entretenimiento, en particular, la compra de discos. Sin embargo, al concluir 1978, *Latin New York* reconocía la permanencia de Celia no solo en la popularidad, sino también como incólume y exitosa vendedora de discos en comparación con la pléyade de jóvenes *salseros* que cantan y graban para Fania y sus sellos. La sitúan, junto con Eddie Palmieri y Willie Colón, con los mayores índices de venta, subrayando que esto ocurre en tiempos en que se vende solo la mitad de los discos de salsa que se solían mover en años anteriores.

En enero de 1979, una conga arrolló las calles de Miami en celebración del carnaval asociado al Día de Reyes, una tradición de Cuba anterior a 1960. La cabalgata de los Tres Reyes Magos inspira una iniciativa del Kiwanis Club of Little Havana: ese era el germen de lo que a la postre será el Carnaval de la Calle Ocho.

En el año inaugural correspondió a Celia el honor de iniciar el desfile y dar paso a más de 40 carrozas y 12 bandas de música que desfilaron desde la Cuarta Avenida del Suroeste, por toda la Calle Ocho, hasta Beacon Boulevard. Auspiciado por la radioemisora WQBA La Cubanísima y el Orange Bowl, el evento reunió a una multitud de cientos de miles de personas.

Celia, montada en un descapotable, inaugura el desfile para dar paso a la carroza con el belén de la Arquidiócesis Católica de Miami, y la de la Reina del Carnaval. Las famosas comparsas cubanas de La Habana y Santiago de Cuba, el Lanchile Ballet, Bulerías de España y los jugadores de Jai Alai de Miami y bandas escolares se unirán a empresas locales y organizaciones comunitarias para dar el toque distintivo al desfile de 1979. En años sucesivos, Celia será presencia constante en el Carnaval de la Calle Ocho; para ella será una cita obligada, y en 1984 será designada incluso Reina de los festejos, con iniciativas desplegadas en su honor.

A 15 años de la prematura muerte de Benny Moré, *el Bárbaro del Ritmo*, Tito Puente invitó a varios salseros a recrear temas exitosos del famoso cantante. En el disco que se produjo de aquella iniciativa, Celia canta *Yiri yiri bon*, *Encantado de la vida* —a dúo con Cheo Feliciano— y *Qué bueno canta usted*, junto a Adalberto Santiago,

Héctor Casanova, Ismael Quintana y Junior González. Con el álbum resultante, *Homenaje a Beny* (Tico Records JMTS-1425), Tito Puente gana el Grammy a la Mejor Grabación Latina en la 21.ª entrega de los reconocimientos. Por segunda vez Celia está presente en un disco colectivo ganador del codiciado gramófono.

La tercera edición de *Salsa's Perfect Combination* abre las puertas del Radio City Music Hall el 10 de febrero de 1979. Ahí Willie Colón y Rubén Blades someten a la consideración del público algunos temas de su más reciente álbum, *Siembra*, que se convertiría en el más importante de sus carreras y, según datos de Fania, en el más vendido de su catálogo. En la segunda parte del evento se rinde homenaje al Bárbaro del Ritmo con las piezas incluidas en el álbum reciente de Tito Puente y sus invitados. A decir de Francisco Reyes II, cronista de *Latin New York*, Celia apareció en el escenario «envuelta en un aura de femineidad y gracia espiritual». Con una finísima y vaporosa bata cubana en reafirmación de identidad, Celia cantó acompañada por la orquesta de Puente; luego a dúo con Cheo Feliciano, y fuera del repertorio del disco, también interpreta *Me acuerdo de ti*, una de las numerosas canciones dedicadas al amor por su país, y a su anhelo y certeza de su regreso a él:

Habana, Habana, si no es hoy será mañana.
Habana, Habana, que yo cante en Tropicana.
Habana, Habana, mi linda Habana querida,
Habana, Habana, yo no te olvido en la vida.
Habana, mi Cuba, quiero que tu nombre suba.
Habana, mi Cuba, yo he de regresar a Cuba.

Un inusual e histórico evento tiene lugar en La Habana los días 2, 3 y 4 de marzo de 1979. Por primera vez en casi 20 años se reunían en un gran concierto en Cuba músicos residentes de la isla con colegas norteamericanos de renombre en la música pop, el jazz y la llamada *salsa*. Este habría pasado como un hecho inadvertido, si no fuese un verdadero acontecimiento en medio del clima de hostilidad en que transcurrían los escasos vínculos entre EE. UU. y Cuba 18 años después de la ruptura oficial de relaciones diplomáticas y comerciales entre ambos países. La política de cierta distensión hacia el gobierno de Cuba implementada por el presidente Jimmy Carter tras su llegada a la Casa Blanca propiciaba que el evento se sumara a la lista de acciones tendentes a un mayor acercamiento entre ambos gobiernos, entre ellas la reapertura de secciones diplomáticas representativas en las respectivas capitales y el inicio de conversaciones con representantes de la emigración cubana en EE. UU. y otros países, que hicieron posible el inicio de las visitas masivas e incesantes de exiliados cubanos a su país de origen.

Se trataba, para los norteamericanos, de los conciertos *Habana Jam*. Conocidos en la prensa cubana como *Música Cuba-USA*. *The New York Times* anunciaba el que auguraba ser un acontecimiento auspiciado por la cadena mediática CBS, que grabaría las tres noches de conciertos, y mencionaba una lista de artistas y bandas que incluiría a Billy Joel, Kris Kristofferson, Rita Coolidge, Weather Report con Jaco Pastorius y la CBS Jazz All Stars dirigida por Jimmy Heath, en la que figuraban Dexter Gordon y Stan Getz, entre otros. Según la nota de *The New York Times* la música latina estaría representada por Eddie Palmieri, Willie Bobo, Mongo Santamaría y FAS, con Johnny Pacheco, Roberto Roena, Nicky Marrero y Celia Cruz, entre otros. Sin embargo, dos días después, *The New York Times* debió retractarse, insertando en sus páginas una nueva nota bajo el título *Corrections*:

> Debido a la información incorrecta suministrada por CBS Records, un artículo en *The Times* el miércoles enumeró entre los artistas programados para aparecer en un festival de música en La Habana del 2 al 4 de marzo a cuatro artistas que no participarán en el evento. Se trata de Celia Cruz, Nicky Marrero, Bob James y Stanley Clarke.

Interpelada por la prensa, Celia reiteró su negativa a viajar a Cuba y participar en el evento. Desde hacía años, ella y su música estaban vetadas en la isla, con lo cual se desvanecían las esperanzas de quienes en la isla soñaban con su regreso triunfal. De los cubanos que vivían en EE. UU. e integraban FAS solo asistieron el violinista Pupi Legarreta y el timbalero Orestes Vilató. De los populares cantantes de FAS, la más conocida era la que no estaba: Celia Cruz. La Estrellas de Fania tuvieron su concierto el 2 de marzo y era evidente que pocos entre el público conocían su trabajo.

El *Habana Jam* resultó una conmoción mayor para los músicos participantes que la que tuvo en los medios cubanos, sobre todo si se considera la escasa difusión que tuvo en la isla. Para los músicos de FAS fue una positiva aventura de descubrimiento, cuando pudieron conocer, visitar en sus modestas casas y compartir con las leyendas que habían decidido vivir en Cuba: Miguelito Cuní, Félix Chappottín, Niño Rivera, Tata Güines y otros.

La ciudad de Nueva York honró a LSM aquel 23 de marzo con una proclamación especial, por los 56 años de contribuciones y alegría ininterrumpidas, entreteniendo a las audiencias de habla hispana e inglesa en todo el mundo. Sería este uno de los varios reconocimientos que el Decano de los Conjuntos Cubanos recibiera en la ciudad y que tendrá su culminación cuando en próximos años el Carnegie Hall abra sus puertas para un homenaje especial.

Durante 1979, Fania lanza el álbum *Cross Over* de FAS, en un intento por abordar lo mejor de los dos mundos en la música del momento: la salsa y la música disco. En él, la guaracha *Isadora*, en la voz de Celia, se convertirá en uno de los grandes y más populares hitos en su discografía, y cuya historia merece ser contada.

Con arreglos de Louie Ramírez, y de Vincent Montana Jr. para la sección de cuerdas, *Isadora* encanta no solo por su ritmo, sino también por la historia que narra en recuerdo de la mítica y controversial bailarina californiana Isadora Duncan. Según Héctor L. Rivera de Jesús, biógrafo de don Tite Curet, este había escrito la guaracha especialmente para Celia, inspirado en la similitud de caracteres entre ambas artistas de recias personalidades y que han luchado con determinación por su arte en medio de dificultades y restricciones sociales.

Isadora, tristemente, colocaría meses después a Celia ante uno de los sucesos más desagradables de su carrera, probablemente la primera acción cancelatoria que debió enfrentar. El éxito popular de la guaracha contrastó con la reacción en extremo negativa de un sector de la prensa local del exilio cubano en Miami y Nueva York. El periódico *La Verdad*, caracterizado por la línea dura que encarnaba Marieta Fandiño, quien, junto a otros, se sintieron insultados por una canción dedicada a una artista que simpatizó con la revolución bolchevique rusa, a tal punto que llegó a viajar en 1922 a Moscú, y se hizo esposa del poeta ruso Serguei Esenin. En el ámbito cubano, aquel es uno de los tempranos casos de furiosa cancelación cultural por causas políticas, que, como dolorosa paradoja, Celia replicará años después en acciones autodefensivas.

Los ataques transcurrieron en los primeros meses de 1979 y no afectaron la popularidad de la guaracha de don Tite, ni el prestigio de Celia como artista latina. La polémica y los ataques frontales a Celia por la interpretación de *Isadora*, que no parecen haber trascendido los marcos de medios locales, chocan con su incólume posición y el éxito imparable de la guaracha en cuestión.

Otros medios locales de Miami, como la WQBA La Cubanísima, en su *hit-parade* de la semana del 10 al 16 de noviembre, sitúa la controversial guaracha en el primer lugar según uno de sus anuncios impresos. *Isadora* pasará a la historia como uno de los grandes éxitos de Celia y muy pronto, en 1980, le valdrá el Premio ACE a la Mejor Intérprete de Salsa, y a *Cross Over*, el álbum de FAS que lo contiene, la nominación como Mejor Grabación Latina en la 22.ª edición de los Premios Grammy.

Durante julio de 1980 Celia cumple un mes de contratos en Miami, que encuentra siempre cómo contentarla: los alcaldes Maurice Ferré, Steve Clark y Dale Bennett, de Miami, Condado de Dade y Hialeah, respectivamente, declaran el 2 de agosto el

Día de Celia Cruz. Al finalizar la década, Celia está en la cúspide de la fama y se suceden con mayor frecuencia los homenajes. Aquel 27 de julio recibe una placa de reconocimiento de la Asociación de Combatientes de Bahía de Cochinos en una cena para los miembros de la organización.

Gran expectativa ha despertado en la prensa especializada lo que depara el MSG para los primeros días de septiembre. Según el periodista Bill Farrell y «teniendo en cuenta el calibre del talento que se anuncia, será algo mucho más emocionante que un campeonato de peso pesado, una final de la Copa Stanley y un campeonato de la NBA, todos juntos». Y es que esa semana aparecerían allí en diferentes carteles FAS, la legendaria banda de rock Grateful Dead y, por último, nada menos que de los australianos Bee Gees, con cinco noches en el fabuloso escenario newyorkino.

Los días 1.º y 2 se anuncia el gran festejo de la salsa y con la nómina de Fania, en ese momento, casi al completo. Los dos conciertos de cinco horas de duración tienen a Celia como figura central indiscutida, acompañada por Johnny Pacheco y su orquesta, en el primero, y por Papo Lucca con La Sonora Ponceña, en el segundo. Y como era de esperar, los conciertos llevaron a Nueva York a fanáticos salseros de Puerto Rico, Venezuela, Panamá, Colombia y otros países donde la salsa ya ha tenido un destacable calado. Según Robert Palmer, columnista de *The New York Times*:

> [...] mientras los intentos de la salsa de entrar en el *mainstream* estadounidense siguen bloqueados, por el contrario, esta música está en auge en países como Venezuela y Colombia, donde regularmente supera en ventas a los grupos internacionales de pop y rock más célebres. Parece haber un acuerdo general en la industria de la salsa de que este nuevo mercado es la mejor apuesta inmediata de la música para una rápida expansión.

Sonaremos el cuero y *Soy antillana* son algunos de los temas que la cubana cantó con la Ponceña y que se incluyeron en el álbum conjunto; después, Pedro Knight subió para cantar a dúo con su esposa *Usted abusó*, y entonces el coliseo entero vibró con un popurrí de éxitos. El desempeño de Celia sigue siendo elogiado por la prensa generalista norteamericana y por columnistas especializados, en la línea comparativa con las grandes divas del jazz. Palmer, en *The New York Times*, la caracteriza como «la destacada vocalista de Cuba, cuyo rango de virtuosismo y sentimiento la convierten en el equivalente latino de Sarah Vaughan».

Francisco Reyes, cronista de *Latin New York*, en una suerte de recuento, firma uno de los escasos enfoques que apuntan a trasfondos en los que Celia debió bregar y de los cuales salió impoluta. El de la salsa newyorkina no fue el único: en La Habana, la mafia del juego manejaba los principales cabarets donde ella se erigía como una gran figura que supo caminar sobre aguas turbulentas y salir indemne:

> Celia es única. Ella ha planteado un camino difícil para cualquier mujer que intente seguirlo. Celia ha sobrevivido tanto al negocio «sucio» como al «limpio» en la industria de la música latina. Y a pesar de todo, su método para traer una canción a nuestras vidas ha bendecido esos momentos en los que recordamos esas melodías solo con su voz.

Durante décadas, Catalino Rolón dio a conocer a muchos músicos latinos y cubanos en EE. UU. desde su ventajosa posición en la operativa del famoso Palladium de Nueva York. Dos de esos artistas fueron Celia y el flautista José Fajardo, quienes en señal de gratitud presentaron el tributo especial a Catalino el 28 de septiembre en el New York Casino. El festejo reunió a grandes figuras, en cuyas vidas artísticas Rolón jugó un importante papel. De la música se encargaron Celia con LSM, la orquesta Broadway, Joe Cuba, José Fajardo, Charlie Palmieri y Primitivo Santos.

En los meses finales de 1979, Celia se presenta en Curazao, Santo Domingo, Quito. En Caracas con FAS en el Poliedro, recibiendo un baño de multitudes en tres conciertos *sold-out* que ratificaron la veneración que en Venezuela sienten por el movimiento salsero y sus principales exponentes.

A finales de los años setenta, Celia renueva los vínculos con la marca Bacardí, y canta en la inauguración de una nueva planta de la licorera en Toronto, en los tiempos —breves, por cierto— en que la compañía canadiense Hiram Walker se hizo con cerca del 12 % del accionariado de la más famosa marca de rones en el mundo.

Año intensísimo para Celia, 1979 termina con importantes reconocimientos: en la lista anual de Billboard de los 25 álbumes de salsa más importantes (Top Latin Salsa Album), *Eternos* aparece en segundo lugar, únicamente desplazado del puesto cimero por el trascendental *Siembra*, de Willie Colón y Rubén Blades. Y en el puesto 16 se ubica el recopilatorio *Celia Cruz & Johnny Pacheco. Greatest Hits.*

Ese año el documentalista Jeremy Marre dirige *Beats of the Heart: Salsa*, un material producido por Harcourt Film Production, con pietaje de archivo, imágenes de ensayos y conciertos, y entrevistas a Ray Barretto, Rubén Blades, Willie Colón, Celia Cruz, Charlie Palmieri, Tito Puente y el productor y radialista Felipe Luciano, como figuras principales. Celia aparece cantando segmentos de *Caramelos*, *Yimboró* y *A la buena sí*, y comentando acerca de su reinado absoluto como representación femenina en la salsa.

El saldo al finalizar la década de los setenta es trascendental para la cubana, que ha logrado consolidarse como primer y único gran nombre femenino dentro de Fania. Dice Tommy Muriel, historiador de FAS:

> El trato a cuerpo de reina que recibe Celia de Fania a esas alturas de la década —y, en consecuencia, el ser elevada al rango de ícono musical por el resto de la industria— fue trascendental más allá de la música. Sin necesidad de otro atributo que su potente voz ya era

> la Reina de la Salsa en medio de los convulsos años setenta, década donde, lamentablemente, la mujer era considerada meramente otro artículo de lujo, con toda la desvalorización que esto implica. Y eso son palabras mayores.

La observación de Muriel pone en valor el gran aporte de Celia Cruz al lugar de la mujer en la música bailable afrocaribeña. Al finalizar el decenio, la Guarachera de Cuba ha demostrado, como una restallante excepción, que se puede triunfar en un medio patriarcal, en una industria dominada por hombres, y además concitar admiración y respeto dentro esa excepcionalidad. Ella lo hizo primero con LSM durante 15 años, y luego con FAS, pero aún le quedaba mucho camino en su propio empoderamiento, en la construcción de su leyenda viviente.

Celia Cruz y Tito Puente.

Logros, retos, récords y un asteroide

(1980)

Al inicio de la década de los años ochenta la triunfal carrera y la personalidad pública de Celia Cruz adquieren cada vez más los contornos del éxito en ascenso. Es en esta década cuando esa Celia guapachosa, aparentemente gregaria e irreductible, pero también algo misteriosa, provoca un número creciente de fabulaciones. Con la edad que se le atribuye —ella jamás la revelaría—, la energía que despliega sobre los escenarios parece imposible, a lo que se suma su elevado sentido de la disciplina y la puntualidad para cumplir sus agendas y rutinas, por las que las altas cualidades de su voz permanecen incólumes. La prensa destaca el modo en que se desdobla cada día, con una fuerza difícil de creer si no se constata, y escribe cada vez más sobre ello. La periodista Adela López narró para *Latin New York* su vivencia cuando acudió a un ensayo para entrevistarla:

> [...] rodeada por la orquesta de Tito Puente, encontré en la oscuridad del vacío de la discoteca El Corso a una abuela cantante, enfundada en un jersey de poliéster de doble punto y botas resistentes a la intemperie, ensayando para un próximo espectáculo. La dama, bajita y vestida de manera informal, mantenía una animada conversación con los músicos, salpicada de carcajadas y un rápido español. Su apariencia, ciertamente, no encajaba con la leyenda que la rodea, pero cuando comenzó a cantar, su estilo inimitable y su voz valiente la delataban. Es Celia Cruz, incluso sin los vestidos elegantes y los peinados exóticos que se han convertido en su marca.

Desde los sesenta la influencia de Celia en otras cantantes caribeñas no hace más que crecer. Desde Nueva York, representa el apego a la tradición guarachera y sonera, ocupando un trono que algunos se empeñaban en hacerle disputar a La Lupe, cuando resulta difícil establecer rígidos paralelismos entre sus estilos y abordajes musicales. En todo caso, La Lupe expone la hibridación de un estilo que parte de los géneros y ritmos autóctonos cubanos, pero asimilados y expresados desde una fuerte influencia del *soul* y el rock. Ambas, quizás sin proponérselo, se convierten en íconos potentes e inspiradores. Para las cantantes caribeñas, latinas, que se inclinan a la música popular bailable, el fermento de la vocación y el desarrollo posterior no tienen otro ámbito de iniciación que el de la escena callejera y los clubes en un ambiente considerado entonces como socialmente indeseable para la mujer y, por tanto, en ocasiones, autorrestrictivo desde el prejuicio y el estigma social.

Aun así, el reinado absoluto de Celia desde el universo Fania y su expansión tanto en el disco comercial como en las actuaciones en directo impacta en muchachas instrumentistas y cantantes e influye en el surgimiento de formaciones como la orquesta femenina Latin Fever y la irrupción de solistas como la cubana Linda Leida, la dominicana Milly Quezada, la japonesa Nora Suzuki y, años después, La India.

Desde la década de los años setenta, Miami, como mercado musical, evoluciona en paralelo al surgimiento de una nueva generación en la comunidad de exiliados cubanos y residentes hispanos. Con la influencia de la radio aún presente, los más jóvenes se acercan desde su condición bilingüe a la música disco, a ciertas expresiones del pop y a la salsa, reconociéndose en las nuevas propuestas sonoras y mirando más allá de la nostalgia de sus padres. Pero sus padres, al igual que ellos, siguen comprando discos, escuchando la radio y bailando con la música que les es propia, ahora con nuevos arreglos, voces conocidas y emergentes, y renovada energía. En esto, Celia ha sido un factor decisivo. Fania y Ritmo Mundo Musical (RMM) han hecho lo suyo y han ido por el mercado de Miami, con una feroz estrategia para aumentar la presencia de sus artistas en bailes y conciertos y las ventas de discos, reclutando DJ y emisoras radiales y —en el caso de RMM— abriendo oficinas *in situ* para manejar el negocio de los conciertos en directo.

Según el censo de 1980, que introdujo en el conteo la categoría «*hispanic*», la población total de EE. UU. era de poco más de 226.5 millones de habitantes, y de estos, solo el 6.4 %, es decir, poco menos de 14.5 millones de personas, eran hispanas. La comunidad hispanoamericana, que incluye a inmigrantes de España y la América latina y afrocaribeña hispanoparlante, era y es muy diversa, con perfiles demográficos y económicos heterogéneos. Con estas cifras contaba Fania en sus planes de expansión, en los que Celia es una pieza clave. Y por esa misma razón Masucci se aferra a su estrategia de aprovechar su versatilidad para impedir que fuera encasillada en la tendencia que César Miguel Rondón identificó como *matancerizante*, en alusión a la influencia esencial de LSM. Productores tan diferentes como Pacheco y Colón se encargarán de ello. Para Celia tal estrategia representaba una importante baza en su internacionalización como diva y como auténtico exponente de la música latina, ícono viviente con el que una comunidad de diversos orígenes geográficos y étnicos interactúa y se ve cada vez más identificada.

Las acostumbras giras por Venezuela, Colombia, México, Puerto Rico y otros países latinoamericanos y caribeños se conjugan con presentaciones en EE. UU. y Europa, y repercuten en los reconocimientos y premios que se suceden cada vez con mayor frecuencia.

Las audiencias estadounidenses la premian, cuando vuelve a ganar la gran encuesta del *Daily News*, y es una de los tres músicos latinos en recibir el Daily News Front Page Music Award; los otros dos son Tito Puente y Héctor Lavoe. Cerca de 4.7 millones de lectores diarios, y 5.6 millones los domingos, participan en la consulta popular del periódico newyorkino para votar por su superestrella musical preferida en seis categorías de la música del momento. Celia, Lavoe y Puente reciben las distinciones en la siguiente edición del concierto *Salsa's Perfect Combination* el 7 de marzo de 1980 en el MSG, donde los dos primeros son presentados como «estrellas invitadas especiales». La Guarachera del Mundo marcha con los tiempos y exhibe un estilismo étnico, característico de su imagen en los primeros años ochenta.

En Cuba la situación política que atenazaba libertades individuales y recrudecía la situación económica en miles de familias, tiene un punto de inflexión el 1.º abril de 1980, cuando seis personas solicitantes de asilo asaltan violentamente la embajada del Perú en La Habana, generando un efecto-llamada que atrajo a miles de personas con idénticos propósitos para salir de la isla. La situación desemboca en una de las mayores crisis migratorias enfrentadas por Cuba y EE. UU., que se resuelve mediante el acuerdo entre los gobiernos de Fidel Castro y James Carter, que permitió la salida por el puerto del Mariel, en condiciones de una legalidad perentoria, de cerca de 125,000 cubanos hacia Estados Unidos. Entre ellos había también muchos músicos.

Mientras esto ocurría, el promotor Freddy Martina lo logra de nuevo: Celia vuelve a Holanda, que con Alemania y Francia serán las paradas de su nueva gira europea del 9 a 14 de abril de 1980, esta vez junto a Ismael Miranda, con el respaldo de una banda dirigida por Nelson González. Aquel 10 de abril debutan en el Muziekcentrum Vredenburg de Utrecht y, al día siguiente, lo hacen en De Hoeksteen, en Ámsterdam. La prensa holandesa cubre en tono elogioso el retorno de Celia a los escenarios holandeses, donde, según ella comprueba y los periodistas narran como anécdota recurrente, la inmensa mayoría del público no son holandeses nativos, sino antillanos llegados al continente y que han seguido, por varias generaciones, sus actuaciones en Curazao, Bonaire, Aruba. Para ellos es la Reina Madre de la Salsa. Enfundada en una suerte de bata cubana color rosa, cuyos volantes maneja a la perfección, Celia sorteó dificultades técnicas y posibles fallas de coordinación con los músicos por falta de monitores, ofreciendo un espectáculo ante el cual la prensa especializada, indulgente y elogiosa, rindió sus armas: «Llegó, cantó y conquistó la sala en un ambiente exuberante. Esta hermosa dama cubana domina el oficio», afirmó el columnista Frits Lagerwerff para el diario *De Volkskrant*.

Celia actúa también para la televisión holandesa en el programa *Ver Van m'n Bed* (Lejos de mi cama). La noción de la salsa se expande por países europeos donde ya ha llegado mediante discos y actuaciones en directo: también la televisión será vehículo propicio. La noche del 25 de abril de 1980 el programa *The South Bank Show* de la televisión londinense dedica su programa a la música latina en Nueva York y Puerto Rico, con Celia, Tito Puente y otros exponentes.

La gira de la cubana en abril, con idéntico elenco, sigue con presentaciones en Frankfurt, ante más de 2,500 personas, y en París, nada más y nada menos que en un coliseo que representó para ella el sueño cumplido de un triunfo rotundo. Décadas después Celia recordaría en su autobiografía las preguntas que en silencio se hacía a punto de salir al escenario del Olympia de París, el más famoso teatro de variedades de Francia y uno de los más conocidos del mundo: «¿Cómo llegó hasta aquí una negrita de Santos Suárez, La Habana?».

Pero para muchísimos franceses y afrofranceses la respuesta era simple: Celia era ya desde hace mucho la diosa de la música afrocubana. Según el periodista Paul-Etienne Razou, del periódico *Le Monde*, el espectáculo de salsa que subirá a la escena del Olympia el 13 de abril no ha sido anunciado suficientemente; así expresa su incomodidad: «Sin duda no hemos medido la magnitud del acontecimiento que constituye la llegada de Celia Cruz a París. ¿Hay que recordar que Celia Cruz es la mayor cantante afrocubana de jazz y salsa desde hace casi veinte años?».

El periodista calificaba a Celia y a Ismael Miranda como dos pilares de la salsa que por sí solos mueven multitudes de decenas de miles en sus presentaciones más pequeñas en la Costa Este de EE. UU. Dos días después del concierto, Razou publicó una elogiosa reseña en el citado diario:

> Dos notas de la voz de Celia Cruz, y un estremecimiento de asombro recorre la sala… Pieza tras pieza, la exuberante cubana, vestida de plumas plateadas y blancas, baila furiosamente y domina, con su

> sentido del golpe rítmico, cada giro y cada melodía. Sin aparente esfuerzo, como si se estuviera divirtiendo. Su actitud infantil y conmovedora, su facilidad para improvisar y revertir temas a su favor, han hecho que se le compare a menudo con Ella Fitzgerald. Contagia una alegría y una espontaneidad que no se encuentran en los conciertos de rock, jazz y rythm & blues tan recurrentes ahora en Europa. La salsa, obviamente, impone un código diferente de relación público-artista, con un marcado sesgo hacia el baile y el festejo popular.

En Los Ángeles, Celia y Tito Puente reciben la Llave de la Ciudad y la designación de los días 14, 15 y 16 de mayo como «Días de Tito Puente y Celia Cruz», atendiendo a la contribución musical de ambos a la cultura hispana.

Imparables, el dúo dinámico de Mercado y Avilés presentan el 17 de mayo de aquel año en The Dick Clark Westchester Theater el *show Latin Roots: An Evening with the Finest in Latin Music*, con Celia, Tito Puente y su orquesta concertante, con Rubén Blades como invitado especial y Mongo Santamaría como atracción adicional.

La inclusión de Celia en programas de Disney es un nuevo elemento de interacción en espacios y expresiones simbólicas y reconocibles para las audiencias norteamericanas. Los días 24 y 25 de mayo siguientes Celia protagoniza el saludo especial de Disney World a los visitantes latinoamericanos con el Festival Tropical, una fiesta multicultural con populares artistas latinos. Desde su inauguración en 1971, el parque de las ilusiones creadas por Walt Disney dedica un evento especial a la comunidad hispana, con música, entretenimiento y artistas de sus países. Celia volverá una y otra vez a la Fiesta Latina en Disney World, destacando su participación en los años 1981, 1982 y 1985, y en otros eventos similares.

El Madison Square Garden acoge de nuevo el concierto anual de Fania All Stars el 21 de junio de 1980 y con él serán tres los megaeventos que *Ralfy* Mercado produce ese año con el elenco de RMM en el gran coliseo newyorkino y en los que Celia es cabeza de cartel:

Salsa's Perfect Combination IV el 7 de marzo y *5.th New York Salsa Festival* los días 30 y 31 de agosto.

Desde mediados de los setenta, con su estrategia de *marketing* Mercado hace evolucionar el concepto que asocia a FAS con los eventos de grandes multitudes y espacios relacionados con el esplendor mediático: por más de una década capitaliza el MSG en el entorno de dos fechas festivas en los EE. UU.: el Día de los Caídos (Memorial Day), el último lunes de mayo, y el Día de los Trabajadores (Labor Day), el primer lunes de septiembre, con las marcas *Salsa at the Garden* y *New York Salsa Festival.*

En los años ochenta otro concepto similar surgirá desde el MSG, pero con vocación itinerante y expansión internacional: *Salsa's Perfect Combination* (La combinación perfecta de la salsa). A una escala menor y sin asociarlo expresamente a la marca FAS, *Ralfy* organiza anualmente en abril, en la Pascua de Resurrección, un concierto bailable de excelencia: *Salsa Gala Spectacular*, en el Grand Ballroom del hotel Sheraton en Manhattan. En estos cuatro conceptos Celia siempre fue primera figura invitada en el cartel. En el MSG se presentó al menos en 32 ocasiones en producciones de Mercado asociadas a FAS y a su elenco de RMM, mayoritariamente. En los conciertos del Sheraton brilló siempre.

Vuelve a Miami por un mes para cumplir contrato en un nuevo escenario: el Chateau Sevilla, en la Calle 8. Aparece rutilante, enfundada en una bata blanca de cola, con una imagen renovada, transgresora y contemporánea: su peinado de finas trenzas adornadas con cientos de cuentas y abalorios multicolores, retoma influencias étnicas propias, puestas de moda entre artistas que reafirman lo obvio: de manera legítima por Steve Wonder y como apropiación por Bo Derek. Si musicalmente no ha cambiado, a nivel de imagen Celia marcha con los tiempos y siempre quiere conectar con las audiencias más jóvenes, aunque esta vez haga un *show* de los «viejos», que complace a su público tradicional de la comunidad cubana y latina en Miami. Canta los temas de siempre: *El yerbero moderno*, *Me voy a Pinar del Río*, *Cuando salí de Cuba*; pero hace la excepción con *Isadora* y *Usted abusó*, a dúo con Pedro Knight y acompañada por una orquesta dirigida por Ñico Cepero, que viene con ella desde Nueva York.

En 1980 el Gimnasio Nuevo Panamá acogió un formidable concierto de dos horas, 10 canciones y 23 músicos de Las Estrellas de Fania, con Celia como invitada. Las próximas paradas serán tres ciudades colombianas: Barranquilla, Cali y Bogotá. El 6 de agosto se programó el *show* en el Estadio Romelio Martínez de Barranquilla, sede del club de futbol Atlético Junior, con capacidad para 20,000 personas. Para abrir el espectáculo, los promotores locales habían traído desde Cuba al Conjunto Rumbavana, integrado por músicos cubanos residentes en la isla, muy poco conocido entre el público salsero. Al llegar al lugar del concierto, Celia supo de la presencia de sus coterráneos y su reacción, según el reporte de la Agencia France Press (AFP) desde Barranquilla, fue inmediata: se negó a cantar en el mismo escenario donde lo haría un grupo de músicos que vivían donde ella era férreamente censurada.

Según este medio noticioso, Celia «con su actitud estuvo a punto de protagonizar una estampida del público sobre los miembros del conjunto cubano, que fueron atacados con piedras, y contra quienes se lanzaron improperios». El conjunto cubano fue reemplazado por el de Pacho Galán y su director, ante el triste suceso, anunció que «para sacarnos el clavo» por el veto de Celia ofrecerían completamente gratis varios conciertos allí, para «que el público nos pueda conocer». Celia replicaba así el esquema de cancelación por razones políticas que ella misma había sufrido con el caso de *Isadora*.

Al día siguiente tocaba Bogotá, con una actuación gratuita de FAS en la Cárcel Modelo y en el Estadio El Campín, pero Celia se excusó y declinó, por prescripción médica y temerosa de la altura geográfica, todas las presentaciones en la capital colombiana. La apoteosis llega el 9 de agosto de 1980 al Coliseo El Pueblo: por primera vez, y en asociación con Larry Landa, entonces empresario caleño radicado en Nueva York, Ralph Mercado presenta a Celia y FAS en Cali, donde una enardecida y emocionada fanaticada los recibió como héroes musicales.

La esperan en Venezuela, en los bailables donde se hace acompañar de la orquesta local La Salsa Mayor. Con una intensa agenda desde el 20 de septiembre al 6 de octubre, se anunciaba un acontecimiento entrañable para los venezolanos: en el programa *Sábado Sensacional*, el 4 de octubre por primera vez incursionaría ante las cámaras cantando música criolla venezolana: eligió *Barlovento* (Eduardo Serrano), acompañada de Juan Galea y su grupo; de México, interpretaría *Señora Mónica Pérez* (Óscar Chávez) y luego haría una actuación especial con el mexicano Juan Gabriel, con el respaldo del Mariachi América. También graba para Venevisión un especial a modo de recuento de las tres etapas principales de su carrera hasta el momento: con LSM, Tito Puente y FAS. En octubre y noviembre cumple contratos en México y Miami, que incluyen conciertos y presentaciones en televisión.

Sin tiempo para descansar, Celia se prepara para iniciar su nueva *tourneé* europea con Tito Puente y su orquesta para presentar el álbum *Homenaje a Beny*, y que abarca ciudades de Francia, Alemania, Holanda, España y Suiza.

El concierto en De Hoeksteen de Ámsterdam, el 24 de noviembre de 1980, queda recogido por Smith & Co. en una grabación de calidad insuficiente, que se publica posteriormente en formato de CD doble, *Tito Puente Big Band & Celia Cruz: Live in Ámsterdam* (SCCD-2479).

Mientras Celia prepara sus actuaciones en el último mes del año, la noticia se esparce con rapidez por el mundo a lo largo de todo el día 8 de diciembre, y a pesar de su veracidad, cuesta dar crédito: en presencia de Yoko Ono, su esposa, John Lennon ha sido asesinado a la entrada del edificio Dakota, donde vivía en Nueva York, lo que desata una conmoción general. En la música, Lennon ya era leyenda, su contribución será cada vez más valorada y definitiva, y pronto los músicos de la salsa le rendirán un tributo especial en el que Celia estará involucrada.

En cuanto a grabaciones en 1980 Pacheco continúa la saga de Celia y sus colaboraciones. Esta vez toca el turno a Pete *el Conde*

Rodríguez, con el álbum *Celia, Johnny & Pete* (Vaya JMVS-90). Como en las anteriores producciones con Pacheco, junto a canciones de compositores puertorriqueños y dominicanos, no faltan temas de compositores cubanos, algunos grabados inicialmente con LSM. Johnny Pacheco contribuye con esa suerte de recuento biográfico que es *La dicha mía*, uno de los éxitos del disco, escrito especialmente para Celia. Pacheco, además de supervisar la grabación, se mantiene haciendo coros, aferrado al estilo de La Matancera.

Como cada año, FAS lanza un nuevo disco. Esta vez es *Commitment* (JM-564) y Celia vuelve a La Tierra Sound Studios para involucrarse en dos temas: *Encántigo*, un guaguancó del cantautor boricua Roy Brown con arreglos de Luis García, que Celia canta a dúo con Pete *el Conde* y los coros de Cheo Feliciano, Pacheco y la propia Celia; y *Cuando despiertes*, que se adjudica a Anam Munar, Jerry Masucci y Louie Ramírez, con arreglos de este último. Interesante resulta la inclusión de la composición de Brown en el repertorio salsero, siendo el boricua un destacado representante de la llamada Nueva Canción: «Es una canción experimental», diría el autor en entrevista con *El Nuevo Herald*. «Tiene una letra misteriosa, que va atrás, como una encantación. Trae recuerdos de la época de la esclavitud, y el deseo del negro de escapar».

A inicios de 1981 Fania All Stars pone rumbo a Europa, para una importante gira por el viejo continente, con conciertos en España, Francia y Holanda, a los que Celia llega con las ventajas que le suponen sus anteriores presentaciones en esos territorios. El 21 de enero se presentan en el Palacio de los Deportes de Barcelona. Medios españoles califican de «clamoroso» el megaconcierto ante una multitud «verdaderamente entregada» que abarrotó el recinto. Los tres momentos culminantes, según algunos, fueron la aparición en escena de Celia Cruz enfundada en un vestido largo y multicolor, y su peinado de influencia étnica; la interpretación de *Pedro Navajas* por su autor, Rubén Blades, que fue coreado por todo el público, y la canción con la que FAS acostumbra cerrar sus conciertos: *Quítate tú*.

Siguen a Cannes, donde actúan por segunda ocasión, el 23 de enero en la gala inaugural de la nueva edición del Mercado Internacional del Disco y la Edición Musical (MIDEM '81). Celia canta un solo número: *Bemba colorá*, en una versión de casi 10 minutos —como solían durar las canciones de FAS en sus directos—, donde demuestra sus dotes improvisatorias y también su buen hacer escénico al tener que salvar el control del tiempo —una hora— destinado a la presentación de Fania y superada por el cálculo inexacto de las intervenciones de los colegas que le antecedieron.

Casi sin tiempo para el descanso, parten a París en un temprano vuelo para actuar en L'Hippodrome ante una multitud de 7,000 personas, principalmente afrofranceses, africanos residentes o de paso. La siguiente parada será Utrecht, en Holanda, en el Muziekcentrum Vredenburg de la mano, otra vez, del promotor local Freddy Martina. En Ámsterdam, Celia se hospeda en el legendario hotel American, en la plaza Leidseplein, edificio emblemático de la arquitectura holandesa de principios del siglo XX y donde los alemanes tuvieron su estado mayor durante la Segunda Guerra Mundial. La foto de la Reina de la Salsa desde el balcón principal del hotel, publicada a toda página por *Latin New York*, sugiere un aire de realeza y victoria: de nuevo, la prensa local se rendía a sus pies. En Holanda, la estrella de FAS sigue siendo Celia, que con cada acción demuestra una extraordinaria vitalidad, impensable en alguien que transita por los años que le suponen y que, según algunos medios, deviene experiencia emocional del primer orden, una reina que durante décadas ha prendido fuego a un continente completo, y que aún no ha pensado en abdicar. El crítico holandés Eddy Determeyer, del periódico *Nieuwsblad van het Noorden*, relata cómo era el desempeño de Celia en el escenario a la altura de 1981:

> Cuando ve a alguien en el público que quiere fotografiarla, ella sonríe y saluda con la mano para darle al fotógrafo la oportunidad de tomar la foto de su vida. Tampoco tiene reparos en desviarse decididamente del orden del concierto. ¿Un número no previsto? ¡Por

> supuesto! Le grita a Papo Lucca un nombre imperceptible, seguido de «¡merengue en fa!». Un segundo después comienza a cantar y después de dos compases la sección rítmica ya la ha alcanzado, y antes de que te des cuenta detrás de Celia Cruz trompetas y trombones están tocando dos líneas melódicas improvisadas. Un miembro de la orquesta le dijo que nunca antes había escuchado la canción. Resultó que Celia la había recogido hacía veinte años en Curazao.

Del 27 al 31 de aquel enero, Celia viaja a Finlandia para presentarse en las fastuosas fiestas carnavalescas del hotel Hesperia, gracias a la invitación personal de su amigo, el gran Machito, y la intermediación de otro gran amigo, el pianista cubano Rolando Columbié.

La Academia de Música de Filadelfia acoge el 6 de marzo de ese año lo que algunos medios de prensa califican como el primer y mayor concierto de música latina en la historia de la institución: Ralph lleva hasta allí el concepto de *Salsa's Perfect Combination* lanzado desde el MSG y ahora itinerante, y tendrá a Celia Cruz y Tito Puente, con Ismael Miranda, Adalberto Santiago, Bobby Rodríguez y La Compañía, y otros.

Para el inicio de aquel año, los egos en FAS hacía tiempo que habían salido a flote y complicaban cada vez más la existencia misma de la megabanda como grupo de individualidades, cuyas críticas y exigencias, justas o no, llegaban a lo más alto en la cadena de mando del emporio. De tanto insistir en el concepto, los músicos de FAS, y en particular sus cantantes, se arraigaron en su condición de estrellas, defendiendo cada uno su estilo vocal y proyección escénica, y su individualidad por encima del colectivo. Del artículo «Johnny Pacheco: A legend in trouble», firmado por Izzy Sanabria en *Latin New York*, podía inferirse la incidencia de Pacheco, en tal situación, como líder de la banda. Sanabria describía con verdades, pero también con condescendencia hacia Pacheco, su amigo de larga data, el complicado momento que vivía el dominicano como director musical y líder de FAS en medio de la creciente contienda de individualidades. En el texto salían a flote las críticas y hasta ataques verbales que tenían lugar tras bambalinas, incluso cuando aún vibraba el eco de los aplausos que el músico cofundador y codueño de Fania recibía en la escena, y también los incidentes que ocurrían en plena actuación de las diferentes figuras de la banda cuando Pacheco irrumpía sin miramientos en el escenario.

Sanabria intenta ser razonable con un argumento lógico, pero que tropieza una y otra vez con los egos de quienes la fanaticada ha convertido en grandes figuras:

> Irónicamente, las objeciones a las payasadas de Pacheco —saltar, brincar y bailar, inclinarse sobre Papo Lucca y su piano durante sus solos, saltar mientras Yomo Toro improvisa con su cuatro y bailar con Celia Cruz—, aunque se consideran un robo de escena, en realidad pueden ser travesuras entretenidas y atractivas para el público.

Pero nadie lidiaba mejor con todo esto que Celia. Sus largos años de entrenamiento, su profesionalismo intrínseco, la seguridad en quién era y lo que representaba, su natural simpatía e inteligencia, junto al cariño y respeto profesional entre ella y Pacheco, fueron determinantes en su manejo de los conflictos que habían aflorado en el variopinto colectivo de Fania. Ella se mueve con supremo acierto entre la cercanía necesaria y la distancia requerida, reafirmándose en el lugar cimero que tenía como artista principal del *roster* de Fania y que sabía importantísimo para Masucci, Pacheco y sus resultados económicos y empresariales.

El 1.º de junio Eastern realiza su vuelo inaugural en la ruta Miami-Barranquilla-Miami. Como imagen de la aerolínea norteamericana, Celia hace el viaje junto a Tito Puente y George Lyall, vicepresidente de Eastern para el Caribe y América Central.

«Eastern llegó, Eastern llegó, Eastern llegó a Barranquilla», el conocido estribillo del porro *El hombre caimán*, adaptado por el

compositor Javier Gutiérrez Viloria para la campaña publicitaria precedente, se escuchó en muchas emisoras colombianas en las voces de Celia y el *showman* colombiano Mario Gareña (nombre artístico de Jesús Arturo García Peña). El programa de la gira tuvo su apoteosis en el Coliseo Cubierto Humberto Perea, cuando Celia y Tito y sus músicos pusieron a bailar a los barranquilleros, junto a la orquesta de los Hermanos Martelo.

Celia vuelve a República Dominicana aquel mes para cumplir contrato en el Maunaloa Night Club, y en julio como una de las figuras invitadas a la celebración de los 25 años de carrera de Johnny Ventura.

En Chile apenas repercutían los ecos del triunfo salsero en Nueva York. No fue Chile precisamente un país donde los ritmos cubanos tuvieran una destacable aceptación. No era un mercado potencial para los afanes de Masucci y Pacheco, pero, al margen de las estrategias comerciales de los magnates de Fania, el periodista chileno Toño Freire tenía un propósito: en los años cincuenta se había encariñado con el mambo, el chachachá, la guaracha y las expresiones escénicas en teatros y *boites* que llegaban desde Cuba y que luego disfrutó en Venezuela; estaba al tanto de lo que acontecía en Nueva York con la llamada salsa y decidió que Chile debía conocer a Celia Cruz. Había toque de queda en la ciudad y el país vivía la dictadura de Augusto Pinochet. A pesar de todo, la medianoche del 2 de junio de 1981 Celia debutó en La Sirena, la recordada *boite* santiaguina a la que se aproximaban coches de alta gama, y señoras y señores luciendo sus mejores joyas y atuendos. Según el periodista Pablo Dintrans, para muchos en su país, esa noche marcó el inicio de la historia de la salsa en Chile.

Va también a la televisión en Santiago de Chile, al popular programa local *Sábados Gigantes*, con el chileno Mario Luis Kreutzberger, el inefable Don Francisco, como anfitrión. Nacía en ese momento una sentida amistad y la recurrente presencia de Celia por décadas en los programas de Don Francisco. Con su debut en el país austral, Celia abrió las puertas de la televisión hispana en EE. UU. al popular presentador chileno, quien siempre reconocerá el papel de la Reina de la Salsa en su carrera.

Chile continuó siendo para Celia un destino artístico recurrente. Diez años después, en agosto de 1991, graba un especial en el estudio de la Televisión de la Universidad Católica, en Santiago de Chile. Canta *Bamboleo*, *Usted abusó*, *El yerbero moderno* y *Bemba colorá*, sus temas más conocidos en aquel país, acompañada por una orquesta de 18 músicos dirigidos por el profesor Aníbal López. Ataviada con un traje blanco brillante y sus singulares y altos zapatos de charol, Celia interactuó con un público entregado que ya conocía y coreaba sus canciones.

Abocados a la presentación de FAS en el Gimnasio Nuevo Panamá, Johnny Pacheco, como motor directriz de la megaorquesta, comunica a través del diario local *La Prensa* que este será el último año de giras internacionales, debido a la imposibilidad, casi permanente, de reunir para una contratación de determinada duración a las grandes estrellas que mueven a las multitudes, estrellas que tienen agendas individuales y compromisos donde deben sopesar si ganan o pierden dinero. Pero a Miami sí vuelven: el 1.º de agosto de 1981, el Dinner Key Auditorium acoge otro concierto de FAS, con Celia a la cabeza y patrocinio de Eastern y la radioemisora Super Q. Celia ratifica en Miami su mensaje ecuménico representado en sus actuales éxitos: *Isadora*, *Latinos en Estados Unidos* (Titti Sotto) y *Come Down to Miami* (Raquel M. Attías), último éxito de la radio hispana al sur de la Florida, según la prensa local.

Ralfy Mercado sube la parada y en lugar del tradicional megaconcierto de inicios de septiembre, apuesta por toda una jornada de música y gozadera: organiza y produce del 2 al 7 de septiembre la New York Salsa Week. La noche más importante es la del sábado 5 y el escenario no puede ser otro que el MSG. Celia encabeza el elenco, junto a Willie Colón, Héctor Lavoe y Oscar D'León con sus respectivas orquestas, Papo Lucca y La Sonora Ponceña, y, como estrella invitada especial, Ismael Miranda, además de los bailarines del Ralph Lew Dance Revue Show. Celia, enfundada en un resplandeciente traje blanco, llega justo después de Yolandita Rivera, que se desplaza con su Sonora Ponceña del micrófono a los timbales; Willie Colón, que también le antecedió, había enardecido a la multitud con versiones de sus propios éxitos, y ahora con su orquesta acompaña a la Guarachera del Mundo.

Celia es un valor seguro en la industria fonográfica, por lo que se suceden los recopilatorios incluso fuera del ámbito *salsero*. En 1981, Profono, el sello mexicoamericano, dedicado más a la música regional mexicana, publica el LP *Viva la salsa* (TPL-1401), uno de los primeros recopilatorios fuera de Fania donde aparece Celia con Willie Colón cantando su éxito *Dos jueyes*.

Fania lanza el álbum *Latin Connection* (JM-595), de FAS, que incluye a Celia con *Mi so den boso*, la tumba curalozeña de Ludwig Simpson que grabara con La Sonora Matancera en 1957 en La Habana, ahora en una nueva versión con arreglos de Louie Ramírez.

Pero el disco del año es, sin duda, *Celia & Willie* (JMVS-93), el segundo que Willie Colón le produce a la cubana y uno de los álbumes más notables de su discografía. Se graba en Nueva York a inicios de 1981 y se lanza en julio de ese mismo año con el tema que representa la esencia creativa del excelente binomio: *Dos jueyes*. No se sabe si su autor, el gran Tite Curet, en la parábola que narra, llegaba a alguna conclusión acerca de la lucha de egos que viene asolando a la empresa de Masucci y Pacheco, pero lo cierto es que en él es donde se aprecia una mayor integración y complicidad musical entre el director y la cantante, quien muestra estar, con su extraordinaria versatilidad, más que preparada para asumir innovaciones que niegan su exclusiva pertenencia a la corriente más tradicional representada por Pacheco con su Tumbao Añejo.

La guaracha *Dos jueyes* posiciona el álbum en las principales listas de éxitos, pero en realidad otros de sus cortes no son menos interesantes y aplaudidos. Con *Berimbau* (Vinicius de Moraes-Baden Powell), en versión en español de Curet, Celia y Willie vuelven a la música brasilera, como quien pretende resolver así la nostalgia triunfal que dejó el gran éxito *Usted abusó*. En medio de la poderosa metalería, Celia permanece en una cuerda de intimismo, en la que logra una notable coherencia. En *Apaga la luz* (Johnny Ortiz) el excelente arreglo de Louie Ramírez acerca mucho más al bailador la narrativa y el mensaje de trabajo y paz que su autor, y Celia en sus inspiraciones, destina a la base real de su fanaticada. La grabación incluye también guiños a México (*Cucurrucucú Paloma* en clave salsera), a Santo Domingo (el merengue *Hay que recordar*), a Miami (*Come Down to Miami*) y un llamado a la unidad de los latinos en el país que les ha acogido (*Latinos en Estados Unidos*); así como canciones de cuatro compositores cubanos (Marilyn Pupo, Ñico Cevedo, Titti Sotto y Raquel M. Attías), dos mujeres entre ellos, y de excelentes y experimentados arreglistas (Louie Ramírez, José Madera, Javier Vázquez, Luis *Perico* Ortiz, Carlos Franzetti, Titti Sotto y Francisco Cabrera). Todo ello, con una Celia exultante, brillante en las improvisaciones y gigante en el ritmo, el resultado no podía ser otro que un disco extraordinario. Celia, como cada año, vuelve a obtener el reconocimiento de la revista *Latin New York* a la mejor vocalista, esta vez por el mencionado disco.

En 1982 la salsa está pasando por un momento difícil. A inicios de la década, la crisis económica continúa. Las restricciones presupuestarias federales y los recortes del gobierno estadounidense a los programas sociales impactan con fuerza en la vida de los latinos en Estados Unidos, cuyos ingresos se ven sensiblemente disminuidos. La acendrada costumbre de la diversión y el baile tiene que atemperarse a los tiempos que corren: solo se va a discotecas los viernes y sábados, y escasea el dinero para comprar discos. Otro elemento perturbador para los resultados económicos de Fania y sus subsidiarias, es lo que refleja la prensa especializada desde inicios de la década, cuando se habla sin paliativos del declive del *boom* salsero. A las causas apuntadas se suma el avance de la música disco angloamericana, el auge del pop latino y la aparición de nuevas formas de entretenimiento entre los jóvenes, incluidos los de ascendencia caribeña y latina, nacidos en Estados Unidos.

Tiempo después, Celia reconocía públicamente que las listas de reproducción de las radios y las ventas de discos han caído en picada: «Hay mucha piratería de cintas y los jóvenes están todos enganchados a sus juegos de Atari», dice. «¿Quién sabe lo que pasará? Quizás acabe siendo una anciana que viva de la Seguridad Social. Sin duda he pagado lo suficiente...», comentaba jocosa en entrevista con *The Washington Post*.

Un libro y un premio son satisfacciones adicionales que 1982 trae a la Guarachera del Mundo: se publica *Celia Cruz: Reina Rumba*, el primer libro sobre la intérprete, una narración biográfica novelada desde la vivencia personal del escritor y periodista colombiano Umberto Valverde, prologado por el gran escritor cubano Guillermo Cabrera Infante. El 19 de marzo de aquel año recibe en Caracas el Guaicaipuro de Oro, máximo galardón de la prensa televisiva venezolana; y el 22 de junio siguiente, en Panamá, le es entregado el Búho de Oro, la máxima distinción artística de ese país, esta vez en su 22.ª edición.

Holanda se reafirma como plaza insignia para la salsa en Europa y la ciudad de Utrecht, en particular, pues este año es la sede del Festival Groots de Salsa en Vredenburg, con las superestrellas de la música caribeña en concierto el 27 de mayo: Celia, Rubén Blades, Eddie Palmieri, Machito y sus Afrocubans. Al día siguiente, Celia canta en el Muziekcentrum Vredenburg, acompañada por Tito Puente y su grupo y Eddie Palmieri y su banda, que incluye al cantante Ismael Quintana y al trombonista Barry Rogers, uno de los pilares del sonido Fania. Al día siguiente el mismo elenco lo hace en el II Festival Internacional de Culturas Populares en Berlín, alternando con músicos de Brasil, Venezuela, Colombia y Argentina.

Por aquel entonces, el legendario Machito con su banda está realizando una de sus giras internacionales más importantes, que le llevan a 13 países de Europa, ofreciendo 66 conciertos en 35 ciudades, y a recorrer más de 10,000 millas en solo 66 días. En algunas de las presentaciones Celia canta como invitada: en Barcelona, el 23 de junio de 1982, fue memorable la actuación de ambos en la Gran Verbena de San Juan, celebrada en la Plaza de Toros Monumental de la ciudad condal.

La Sonora Matancera vuelve a ser noticia y el suceso involucra a Celia. Durante su exilio, tras una trayectoria errática y poco productiva en el desaparecido Seeco Records, la marca mayoritaria de su discografía, Masucci y Pacheco decidieron firmar al legendario conjunto para Fania Records. El acuerdo se había concretado a inicios de 1981, y pautándose el primer disco con uno de los solistas que pasaron por sus filas: el cubano Justo Betancourt. El segundo álbum, titulado *Feliz encuentro* (B-212), tiene a Celia como voz principal y se graba en Nueva York en la primera mitad de 1982, con Javier Vázquez en la producción musical. Casi 17 años después, Celia y LSM vuelven a unirse en un estudio para grabar un álbum.

El conjunto mantiene su esencia y su sello legendario, y la tecnología hace lo suyo para aproximarlos a sonoridades más contemporáneas. Participan, en las voces, el legendario *Caíto* con sus imprescindibles maracas, Yayo el Indio y el novel Cali Alemán (también con el güiro), Elpidio Vázquez en el bajo, en las trompetas Félix Vega Jr. y el excelente refuerzo de Héctor *Bomberito* Zarzuela, Mario *Papito* Muñoz en los timbales y el quinto, Alberto Valdés a cargo de las tumbadoras y Javier Vázquez, en su múltiple función de pianista, productor y también a cargo de los arreglos, con Luis Cruz. La guaracha del boricua Francisco *Frankie* Alvarado, que da título al disco, expresa el simbolismo del reencuentro:

Caballeros, quién iba a pensar
que después de tanto tiempo
se volvieran a encontrar

La Sonora Matancera,
Celia Cruz y don Rogelio.
[…]
Para mí parece un sueño
el encontrarme otra vez
con La Sonora Matancera,
la que me dio a conocer…

En las inspiraciones, Celia menciona a todos los músicos, y llama a Rogelio, como siempre solía hacerlo: *Botifongo*, ¡pero solo ella podía llamarle así, a nadie más Rogelio se lo permitía!

Junto a temas creados para la ocasión, como el ya mencionado *Feliz encuentro*, y *Celia y la Matancera* (José León), la Guarachera incluye, como ha sido su intención en cada disco, una canción reflejo de la relación con su país de origen, su condición de exiliada y el perenne deseo de regresar: *Caminos para volver* (Catalino *Tite* Curet), uno de los cortes más destacables. El diseño de cubierta se basa en un retrato a color de Celia, y en la contracubierta, otros de algunos miembros de LSM, todos realizados por el artista e ilustrador Rickey *Ricardo* Gaskins.

La salida del álbum provoca una serie de conciertos que los llevan a diversos países entre 1982 y 1983, donde mantienen una legión de fieles seguidores de larga data: en Colombia se presentan en el Coliseo Cubierto de Medellín el 18 de mayo de 1983. Regresan una vez más a Venezuela, donde, por muchos años, fueron artistas exclusivos de Venevisión con presentaciones especiales en el famoso *Sábado Sensacional*. Pero esta vez, a pesar de la voluntad expresa de Celia de tratar de llegar a un acuerdo, no es posible cumplir los términos económicos y son contratados por TCTV, el ente televisivo de la competencia, que pudo igualar la cifra de 40,000 dólares solicitada por el *management* de Celia y LSM. Harían solo dos presentaciones en el programa *Fantástico* y, en otra línea, junto a Oscar D'León, se presentan en el hotel Ávila durante los Carnavales de Caracas del 11 al 14 de febrero de 1983.

Gran expectativa suscita la presentación junto a otros artistas en el Poliedro de Caracas el día 17 de febrero de 1983, en el llamado *Amanecer Latino*, sin embargo, los empresarios incumplen una exigencia del contrato, en cuanto a la posición del nombre de Celia en la publicidad, y ella y su *management* (Ralph Mercado y Pedro Knight) deciden suspender su esperada actuación, la más accesible al público, cuyos recursos no les permiten acceder al hotel Ávila, lo que impide también la actuación de LSM. Era el único concierto en un recinto de aforo multitudinario. El caraqueño diario *El Mundo*, en su edición del 18 de febrero de 1983, reacciona sugiriendo una posible consecuencia:

> Celia Cruz indiscutiblemente es una gran estrella, que brilla con luz propia y no necesita tomar actitudes de este tipo que afectan al público que la quiere y no a los empresarios que le faltaron. Su tamaño, por hablar de alguna manera de su trayectoria, no hay aviso [anuncio] que lo destruya, pero el resentimiento de un público que la esperaba y que a causa de un incumplimiento de lo que no es responsable [*sic*] sí lo puede hacer.

El incidente dejó un sabor amargo, pero se solucionó, los empresarios cumplieron sus exigencias en cuanto a la promoción, y Celia honró a su público: el *megashow Amanecer Latino* fue reprogramando y estremeció el Poliedro unos días más adelante, la noche del 23 de febrero. Van también a Colombia. En Barranquilla, Celia se presenta el 19 de mayo y tres días antes, el 16, Celia es llevada al estadio Pascual Guerrero, donde se disputaría el partido entre los equipos América y Nacional, para que haga el saque de honor.

Otra grabación prevista para ese año y que habría sido histórica, se frustraba. La revista *Billboard*, en su edición del 10 de julio, anunciaba que Celia y Eddie Palmieri no grabarán el álbum que Massucci había planeado realizar bajo el sello Bárbaro (de Fania), citando desacuerdos respecto a temas económicos. La unión del binomio en un disco propio nunca ocurrió.

El Madison Square Garden ha sido el espacio de los grandes triunfos de Celia en Estados Unidos, y desde donde, en sus propias palabras, se había ayudado a salvar del olvido a la música cubana. *A Tribute to Celia Cruz* es la celebración que RMM y Fania han organizado en el gran coliseo de Manhattan en honor de la Guarachera del Mundo el 23 de octubre de 1982, dos días después de su cumpleaños número 57. Tras ese día, serán 12 las veces que Celia ha cantado en el legendario coliseo newyorkino. El anuncio del evento concita el interés de la prensa, que enfatiza la prolongada y exitosa carrera de Celia.

En aquel entonces, Patricia O'Haire, en el *Daily News*, opina que el nombre de Celia todavía no es tan familiar para el público angloparlante, y que quizás pueda aún moverse por ciertos restaurantes de Nueva York sin causar demasiado revuelo. Pero cuando la Guarachera hace su aparición y avanza hacia su asiento en el popular y elegante Victor's Café, ocurre lo esperado: de una a otra mesa se susurra su nombre, se dirigen las miradas hacia ella y se suceden las exclamaciones; algunos se paran y la abordan para saludarla, darle la mano, o para pedirle un autógrafo. «Celia es para las familias hispanas como el arroz con frijoles negros», concluye en su crónica la periodista. *The New York Times*, en su edición de ese día, también se hace eco del homenaje, ratificando que «desde que la realeza ha llegado al ámbito de la música, Celia ha sido proclamada la Reina de la Salsa».

La noche del concierto homenaje, el MSG desbordó sus graderías, y Celia quiso corresponder a ese público previendo dar lo mejor de sí: siete cambios de vestuario con peinados diferentes para completar su *look* en el escenario; un conjunto, tres orquestas, varios cantantes soneros y todo un despliegue de vitalidad y gracia para recorrer su carrera musical a través de éxitos con LSM, Tito Puente, Johnny Pacheco y Willie Colón, además del Conjunto Clásico de Ramón *Ray* Castro y los cantantes Cheo Feliciano y Pete *el*

Conde Rodríguez. Es un concierto de sus canciones más populares, «porque la gente no va a oír ahí lo que no conocen… quiere oír lo que ya conoce. […] No creo que un concierto o una función como esa sea para estrenar nada», anticipó Celia acerca del repertorio que interpretaría.

Abre la velada LSM interpretando un guaracha-*boogaloo* de *Caíto*, con un título que, en esta circunstancia, rezuma ironía: *No te boté*, dando paso a una Celia resplandeciente enfundada en un traje blanco con collares y adornos rojos y una larguísima cola, para cantar *Feliz encuentro*, la canción del reencuentro con el conjunto cubano, su primer escalón hacia la fama. Con ellos, canta después *Juventud del presente*, *El yerbero moderno* y *Caramelos*. Un breve lapso y entra el Rey del Timbal, Tito Puente con su orquesta, y comienza su *set* con *Cua cua*, para que irrumpa Celia esta vez ataviada con un deslumbrante traje de piedras de fantasía, para cantar algunos de los éxitos que grabó con la orquesta de quien para ella era su hermano: *La guarachera*, *Cuyí*, *Salsa de tomate*. Luego, en excelente dúo con Cheo Feliciano, canta *Encantado de la vida* y luego, como no podía faltar, da paso al boricua para que, en solitario, interprete su *megahit Amada mía*.

Una sorpresa, inusual por demás en este tipo de espectáculos, fue la aparición del notable percusionista cubano Julio Collazo con sus tambores batá, para acompañar a Celia en *Tinicué*, para el que la diva vistió un *ensemble* en siete colores y un turbante. En el tercer *set* subió a escena el Conjunto Clásico abriendo con *Piragüero*, para después acompañar a Celia y a Johnny Pacheco en *Canto a La Habana* y *La dicha mía*. Para este momento, Celia vistió un traje largo color bronce con una abertura derecha que dejaba ver lo que siempre fue uno de sus portentos: sus bien torneadas piernas. A dúo con Pete *el Conde* Rodríguez entonó *Así cantaba papá*, dando paso a un solo del *Conde* en *Tu rumba*, para cerrar con Celia y Pacheco cantando *Cúcala*.

El cuarto segmento del concierto llamó al delirio entre la fanaticada: con el respaldo de la orquesta de Willie Colón, la Reina de la

Salsa reaparece enfundada en un traje rojo de pantalón y top con una suerte de moño en un hombro. Con Willie canta los grandes éxitos *Dos jueyes*, *Usted abusó*, *A papá* y *Apaga la luz*, y lo deja solo para que él cante su merengue lento *Amor verdadero*, de su LP *Fantasmas*. Era también el pretexto para que Celia reapareciera en entrada triunfal, ataviada con una capa púrpura y rosa de gran vuelo, que desató la ovación del público. Una vez aquietados los vítores y exclamaciones, la homenajeada se despojó de la capa para desplegar, mientras bailaba, un soberbio traje en *pailletes* púrpura, cerrando así una noche donde dio muestras de virtuosismo vocal y del manejo de los códigos unipersonales de los grandes espectáculos, insertando en el ambiente salsero y eminentemente masculino las claves de suma femineidad, expresadas en la sensualidad de su desempeño escénico y elección de sus *outfits*, todo lo aprendido en sus años de primeras glorias en los cabarets Sans Souci y Tropicana, en su Habana.

Lo mejor, sin embargo, estaba por llegar, el cierre que resumía toda la excelencia: el Disco de Oro en reconocimiento a toda su carrera artística, que recibe de manos de Johnny Pacheco, y que provocó de nuevo el delirio con la mayor ovación de la noche.

Los principales medios de la prensa general y especializada reflejaron el magno acontecimiento. Celia es, para *Billboard*,

> [...] una mezcla de Ella Fitzgerald y Donna Summer en idénticas proporciones, agregando una buena dosis de condimento caribeño, todo bien agitado, y tendremos a Celia Cruz, la reina vitalicia de la salsa, cuyo reinado comenzó cuando esa música se llamaba rumba y guaracha.

La más importante revista especializada de la industria musical no se reserva ningún elogio a la hora de evaluar el concierto:

> El programa fue uno de los más ajustados en la historia reciente de la salsa, sin duda debido a que se transmitió en vivo vía satélite a América Latina. Incluso la verborrea que a menudo acompaña a

tales homenajes se mantuvo al mínimo, con la única nota disonante proporcionada por la intrusión ocasional de un grupo de baile de espectáculo. Cuando Celia canta y baila, no se necesita nada más.

Una buena parte del éxito en el estilismo de Celia aquella noche fue responsabilidad de una chica puertorriqueña a quien Ralph Mercado propuso para ocuparse de Celia y su imagen para ese concierto, y que ya tenía un triunfal recorrido en el mundo del espectáculo: la estilista Ruth Sánchez Laviera, *Ruthie*. Tan satisfecha quedó Celia de su buen hacer que, desde aquella noche, la destacada boricua sería su estilista personal. Será ella la creadora de los fantásticos y tan elogiados peinados de Celia, que cambiaron radicalmente su imagen e hicieron de sus pelucas una marca de identidad personal.

Otro importante concierto estaba ocurriendo en paralelo la noche del gran tributo a Celia, a la misma hora, en otro sitio de la ciudad, el Soundscape, donde la nueva oleada de músicos cubanos, llegada principalmente con el éxodo del Mariel dos años atrás, en 1980, muestra la vitalidad y continúa la renovación de la música cubana, donde la música de raíz africana y el jazz se imbrican como pilares insustituibles. El saxofonista y clarinetista y compositor Paquito D'Rivera, el percusionista y rumbero Orlando *Puntilla* Ríos, el baterista Ignacio Berroa, el cantante y bailarín Ángel Pérez y otro destacado percusionista, Daniel Ponce, son los responsables en esta ocasión. *The New York Times* hace eco de los dos acontecimientos como muestra de la relevancia de la música cubana en el ambiente nocturno de la ciudad.

Tras una exitosa gira por Francia, el 25 de noviembre la Guarachera del Mundo satisface las expectativas del público bailador que se congrega en el Sheraton Hotel de Washington para celebrar el Día de Acción de Gracias. *The Washington Post* no pasa por alto el acontecimiento y el cronista no puede sustraerse a las comparaciones:

> Cruz demostró tener un sentido escénico al que aporta mucho de su carisma personal, de su modo de hacer, tal como Ray Charles o la fallecida Mahalia Jackson. Cientos de personas se agolparon frente al escenario y otros se pararon en sus sillas para observar con asombro cómo gesticulaba con los brazos y balanceaba sus caderas sensualmente, desplazándose con la velocidad de una motosierra y emitiendo expresiones guturales con su poderosa voz. Era la encarnación misma de la bomba latina y estaba acompañada majestuosamente por La Sonora Matancera.

El 27 siguiente se presenta en Altos de Chavón, la villa mediterránea del siglo XVI, en el sureste de República Dominicana, convertida en centro cultural, inspirado y financiado inicialmente por Charles Bluhdorn, presidente de Gulf and Western, e inaugurado por Frank Sinatra. Cantar o actuar en Altos de Chavón podía considerarse un hecho cultural y filantrópico, pues los precios de los eventos artísticos para el público entonces eran bajos, por debajo de los 50 dólares que pagaron los que asistieron al concierto inaugural. *The New York Times* comenta la noticia de la presencia de Celia en este sitio especial y así lo refleja en su edición del 21 de noviembre de 1982.

Celia vuelve a despedir el año trabajando, esta vez en el Grand Ballroom del Sheraton Centre en Nueva York, en un gran bailable con Tito Puente y su orquesta y el legendario Machito y su banda de 16 instrumentistas.

En todos los frentes, la llamada música tropical bailable está entrando en una nueva fase que merece ser observada de cerca, como señala *Billboard*, constatando el cambio que se refleja en las listas semanales de éxitos en los principales estados y ciudades. En Nueva York, Miami, Chicago, Los Ángeles, Texas, San Juan ya es evidente la paulatina erosión de la supremacía salsera, en favor de la música disco, pero sobre todo de los nuevos ídolos de pop latino: los españoles Julio Iglesias, Rocío Dúrcal, José Luis Perales; los mexicanos Emmanuel, Juan Gabriel, Los Bukis; el boricua José Feliciano, y los grupos infantiles y adolescentes muy en boga, encabezados por Menudo, entre otros.

Desde finales de los años setenta, Willie Colón y Rubén Blades, que han liderado el segmento más *avant garde* dentro del movimiento salsero, continúan distanciándose del esquema y el repertorio marcado por la influencia de LSM y otros conjuntos y cantantes cubanos de los años dorados, apostando no solo por una mayor experimentación, sino también por la introducción de cambios sustanciales en la sonoridad, ritmos y contenido temático de las letras, que transmiten con mayor credibilidad la realidad de los jóvenes latinos, para los que constituyen espejo e inspiración. La introducción de la problemática social es, sin dudas, uno de los aportes singulares del binomio Blades-Colón, y de su positiva aceptación habla un récord vibrante: el álbum *Siembra* (1978), con Colón en la producción musical y algunos arreglos, Blades como compositor de seis de los siete títulos y ambos como intérpretes principales, es considerado el más vendido en la historia del movimiento salsero.

En 1983, las figuras legendarias de la música cubana y afrocaribeña en Nueva York mostraban una mal disimulada resignación frente al fenómeno salsero. Machito, desde su veteranía en la música cubana en EE. UU. miraba más allá, hacia Reino Unido y Finlandia. Tras el cisma que dividió para siempre a la legendaria terna familiar integrada por Mario Bauzá, Graciela y Machito, los dos primeros se unen formando una nueva orquesta, mientras Machito y su hijo Mario Grillo retienen el nombre de los Afrocubans y su dirección, pero sin conseguir reemplazar el enorme vacío dejado por Graciela y Bauzá. Finlandia era un mercado importante para Machito, que había logrado fidelizar a un público entregado en el gélido país. Por ello, insta a Celia para que, en calidad de artista invitada, vuelva al hotel Hesperia de Helsinki y se presente con él y su banda el 23 de enero de aquel año en tres *sets* en el Carnaval de Invierno, y en otras plazas.

El año anterior, arrastrado por la corriente, el gran sonero llegó a aceptar la polémica y popular palabra, cuando titula su álbum

Machito & His Salsa Big Band 1982, grabado en Holanda en apenas cuatro horas y en toma única en casi todos sus cortes. Dicha obra se alzó con el Grammy a la Mejor Grabación Latina en la 25.ª edición de los premios. El 23 de febrero de 1983, en la ciudad de Los Ángeles, se salda una deuda con el gran sonero cuando se le entrega el preciado gramófono, el único que recibiría, a pesar de su enorme legado a la música cubana y latina. Nadie podía imaginar que el premiado sería su último disco. Catorce meses después, el 15 de abril de 1984, Machito se desplomaba en el escenario del londinense Ronnie Scott's Jazz Club, herido de muerte. Tenía 74 años. Moría una de las grandes leyendas de la música latina en Nueva York, y uno de los responsables de la expansión de los géneros cubanos en Estados Unidos. Con su banda Machito y sus Afrocubans, su voz y talante de estirpe sonera, la sabiduría y liderazgo musical de Mario Bauzá, y la cubanía y privilegiada voz de su media hermana Graciela hicieron posibles las primeras fusiones de los géneros autóctonos de la música cubana con el jazz.

Casi tres meses después de la inesperada muerte de Machito, Graciela recibe un homenaje en Nueva York. Considerada como una de las pocas mujeres que han alcanzado el estrellato en la música tropical bailable, espacio mayoritariamente masculino. La revista *Billboard*, al destacar el hecho, señala que fue Celia la única que pudo alcanzar y sobrepasar lo logrado por Graciela, y destaca la presencia de la Reina de la Salsa en el club Escalon 22 en el concierto-tributo a su coterránea y colega.

No eran pocos los que sentían la alegría y rotundidad de su voz anclada en la ancestralidad de ritmos y toques que se originaron en África, donde también emergió el modo en que nuestros antepasados sintieron y enfrentaron el dolor y el sufrimiento. No fueron pocas las comparativas que transitaban por caminos con diferencias y similitudes: desde Mahalia Jackson, Bessie Smith, hasta Ella

Fitzgerald, Pearl Bailey y Sarah Vaughan. Eran esos los nombres con que periodistas y estudiosos norteamericanos contrastaban el de Celia Cruz. Autenticidad, sentimiento, fuerza, apego a las raíces, reconocimiento identitario, son solo algunos de los rasgos que Celia comparte con esas grandes mujeres del blues y el jazz.

Mientras Celia logra un reconocimiento mayor y más amplio en cuanto a audiencias, en paralelo importantes nombres resaltan los dos componentes más notables de su *performance*, que la identifican, de manera natural, como portadora de elementos característicos del latin jazz: su singular capacidad de improvisación sonera y su extraordinario sentido del ritmo, algo que los estadounidenses equiparan al virtuosismo en el *scat* del jazz vocal en sus grandes figuras.

La suma histórica de factores explicaría no solo la representatividad, sino la adjudicada pertenencia de Celia al ámbito del latin jazz, tal cual era vista por aquellos años: para muchos estadounidenses Celia se alinea aquí junto a Mario Bauzá, Machito, Chano Pozo, Chico O'Farrill, Cándido Camero, Mongo Santamaría... los grandes nombres del *afrocuban jazz* en EE. UU.

Estos valores musicales que Celia demuestra más allá del ámbito puramente *salsero* muestran su encaje perfecto en función de un proyecto que fue inicialmente personal: el de Tito Puente en el latin jazz, que transcurre en paralelo al esplendor y comienzo del declive de la salsa en los años setenta y ochenta. Conocida es la postura de Tito respecto al movimiento *salsero* promovido comercialmente por Fania y, de cierta manera, la acción del timbalero para reivindicar su lugar dentro del jazz latino no hacía otra cosa que validar la preeminencia de la música cubana y afrocaribeña en lo que pretendió mostrarse como algo nuevo. Lo demás es historia, y ejemplos de cómo son reconocidos por el mundo del jazz tanto en Estados Unidos, como en otros países con mayor incidencia en la historia del género. Desde inicios de los ochenta, Celia con Tito Puente se insertan en el circuito de los festivales de jazz en EE. UU., Europa y Asia, tanto los más prestigiosos como los que emergían por aquellos años. En buena medida, su actuación en estos eventos ampliará el radio de influencia de la música latina a otros públicos más afines al jazz y a la experimentación. Chucho Valdés con su banda Irakere coincidió con Celia y Tito en el North Sea Jazz Festival en Holanda, en 1983:

> Fui testigo de su tremendo éxito. Ella estaba haciendo lo que hizo siempre: esa música cubana, bien soneada o salsera —como quieran llamarle—, pero la banda y los arreglos de Tito tenían muchas cosas en el estilo de las *big bands* norteamericanas, fue una combinación tremenda, porque eran arreglos muy bien jazzeados al estilo *latin, afrocuban*, y porque Celia hacía su trabajo apoyada en esa base. Era algo muy diferente a lo que hacían las cantantes de jazz puro: es la fusión de la *big band* americana con ritmo, y una supercantante improvisando dentro de eso. Para mí entonces fue muy novedoso, y fue la razón por la que todos los jazzistas que estaban allí, presenciando el concierto, aplaudieron y dijeron: «¡Esto sí!». Recuerdo los comentarios de los músicos, elogiando mucho el trabajo de Celia. Eso fue lo que yo viví. La reacción del público fue muy buena, muchos bailaban… pasó lo que pasaba con Benny Moré: algunos en el público bailaban, y otros, se paraban a mirar su actuación. Ella ha sido y es la más grande. Única e irrepetible.

Desde los años ochenta hasta su final, Celia cantó —con Tito Puente, mayoritariamente— en los más importantes festivales de jazz en Estados Unidos: Newport, New Orleans Jazz & Heritage Festival, JVC New York, Boston Globe Jazz, Camel Jazz, Twin Cities (en Mineápolis y St. Paul), UC Berkeley Jazz, Denver Jazz, y otros. En el circuito internacional, entre los más prominentes: Montreux (Suiza), North Sea Jazz (Países Bajos), Aruba Jazz & Latin Music Festival (Antillas Holandesas), Umbria Jazz (Italia), JVC Jazz en Madarao (Japón). Comparte escenarios con grandes figuras del jazz y la música estadounidense, como James Brown, B. B. King, Nina Simone, Wayne Shorter, Wynton Marsalis, Stevie Ray Vaughan, entre otros.

Prestigiosos eventos de jazz, incluidos algunos en EE. UU., continuarán invitándolos. Hasta su conclusión definitiva en 1993, Celia actuó varias veces en los conciertos de la serie Salsa Meets Jazz, un espacio donde se validaba los innumerables nexos entre ambos mundos musicales. Por él pasaron los grandes nombres del jazz y la salsa, incluida Celia, reconocida como una suerte de articulación vinculante entre géneros y épocas.

En 1983 Celia recibe el primer gran reconocimiento de la Ciudad de Nueva York. El alcalde Edward Koch aprecia públicamente la contribución de la cubana a la vida de la ciudad y su industria musical durante poco más de 20 años, desde que se instaló en la Gran Manzana. El 8 de agosto, en la escalinata de entrada al City Hall, tiene lugar el acto de homenaje. No solo se valora el enorme alcance de su nombre en la vida musical newyorkina, sino también su presencia activa en diferentes causas sociales en defensa y beneficio de las comunidades latinas presentes en la ciudad. No es el primer tributo que una ciudad norteamericana le rinde a Celia: ya antes ha recibido, según ella misma cuenta al reportero del *Daily News*, las llaves de las ciudades de Filadelfia, Union City, Los Ángeles, Dallas y Houston. «Pero nunca había recibido el reconocimiento de la ciudad donde vivo, que es Nueva York».

Después de que el alcalde Koch le entregara el Certificado de Aprecio, varios de sus colegas, compañeros en el intenso viaje de su carrera, le cantan y hacen música en su honor: Tito Puente, Ray Barretto, Cándido Camero, Johnny Pacheco, Santos Colón, Yayo el Indio, Rogelio Martínez, Gloria Mirabal, Eddie Torres y el Latin Dance Ensemble. Es sin dudas, como se la menciona en la propaganda oficial del concierto: *«Queen of the Latin Music, la Reina de la Música Latina»*.

Era un acto político y, como tal, el interés de la prensa no se centró únicamente en la música: tras casi 23 años de exilio, su vínculo con Cuba y su gobierno se erige en una de las líneas más importantes en las entrevistas. Para esta fecha, Celia lleva censurada en su país natal casi el mismo tiempo que vive como exiliada. Al agravio que definió su postura se suma el silencio obligatorio de su voz en el archipiélago, frente a su actitud de rechazo al gobierno cubano, un cimarronaje acompañado de su amor por su tierra y sus símbolos.

Reitera la coherencia que viene observándose en sus declaraciones en los últimos años, cuando transitó de no desear hablar de política en los años sesenta y principios de los setenta, a fijar decididamente su postura frente a un gobierno que no le satisfacía y que decretó por causas políticas la censura oficial sobre su música en los medios de difusión. «Nunca regresaré, mientras Cuba sea comunista. Pero si Cuba vuelve a ser libre, por supuesto que voy a regresar. Allí es adonde yo pertenezco».

Por esos días, comienza a hablarse en la prensa de un posible filme sobre la vida de Celia. La noticia sale de California y la replica, entre otros, el periódico venezolano *El Mundo*, que en su edición del 23 de agosto anunciaba los preparativos, que incluyen a David Tyler como productor y Bob Lazenby como director. La reconocida actriz y cantante afroamericana Melba Moore, que había destacado en Broadway en el musical *Hair*, compartiría el rol protagónico encarnando una juvenil Celia Cruz en sus años cubanos, porque para el resto de su vida y carrera se preveía que la Guarachera se representara a sí misma. Por razones desconocidas, el filme nunca llegó a realizarse.

Después de más de 20 años viviendo y trabajando en Estados Unidos, en 1983 Celia comparte con *The Washington Post* la confesión de un gran deseo:

> Por alguna razón nunca he podido aparecer en una estación de televisión de habla inglesa. En un concierto de MSG vinieron y filmaron un momento general. No es que sea desagradecida con los latinos, mi audiencia, pero la televisión estadounidense es muy importante. Lo necesito. Es mi sueño.

Celia sigue viviendo en su casa de la calle 226 de Cambria Heights en Queens. Muy cerca había instalado a su hermana Gladys con su familia. Después del Festival de la Salsa decide tomar unas necesarias vacaciones para descansar unos días en casa y luego viajar a Europa con amigos. Le gustan esos días y momentos de quietud, donde, confiesa, prefiere estar tranquila, descansar y leer, pero también cocinar, algo que le gusta, pero que aprendió después de casarse con Pedro: «Mi familia nunca me enseñó. No me dejaban cocinar para que no me quemara». Pero después de casarse con Pedro Knight, se le ocurrió decir: «Pedro, esa cocina se va a morir de risa ahí», y con rapidez él, que algo sabía a los fogones, le aseguró que ella aprendería a cocinar. «Cuando empezaba a sazonar y Pedro no estaba, yo llamaba a mis amistades, para consultarlas: a Haydeé, la esposa de Yiyo el de La Sonora, a Papaíto… ¡a todo el mundo!». Aprendió, ¡y de qué manera! Sus amigos en México, Nueva York, Miami o Madrid podían dar fe de la excelencia de sus habilidades culinarias, pero que prodigaba con escasa frecuencia, a juzgar por sus manos perfectas con uñas de extensión inconcebible. Agasajaba a Mitsuko y Roberto cuando llegaba al Distrito Federal, iba ella misma al supermercado y compraba lo que hiciera falta para cocinarles el plato favorito de Roberto Gutiérrez: el arroz con salchichas. Entre otros amigos se hizo muy popular una receta suya, que Celia cocinaba con frecuencia y a la que aún no le había puesto nombre: un pollo que la periodista Patricia Duarte, de *The Miami Herald*, terminó bautizando como «Pollo guarachero». Pero también reconocía que ya había cocinado bastante y que prefería llevarse a sus amigos a un restaurante.

El Kool Jazz Festival de Nueva Orleans dedica el 28 de octubre de 1983 a la Noche Latina, centrada en Celia y Tito Puente, junto a estrellas afroamericanas del jazz y el R&B, como Roberta Flack, Al Jarreau, Count Basie, Chuck Berry, entre otros; el 18 de noviembre canta en Peace Bridge Exhibition Center, en Búfalo, también con Tito, y al día siguiente en el Club Broadway, con Johnny Pacheco y su orquesta. Con Oscar D'León se presenta en la Ciudad Deportiva del Distrito Federal ante una multitud que rebasó las 10,000 personas.

Días después D'León, el salsero venezolano, llega por primera vez a Cuba para actuar en el I Festival Internacional de la Música Latina Varadero 83. Se convierte en la figura central del evento y arrasa provocando la locura en el público cubano que, distante entonces de su auténtica música tradicional, le daba ahora una catártica bienvenida con el nuevo empaque y los bríos arrasadores de la *salsa* del venezolano. Paradoja real, D'León triunfó entre los cubanos con dos grandes éxitos de Celia en sus tiempos habaneros: *Mata siguaraya* (Lino Frías) y *Melao de caña* (Mercedes Pedroso). Por primera vez sus guarachas regresaban a Cuba vestidas con la modernidad de los años ochenta. Fue el acabose, y la prueba de que el son y la guaracha seguían vivos en el recuerdo y era descubierta con gran aceptación por las dos generaciones que habían crecido sin Celia Cruz en la banda sonora de sus vidas. Pero la Guarachera no vio con buenos ojos el viaje y la actuación de D'León en su Habana querida, la misma que le prohibía el regreso, y la relación entre ellos quedó temporalmente resentida, aunque logró reconducirse tiempo después.

Aquel año de 1983 Celia, Ray Barretto y Adalberto Santiago graban su primer álbum conjunto: *Tremendo trío!* (JM-623). El percusionista se encarga de la dirección y la producción musical, y Oscar Hernández y Luis Cruz, de los arreglos. En el álbum destacan las versiones de *Nadie se salva de la rumba*, un viejo son de Siro Rodríguez, uno de los integrantes del legendario trío cubano Matamoros; y del bolero *Margie*, del boricua Pedro Flores, popularizada por su coterráneo Daniel Santos. Dos temas de Tite Curet —*Ya no puede ser* y *La caña y la plantación*—, *Debes callar* (Ramón Rodríguez), *De repente* (Aldemaro Romero), *Así empezó el son montuno* (Luis Cruz) y *Caminando* (Rubén Blades) completan los ocho cortes del disco que consiguen un equilibrio protagónico de sus artistas principales. En los Grammy, *Tremendo trío!* resulta nominado en la recién creada categoría Mejor Performance Tropical Latino.

En 1984, el quehacer de Celia estuvo marcado por la promoción de *Tremendo trío!*, en conciertos con Ray Barretto, y también los ya habituales con Tito Puente. El 20 de enero de aquel año, Celia y Barretto se presentan en Los Ángeles en un Hollywood Palladium con todas las localidades vendidas, y acompañados por un grupo de músicos de altísimo rango: desde el argentino Jorge Dalto al piano, al cuatrista Yomo Toro; del flautista Dave Valentín al cubano Orestes Vilató, famoso por hacer sonar las pailas en la banda de Carlos Santana, y dos potentes cantantes salseros, Ismael Miranda y Adalberto Santiago. Para Agustín Gurza, columnista de *Los Angeles Times*,

> [...] el nuevo álbum carece de la magia o la calidad fundamental de sus esfuerzos anteriores [los de Celia]. Es una salsa sólida y contundente, pero no es un suceso. Aun así, Cruz y Barretto optaron por hacer de la nueva obra la pieza central de su *set* [...], manteniendo su actuación dentro de sus límites convencionales. Se remontaron a un tesoro oculto de la música de Cruz, que abarca cuatro décadas. Pero esto solo produjo resultados superficiales. Sin embargo, incluso una actuación imperfecta de Cruz es un placer seguro para el público. Su eterno cierre de espectáculo, *Bemba colorá*, puede recargar de energía a la audiencia en todo momento. Abandonó el escenario con aires de realeza, mientras los cánticos de «Celia, Celia, Celia» retumbaban en el Palladium.

En la premiación de los 26.ª Grammy el 28 de febrero de 1984, en el Shrine Auditorium de Los Ángeles, el codiciado gramófono en la categoría Mejor Performance Tropical Latino aún le es esquivo a Celia. En reñida contienda, el Grammy fue para *On Broadway*, el álbum de Tito Puente & His Latin Ensemble, que se batió además con Mongo Santamaría y su *Mongo Magic*, Rubén Blades con *El que la hace la paga* y Willie Colón con *Corazón guerrero*. En general fue para los Grammy una edición memorable. Es el año de Michael Jackson, un auténtico rompedor de récords, al acaparar ocho premios. Celia debió contentarse con la nominación, que era, en sí misma, un premio al figurar entre tanto talento y tanta historia. Ese mismo año, el álbum *Tremendo trío!* es reconocido por los Premios ACE de Nueva York como el mejor en la categoría *salsa*.

Si a mediados de la década de 1980 el concepto Fania All Stars llegaba a su fin como espectáculo escénico, el binomio Celia Cruz-Tito Puente disfrutaba un vigoroso *revival* sobre los escenarios. Considerados como «leyendas vivas de la música latina», en la percepción popular trascienden —aunque aprovechan— los límites modernizantes de la salsa y se afianzan como expresión viva de una tradición que se asienta no solo en la raíz del fenómeno salsero, sino también del latin jazz.

Aquel julio, los «Reyes de la Música Latina», ahora con el cantante panameño Camilo Azuquita, vuelven a Europa: la gira comienza en España, donde se le suma la orquesta Un Poquito de Todo, la formación pionera de la salsa madrileña. Se presentan primero en la capital española, el día 2, ante una multitud que la ovaciona desde que sale al escenario y que la hace reflexionar cuánto le ha costado algo que ella siente todavía no logra del todo, tras 14 años intentándolo: ir conquistando poco a poco al público ibérico.

A Barcelona, al Teatre Grec llegan el 6 de julio, donde, al irrumpir Celia en el escenario, rebosante de vitalidad y energía, el concierto se convirtió en un verdadero bailable. Allí se encuentra con su viejo amigo, el reconocido coreógrafo Santiago Alfonso, ahora al frente del espectáculo del cabaret habanero Tropicana, recién llegado de La Habana. Con Santiago, Celia mantuvo siempre contacto, y al igual que hacía el cineasta y productor Enrique Pineda Barnet, solía enviarle *cassettes* de música y películas cubanas que la mantenían al tanto de lo que en música y cine ocurría en la isla. Los últimos meses de año llevan a Celia y Tito en concierto a varias ciudades de Estados Unidos.

A pesar de mantener su reputación avalada por triunfos en un evento de tal relevancia para la industria de la música como los Grammy, Fania parece transitar por horas grises, lejanas al pasado de gloria y reinado absoluto sobre la música latina desde Nueva York. Había cambiado de denominación legal —ahora era Música Latina Internacional— y sería vendida (aunque luego recuperada) a Ernesto Aue, dueño de la marca venezolana El Palacio de la Música, que ahora era copropietario junto a algunos inversionistas uruguayos, aunque Masucci y Víctor Gallo continuaban dirigiendo la compañía. Problemas de transparencia económica, incomprensión creativa, reclamaciones y demandas que, en algunos casos, terminan en rupturas y casos judiciales —como el de Larry Harlow, quien cierra su discografía con Fania en 1983, con su álbum *Yo soy latino*—, se suman a la paulatina caída de las ventas, lo cual había constatado *Billboard* en su edición del 4 de febrero de 1984.

Las Estrellas de Fania, tras recorrer caminos diversos de experimentación en colaboraciones con jazzistas y rockeros, añoran volver, como agrupación, a sus días más gloriosos, a pesar de que, para la fecha, la marca empresarial ya ha perdido, además de un nombre de peso, como Harlow, a dos pilares fundamentales para una verdadera y creativa renovación, más allá de los propios límites de la llamada salsa: Rubén Blades, que ha sido firmado por Elektra para los mercados hispano y angloparlante, y Willie Colón, contratado por RCA Victor.

Cuando transcurre 1983, en las listas de éxitos de *Billboard* y de otras revistas especializadas ya no existe la categoría *salsa* en sus listas semanales, esa suerte de termómetro que mide la temperatura de las ventas y la difusión radial, agrupadas ahora todas las producciones y artistas no anglos bajo la genérica denominación *Latin*, sin distinguir entre la música romántica destinada a ser escuchada o música de origen caribeño para bailar. Según *Billboard*, el potencial actual de Fania en el mercado internacional descansa, en gran medida, en Celia, a quien reconoce como una de los artistas que más ha hecho por internacionalizar la salsa, que aún sigue fiel a Masucci y Pacheco en su entidad comercial. En esta línea, Fania publica el álbum *Lo que pide la gente* (JM-629), donde Celia tiene una destacada incursión como sonera magistral en *Por eso yo canto salsa*, *Lo que pide la gente* y *Usando el coco*.

A nivel comercial, el caso de Celia era paradójico, pues mientras Fania y el movimiento salsero decaían, su posición y éxito se mantenían incólumes, y sus dividendos, dentro de los márgenes de sus expectativas. Su versatilidad y trayectoria como un clásico viviente de la música cubana y afrocaribeña, más la incesante fidelización de públicos y audiencias diversas, son algunas de las causas de tan airosa posición.

El reto lanzado por los músicos más jóvenes y vanguardistas mantiene en jaque a los jerarcas de Fania, que, a todas luces, habían apostado por el éxito probado en un esquema donde los géneros, formas y estilos de la música tradicional cubana se aderezaban con modernos y portentosos arreglos. El fenómeno de la popularidad del álbum *Siembra* con el arrasador sencillo *Pedro Navajas*, y luego de *Maestra vida*, demostraban la viabilidad de una suerte de revolución en las letras, influida por el movimiento de la canción de contenido político-social que se gestaba y desarrollaba en América Latina, España y Cuba. Sobre la polémica en torno a este tópico, a mediados de 1983, Celia declaraba al corresponsal del diario español *La Vanguardia* en México:

> Yo sigo cantando los números que me gustan. No me he preocupado por los mensajes sociales. Aunque sí tengo en mi repertorio una canción, *Latinos en Estados Unidos*, que me piden continuamente. Reconozco que en EE. UU. estamos un poco desunidos. Y sé que en la unión está la fuerza. También en el último disco grabé la pieza *Tierra prometida*. Se habla de una tierra soñada, donde los problemas no existen. Pero, la verdad, no me gusta mucho cantar sobre esas cosas. Porque son canciones que entristecen y lo que quiero es alegrar al público. Que se olvide de todos los problemas, que esté contento.

Al analizar su discografía, empero, queda claro que una línea temática conectaba con lo social y político y era recurrente en sus repertorios: su amada Cuba. Pero Celia era un clásico, una leyenda, y como tal fue tratada desde el inicio mismo de su vínculo con el ambiente salsero de Nueva York y por la propia Fania, como ente productor. Solo ella tuvo la sagacidad de comprender que, dentro de los cánones de aquel clasicismo popular que se imponía como imprescindible y que ella manejaba de manera tan magistral, la sucesiva reactualización era el único camino para enfrentarse a la eterna dicotomía: renovarse o morir. Esa había sido y siguió siendo una de sus divisas más firmes e inapelables a lo largo de su carrera.

Si hubo un éxito para la música latina en 1985 ese fue *Conga* de Gloria Estefan y Miami Sound Machine, probablemente el ejemplo más restallante y positivamente aceptado del *crossover*, que colocaba el ritmo y la percusión afrocubana en el ámbito del pop y el rock, como corriente dominante del momento. Era la culminación de un trabajo sostenido en que los jóvenes cubanos reinterpretaban las señales naturales de sus entornos a través de las influencias de la música cubana como una de sus vertientes de identidad. Otra cantante latina emergía con fuerza a la palestra pública: el sencillo *Conga* lanzó al estrellato mundial a Gloria con la banda liderada por Emilio Estefan Jr., posicionándola en la exigente lista de los 100 de *Billboard*, donde permaneció por 46 semanas en el top 10 de ese conteo. Cuando llegó este momento, ya la banda había interactuado varias veces con Celia en escenarios de Miami, pero Celia había entrado en la vida de Gloria Estefan desde mucho antes. Así lo ha contado Gloria para este libro:

> Conozco la música e imagen de nuestra reina Celia Cruz desde que tengo uso de razón. Nos fuimos de Cuba cuando yo tenía dos años y medio, y solo nos dejaron llevar una maleta. Como la música era tan importante para nosotros, mi abuela nos enviaba uno de nuestros discos favoritos una vez al mes en una caja de compota de mango, que era la única que yo comía. El primer disco que llegó fue el de

Celia, que solía sonar en nuestra casa en Cuba. Por esa razón yo siento que conozco a Celia por toda una vida.

Con el tiempo, Gloria ha reconocido la decisiva influencia que Celia ejerció en ella y lo positivo de tenerla más cerca en su vida: Gloria y Emilio, Celia y Pedro, mantuvieron una amistad que resistió para siempre la prueba del tiempo.

El Carnaval de la Calle 8, ahora oficialmente Calle 8 Open House, tiene a Celia, como es ya tradicional, compartiendo cartel con José Feliciano en el escenario Supersite Budweiser de la calle 23. Cuando aparece, *dress to kill*, enfundada en un traje de lamé negro y con su sonora carcajada, Celia desata el delirio en la multitud. Era el 10 de marzo de 1985 y acompañada por la orquesta La Tremenda aprovecha la ocasión para sorprender a Yolanda del Castillo, una santiaguera que hace las veces de compositora, estrenándole una guaracha dedicada a los vendedores ambulantes que animaban entonces las calles de Miami, muchos de ellos cubanos recién llegados por el éxodo del Mariel, que bregaban por sobrevivir:

Del Mariel y muy honrado
paso los días vendiendo,
traigo rico granizado
y así me voy defendiendo…

Cada vez más, Celia es asumida por las audiencias estadounidenses como una representación genuina y triunfal de la mujer de raíces africanas en la diáspora, expandiendo el concepto de la afroamericanidad más allá de las fronteras de la Unión Americana: la exposición fotográfica *African Diaspora Women*, curada por la etnóloga Marta Moreno Vega, es inaugurada en marzo de 1985 en el Caribbean Cultural Center de Nueva York, con destacado reflejo en medios como *The New York Times*. La muestra une a las cubanas Celia Cruz y Graciela en un puñado de imágenes, junto a prominentes norteamericanas, como las bailarinas Katherine Dunham, Pearl Primus, Lavinia

Williams y Judith Jamison; y la pianista y cantante Hazel Scott, para poner el foco en «la fortaleza de la mujer de color en América», al decir de su curadora.

~

El espectacular lanzamiento y posterior éxito mundial de la canción *We are the World*, grabada por las mayores estrellas de la música pop y el R&B estadounidenses, sensibilizan a sus colegas latinos, a partir de una idea de Albert Hammond y José Quintana, para crear el proyecto Hermanos, y grabar la canción *Cantaré, cantarás*, bajo la producción musical de sus promotores y de Humberto Gatica, con intención filantrópica similar, centrada en América Latina. Los días 9 y 10 de abril de 1985, voces famosas de 10 países hicieron posible la grabación. Muy pocos de ellos igualaban a Celia en los resultados y trascendencia de sus carreras, pero debido a intereses comerciales de los grandes sellos disqueros implicados, la Reina de la Salsa no tuvo una intervención personal en esa grabación, ni siquiera fue ubicada en la primera línea del grupo ante los micrófonos y las cámaras, algo que hicieron notar con asombro algunos periodistas. Celia, sin embargo, lo asumió con total humildad, haciendo lo que se le indicó —cantar en el coro— ubicada en una lejana tercera fila, pero poniendo todo su empeño y visible entusiasmo en el proyecto. El disco sencillo *Cantaré, cantarás* (44-05243) es lanzado el 15 de mayo bajo la marca Hermanos Records con la perspectiva —a la postre no conseguida— de recaudar 10 millones de dólares.

Celia continúa cumpliendo sus compromisos contractuales con Fania y graba su próximo disco: *De nuevo* (JMVS-106), su sexta colaboración fonográfica con Johnny Pacheco. En nueve canciones de compositores cubanos, dominicanos y boricuas, Pacheco produce, toca la tambora, el güiro y hace coros, dirige la grabación y la orquesta acompañante integrada por nombres habituales en las grabaciones de Celia, como *Bomberito* Zarzuela y *Puchi* Boulong en las trompetas, Papo Lucca en el piano, Joe Santiago en el bajo, Luis Mangual en los bongós, Johnny Rodríguez en las tumbadoras, Iván Conde en el tres, Luis Almanzar en el güiro, Ismael Quintana en las maracas y Cali Alemán en los coros.

La primera semana de marzo el álbum entra en las listas semanales de *Billboard*. El álbum le valdrá a Celia su tercera nominación como artista principal —ahora junto con Johnny Pacheco— en la categoría de Mejor Performance Tropical Latino en la 28.ª Entrega de los Premios Grammy. Contiende con *Free Spirit*, de Mongo Santamaría y su Latin Jazz Orchestra; *Mucho mejor*, de Rubén Blades; *Noche de Discotheque*, de Bonny Cepeda y orquesta; *Mambo Diablo*, de Tito Puente & His Latin Ensemble; y *Solito*, de Eddie Palmieri. Puente y Palmieri compartieron el triunfo y el gramófono dorado.

Al igual que otros críticos, Larry Birnbaum, en *The New York Times*, comentó las debilidades que percibía en *De nuevo*, comparándolo con los álbumes anteriores producidos por Pacheco para Celia y los satisfactorios resultados alcanzados en ellos:

> Celia interviene como cantante de la banda del Sr. Pacheco, con su magnífica voz mezclada muy por debajo del nivel de los instrumentos y el coro. Sin embargo, la fuerza de la personalidad de Miss Cruz se hace sentir, tanto en sus letras como en su entonación conmovedora y exuberante.

Mientras, desde Miami, el cabildeo político entre los representantes de la comunidad cubana en la Florida logró que la administración de Ronald Reagan aprobara la creación de un servicio de radio (y luego de televisión) de carácter internacional, dirigido a Cuba y financiado con fondos federales. La primera emisión de Radio Martí tuvo lugar el 20 de mayo de 1985 bajo la égida de la emisora La Voz de las Américas. Desde ese día la música de Celia, LSM, Olga Guillot y otros grandes cantantes y músicos considerados íconos representativos del exilio cubano, centraron su programación. En sus inicios, Radio Martí fue objeto de profunda controversia entre los gobiernos de ambos países. Las audiencias en Cuba, a las que iba dirigida su programación y que conseguían escucharla a pesar de las barreras tecnológicas que logró establecer el gobierno cubano, agradecían el reencuentro con los músicos silenciados por la censura, percibidos por muchos como símbolo de una época pasada, pero algunos, sobre todo los jóvenes, reclamaban una mayor actualización musical e informativa acorde con sus tiempos, después de 26 años de censura y desconocimiento de personas y hechos, Celia y su obra interpretativa entre ellos.

Homenajes y reconocimientos llegan cada vez con más frecuencia: Celia recibe la reverencia del pueblo y los artistas boricuas el 18 de mayo de 1985 al entregársele el premio a la artista extranjera más popular en Puerto Rico durante el *Homenaje a la Señora*, un evento en su honor en el Centro de Bellas Artes de San Juan, y que es también su primera presentación en este espacio considerado la catedral de los artistas boricuas.

A la hora en que la ciudad ha despertado y se dispone a comenzar una jornada de trabajo y estudio, la tragedia llegó a México por sorpresa el 19 de septiembre: el terremoto de 1985, con 8.1 grados de una devastadora intensidad que acabó con la vida de más de 3,100 personas. Fue la noticia que alarmó a Celia y a Pedro, entonces en Nueva York, ante tanta gente querida en el país azteca. De inmediato intentan encontrar el modo de ayudar a las familias de las víctimas mortales y a los damnificados, y Celia ofrece su disposición a participar en un telemaratón para recaudar fondos destinados a ellos y a los esfuerzos en la reconstrucción.

A Tribute to Celia Cruz es el concierto donde Miami le rinde honores, conmemorando sus 35 años en el *music business*. El 9 de noviembre, una Celia plena de energía brilla sobre el escenario del James L. Knight Center. En la primera mitad del *show*, junto a un quinteto de músicos de LSM, recorrió su etapa inicial, cantando *El yerbero moderno*, *Mi bomba sonó* y otros tempranos éxitos.

A continuación, Tito Puente, con una orquesta de 10 músicos, la acompaña en *Cúcala* y otros temas, junto a Johnny Pacheco y su flauta, más una lista de invitados que incluyó a Willie Colón.

Casi sin descansar, los días 19, 20 y 21 de noviembre de 1985 Celia ofrece, con Ray Barretto, Tito Puente y Daniel Ponce, tres extraordinarias noches de música en SOB's, entonces un club-restaurante de ambiente brasileño, en Nueva York.

A mediados de año, Celia y Tito habían regresado a La Tierra Sound Studios, de Nueva York, para grabar el volumen III del sostenido homenaje que el timbalero dedica al Bárbaro del Ritmo. Como en los anteriores, se encarga de la dirección musical de una *jazz band* que rememora el sonido de la Banda Gigante del Benny. En las voces Celia tiene el rol protagónico, cantando excelentes versiones en duetos de temas que popularizó el gran Benny: el mambo *Pachito Eché*, los boleros *Perdón* y *Preferí perderte* (con Pete *el Conde* Rodríguez), el guaguancó *Rumberos de ayer*; el bolero *No me vayas a engañar* (con Adalberto Santiago), *Ay mi Cuba* (con Héctor Casanova) y la conga *Fiesta de tambores*. El álbum *Homenaje a Beny Moré. Vol. 3* (JMVS-105) sale al mercado en diciembre de 1985, ubicándose rápidamente en las listas de éxitos *latin-tropical* de las revistas especializadas y, como se esperaba, el álbum es nominado en la categoría de Mejor Performance Tropical Latino en la 29.ª edición de los Premios Grammy, junto a *Nueva Cosecha* de Willie Rosario, *Especial No. 5* de Willie Colón, *Afro-Cuban Jazz* de Graciela y Mario Bauzá, y *Escenas* de Rubén Blades. El gramófono no les llegará: será para Blades y su banda Seis del Solar.

El primer recuerdo que tiene Omer Pardillo Cid de Celia Cruz fue a través de la revista española *Diez minutos*, que llevara su abuela a Cuba desde Nueva York, y de un disco de *Químbara*, que nunca supo cómo, en 1974, estaba en su casa de Vertientes, Camagüey. «Ella es cubana y vive en Nueva York», fue lo único que le dijo su abuela. «Cuando llego a Nueva York con 10 años, en 1982, adaptándome a una cultura nueva, conecto con Celia, de un modo más visual que sonoro, porque con mi edad su presencia casi constante en la televisión era lo que más me impresionaba», rememora Omer.

María Hermida, gran amiga de Celia desde los tiempos de Cuba, la invita a pasar la Nochebuena de 1986 en su residencia en Nueva York con su familia y amigos muy cercanos, entre ellos, Magaly Cid, junto a su hijo, un adolescente de 14 años que era ya admirador de la Guarachera de Cuba y a quien le habían prometido que se la presentarían. Ese día de Nochebuena, Omer Pardillo y Celia Cruz se abrazaron por primera vez, sin saber siquiera lo que, años después, cada uno significaría en la vida y la carrera del otro. Cuenta Omer:

> Tuvimos una conexión instantánea y ella comenzó a invitarme a sus presentaciones en Nueva York. Cuando estoy en noveno grado de *high school* tengo que hacer una pasantía de verano, y me voy a la oficina de Ralph Mercado; ahí empiezo como una especie de becario, pero cuando terminé, seguí yendo por las tardes a la oficina a hacer lo que pudiera. Cuando *Ralfy* me vio conversando con Celia y supo del vínculo amistoso de mi familia con ella, dio la orden de que me involucraran en todo lo que tuviera que ver con ella.

Con 17 años, Pardillo entró a trabajar formalmente en RMM como asistente de Debbie, la hija de Ralph Mercado, en el departamento de publicidad, especializado en los asuntos de Celia. Así recuerda aquel tiempo Omer:

> Ahí ella se dio cuenta que todo lo suyo estaba organizado; después, sin que interfiriera en mis estudios, empecé como *road manager*. Ralph siempre le dio a Celia su lugar, siempre fue la primera artista de la compañía, nadie por encima de ella, cuando ya habían más de 50 artistas, ya había entrado Marc Anthony y otros, pero lo de Celia siempre fue prioritario. A pesar de mi corta edad

—Ralph me decía «el Nene»— Celia y Pedro siempre mostraron que confiaban en mí.

Al finalizar 1985, el estado de la salsa evidencia una suerte de parálisis creativa, de ausencia de experimentación y preferencia por la reiteración, mientras Celia y Tito Puente continúan su creciente andadura internacional. Desde la segunda mitad de esta década, la agenda de conciertos tanto locales como internacionales será amplia e intensa.

Precedidos de un amplio despliegue de prensa, Celia y Tito centran el concierto *Tropical Nights* del 1.º al 8 de marzo de 1986 en el famoso Radio City Music Hall ante miles de amantes de la música cubana y afrocaribeña. La Guarachera del Mundo actúa junto a Cándido, Carlos *Patato* Valdés y Daniel Ponce en una suerte de recital de percusión, con la Big Band de Puente y la intervención puntual de los cantantes salseros Héctor Lavoe, Ismael Quintana y Pete *el Conde* Rodríguez. Era otro homenaje de Celia y Tito a Benny Moré, interpretando temas de sus álbumes-tributo ante un público enardecido en el que se encontraban nada menos que la actriz Sonia Braga, el cineasta Francis Ford Coppola y el director de fotografía Néstor Almendros.

Reino Unido, Italia y Países Bajos son las próximas paradas del binomio Celia-Tito. El 10 de julio, Londres los recibe en el Hammersmith Palais, en unas semanas de mucho movimiento latino en la capital del Reino Unido, pues le han antecedido Rubén Blades y el brasileño Milton Nascimento. El influyente diario londinense *The Guardian* intenta desentrañar el misterio que la mantiene en la cima durante tanto tiempo, llena de una energía que el calor hace desaparecer en el público británico. «Piensa en ella, tal vez, como una Tina Turner, 20 años después y un poco más de peso», sugiere el columnista Davis.

La prensa británica especializada lo refleja como un hecho natural: el reconocimiento del espacio conquistado por Celia, con Tito Puente, en el circuito de festivales de jazz, entendido el género en su acepción más amplia y originaria, es validado también por espacios en programas especializados de radio, como la emisora británica K-Jazz 94.3.

Los días en Londres traen una alegría adicional, pues Celia recibe la visita del su coterráneo, el notable escritor Guillermo Cabrera Infante y su esposa la actriz Miriam Gómez. Años después, tras la muerte de Celia, Cabrera Infante escribirá uno de los textos más certeros y entrañables sobre la Guarachera en la inmensidad de su reinado en la música cubana.

Jerry Masucci había recibido una petición del músico angloestadounidense David Byrne para grabar con Celia. El prestigio de Byrne, como guitarrista, músico, compositor y líder de la banda de rock Talking Heads, y la fuerte impronta experimental de su carrera musical, que lo aproximaba a géneros y ritmos foráneos, no dejan lugar a dudas de lo importante de esta colaboración. Byrne llamaba a la música latina «el ritmo mundial que vive al lado», considerándola omnipresente en su riqueza y cercana en la vida del estadounidense. Tales ideas le llevarían poco después a fundar su sello Luaka Bop bajo el influjo de su fascinación por la música cubana y latina, y de la experiencia que estaba a punto de transitar.

Propuso grabar con Celia una canción que formaría parte de la banda sonora original del filme *Something Wild* (*Algo salvaje*). La canción era *Loco de amor* (*Crazy for Love*). Jonathan Demme, director de la película, defendía firmemente la idea de que «los nuevos estadounidenses no eran europeos, ni newyorquinos blanquísimos», y eso se refleja en los escenarios donde se desarrolla el filme. Por eso también era parte de su sueño tener a David Byrne componiendo para la película una canción que reflejara tal diversidad, con un sonido que él llamaba «internacional». Demme sabía que Byrne andaba seducido por un nuevo amor musical: la llamada *salsa*. Por eso él le pidió a Celia hacer el dueto del tema que había compuesto.

La motivación de Byrne y su posterior decisión quedaron explicitadas en sus declaraciones al semanario *LA Weekly*: «La vi cantar con Tito Puente en Nueva York y ha sido una de las mejores actuaciones que haya visto en mi vida».

Celia se arriesga —si bien no tiene que cantar en inglés, sino pronunciar pocas frases de la liturgia yoruba—, y acepta. El acontecimiento se convierte en un suceso, amplificado por la prensa estadounidense y catalogado por algunos, como Jonathan Takiff del *Daily News*, como un «dueto histórico». Tres años después, motivado por una pregunta de Jim Bessman para un anuncio de la ASCAP (Sociedad Americana de Compositores, Autores y Editores, por sus siglas en inglés) publicado en *Billboard*, David Byrne no dudaría en mencionar a Celia entre sus influencias, junto a Andy Warhol, Randy Newman, Joseph Campbell, James Brown, David Bowie, Hank Williams, Pete Seeger y Duke Ellington.

La grabación de *Loco de amor* se convierte en la primera acción colaborativa de Celia con el rock y el pop anglosajón, y la continuidad de su presencia en el cine estadounidense, iniciada en 1957 con el filme *Affaire in Havana*. La canción, escrita por Byrne con Johnny Pacheco —quien también se ocupó de los arreglos—, acompaña los créditos iniciales del filme. Su estilo se mueve dentro del *reggae*, la música afrocubana y el rock-pop, en una suerte de búsqueda en la expansión del horizonte salsero, o la inversa: el encuentro de sonoridades de pop y rock con la rítmica caribeña.

Eddie Palmieri señala con dolor que Celia Cruz, una superestrella de la salsa, cantante durante décadas, no se convirtió en un nombre familiar fuera del mercado latino hasta 1986, cuando fue ungida por Byrne y su *Loco de amor*. Celia, una sonera maestra, o, vista desde otra perspectiva, una *ad-libber*, electrifica la melodía, rasgando una mezcla de español, inglés y sílabas que podrían ser ininteligibles para el común de los oyentes, como un cantante de *scat* en jazz o Ritchie Valens en *La Bamba*, apunta la periodista Anemona Hartocollis en su artículo en *Newday*: «No hay nada de malo en inspirarse en nuestro mundo», le dice Palmieri, crítico, «pero esta música es sagrada para mí; es mi vida. Con David Byrne, en cuanto a autenticidad, no hay nada. Es como disparar una flecha en la oscuridad y ver si va a dar en la diana».

La canción se publica primero en 1987 bajo los sellos Sire y MCA Records en un sencillo (PRO-169), y dos años más tarde, en el álbum *Rei Momo* (9 25990-1), donde Byrne continuó su apasionada experimentación con los ritmos afrocaribeños y brasileños, mediante colaboraciones con Willie Colón, Rubén Blades, Milton Cardona, José Mangual Jr. y otros, entre ellos el renombrado Marty Sheller en los arreglos. El filme, protagonizado por Melanie Griffith y Jeff Daniels, se estrenó en EE. UU. y Canadá el 7 de noviembre de 1986 y en una veintena de países al año siguiente. El álbum con la banda sonora original tiene a *Loco de amor* (*Crazy for Love*) como primer corte y fue publicado originalmente en Reino Unido por MCA Records (MCF-3355).

El dueto Byrne-Celia provoca un extraordinario despliegue de prensa, y el soporte lógico del cine, la radio y la televisión. Todo ello redirige la atención de las audiencias rockeras, angloestadounidenses principalmente, hacia el trabajo de la Reina de la Salsa, en muchos casos, a descubrir las ductilidades de la música afrocaribeña para ir más allá de sus propios límites, a través de un mensaje que siempre se decodifica como Celia ha querido: en clave de alegría, unión y felicidad. Los dos músicos solo cantaron juntos en directo una única vez, y fue en el club SOB's, en el Bajo Manhattan, según afirmó Celia al ser preguntada en Barcelona, por el diario *ABC*.

En 1986, con muy poco tiempo de diferencia, otra colaboración solicitada inserta a Celia en el ámbito del pop. La cantante hispanodominicana Ángela Carrasco es una de las voces más populares y laureadas en España, que logra posicionarse en los mercados de la península ibérica y de algunos países latinoamericanos, conquistando tres discos de platino por ventas superiores a las 90,000 copias de su sencillo *Dama del Caribe* en España, Perú y Colombia. Su carrera está consolidada en España, pero necesita un nuevo empuje para un alcance mayor: en abril anuncia a la agencia española EFE que en su próximo disco hará dúo con Celia Cruz.

La oportunidad transitaba en doble vía para ambas cantantes: desde el *pop* con reminiscencias de la música disco, la Carrasco se aproxima al mundo rítmico de su Caribe acompañada de la reina indiscutible, mientras que ella, Celia, irrumpe en un ámbito novedoso, abriendo de golpe las puertas del pop latino, asombrando con este acercamiento y agenciándose la atención nuevos públicos y nuevas colaboraciones similares.

Celia y Ángela cantan en directo una suerte de popurrí (*medley*) de siete minutos de duración titulado *La candela*, que incluye el tema homónimo de la Carrasco, más los clásicos de Celia *Bemba colorá*, *Químbara*, *El yerbero moderno*.

El autor de *La candela*, Emilio Aragón, y el productor de la grabación, Oscar Gómez, habían nacido en La Habana con nueve años de diferencia y ambos habían llegado siendo niños a España: Aragón, con apenas un año, y Gómez con 12. El padre de Emilio, el reconocido payaso Miliki (Emilio Aragón Bermúdez), y el de Oscar, médico en activo, avizoraron el rumbo político del nuevo gobierno cubano y emprendieron el camino definitivo hacia España. Los ritmos cubanos estuvieron presentes en sus respectivas infancias. Oscar reconoce que su memoria retuvo para siempre todo aquello que le arrebató el exilio: los amigos, el colegio, el barrio y sus sonidos, todo lo que conocía hasta ese momento, y reafirma que su madre no se equivocaba cuando lo definía como más cubano que una palma real, a pesar de vivir en Madrid por más de 60 años. En entrevista con la autora, Gómez afirma que siempre tuvo una adoración casi mística por Celia Cruz, porque siendo niño ya Celia era muy grande en Cuba y muy conocida.

La colaboración Celia Cruz-Ángela Carrasco será para Oscar Gómez el inicio de una época diferente de trabajo para la Reina de la Salsa, donde, como productor y compositor, Gómez refrendará algunos de sus hitos más exitosos y trascendentes. Pero eso llegará años después. Son los días finales de julio, y tras horas de sesión en el estudio y la satisfacción por los resultados inmediatos, viene la fiesta. Los olores y los sabores del Caribe inundan el chalet de la Carrasco en la madrileña urbanización de Puerta de Hierro: la fiesta empieza a golpe de sancocho, con el sonido de guarachas cubanas y merengues dominicanos, todo como pretexto para homenajear a Celia y celebrar esta suerte de madrinazgo musical.

La grabación se incluye en sendos álbumes homónimos de Carrasco y de Celia —una compilación junto a otras grabaciones ya publicadas—, lanzados en septiembre en España y Estados Unidos. El dueto se presenta con notable éxito en programas estelares de Televisión Española, y la cubana devendrá referente constante para la Carrasco en su carrera ulterior.

Celia profesaba un profundo respeto por sus colegas, de los que tuvo siempre reciprocidad. Fue una norma inquebrantable en su vida abstenerse de emitir juicios críticos sobre el trabajo de sus iguales. Un periodista panameño recaba su opinión sobre el trabajo logrado por Willy Colón a la altura de 1985:

> Muy bueno. Tú no me preguntes una cosa como esa, porque para mí todos son buenos, después que cada quien tenga un estilo, como lo tiene Willie, Cheo, Tito, como lo tienen todos. Son mis compañeros y por ética no puedo hablar de ninguno de ellos, no lo veo bonito, y segundo, que lo que me interesa es que existan, eso es lo importante, para que este género que yo cultivo, que cultivan ellos, no se muera, porque si no hay un Willy, Tito o un Pacheco… entonces un solo palo no hace monte.

Desde sus años habaneros, mantuvo la costumbre de acudir a cuanto homenaje a colegas se le convocara, como el tributado en honor del cubano Panchito Riset en el Symphony Space en Broadway o el de Pedro Vargas, *el Tenor de las Américas*, homenajeado en su México natal en mayo de 1986, con asistencia de figuras como Plácido Domingo o Roberto Carlos. Han pasado 31 años del encuentro de Vargas con Celia Cruz ante las cámaras de CMQ-TV en La Habana, y, por supuesto, la Reina de la Salsa canta también en este tributo. Así, asistió siempre que pudo a homenajes y celebraciones de sus colegas.

Toca la acostumbrada temporada de presentaciones en Miami. FAS, en la formación posible para entonces, vuelve a reunirse en el Festival Latino de Miami, el 22 de junio de 1986 en el Hipódromo de Hialeah. Celia se une de nuevo a Johnny Pacheco, Héctor Lavoe, Ismael Miranda, Bobby Valentín, Papo Lucca, Roberto Roena, Yomo Toro, Nicky Marrero, Lewis Kahn y otros.

El Casanova's Night Club era un sitio especial que atraía todas las miradas hacia el número 740 E de la calle Novena en Hialeah. Pero para su gerente entonces, Kevin Kirby, un nativo de Búfalo entusiasta de la salsa, los días 26 y 27 de junio de 1986 serían mucho más especiales. Según contó a *The Miami Herald*, aunque el Casanova's no acostumbraba a presentar *shows* de este tipo, Celia era una excepción: «Ella es como la Barbra Streisand del mundo latino, 65 de edad y sigue siendo la número uno», comentó entusiasmado Kirby al periodista John Eldridge. El lunes previo organizaron una lujosa fiesta privada en su honor a la que asistieron más de 300 personas, en su mayoría gente de los medios y algunos clientes habituales. Acompañada por la orquesta de Alex León, Celia debutó en el Casanova's, desde donde el locutor y presentador cubano Albertico Rodríguez transmitía habitualmente en directo para la Super Q:

> Entrevisté varias veces a Celia en la década de los ochenta, cada vez que iba a Miami. La salsa pegó duro en la ciudad y su disco *Celia & Johnny* fue un gran éxito aquí. Ella sonaba mucho en la radio en Miami, donde lo que más sonaba era la salsa romántica. Ya en los noventas no fue igual y Celia no sonó tanto.

La grabación del concierto de aquella noche en el Casanova's permaneció inédita durante 38 años, hasta que Albertico la halló por casualidad en sus propios archivos, la puso en manos de Omer Pardillo Cid y Loud & Live Studios y se publicó en 2024 en edición especial bajo el título *Celia Cruz. En vivo: 100 años de azúcar.* El álbum conquistó el premio al Mejor Diseño de Empaque en la 25.ª edición de los Latin Grammy.

Ese mismo día, el 26 de junio de 1986, mientras Celia se preparaba para debutar en el Casanova's de Miami, *The New York Times* anunciaba la concesión de la Medalla de la Libertad a la cantante cubanoamericana junto a 87 personajes prominentes de la cultura y la ciencia, y cuyo único requisito para recibirla era haber nacido en un país diferente a Estados Unidos, pero ser ciudadano estadounidense o estar en proceso de serlo, y tener en su aval una aportación importante para el país y para la ciudad de Nueva York.

Con este galardón la contribución cultural y musical de Celia a Estados Unidos, y en especial a la ciudad de Nueva York, se equipara a la de músicos como Toshiko Akiyoshi, la cantante de ópera Licia Albanese, el cantante Paul Anka, el pianista Claudio Arrau, el director de orquesta Zubin Mehta, el compositor Gian Carlo Menotti, los directores de cine Franco Zeffirelli, Elia Kazan y Milos Forman, el diseñador dominicano Óscar de la Renta, el científico y escritor Isaac Asimov, el bailarín Mikhail Barishnikov, el actor Anthony Quinn o la modelo somalí Imán, junto a antropólogos, científicos, deportistas, líderes religiosos, hombres de negocio, etc. Por Cuba, recibieron la distinción solo el gran percusionista Mongo Santamaría, el destacado ingeniero y escritor Antonio Navarro, y la propia Celia. El día 1.º de julio, en el Battery Park de Nueva York, el alcalde Koch entregó los premios, y Celia recibe una ovación. Es el primer distigo estadounidense de gran relevancia y repercusión que se le otorga, y a partir de ahora el calado de su leyenda y de su obra en la diversa sociedad norteamericana no hará otra cosa sino profundizarse.

En 1986 el crecimiento de la programación televisiva y su segmentación y especialización se abre exponencialmente a la cultura latina. Así, la presencia de Celia en programas estelares de grandes cadenas de habla hispana como Telemundo y Univisión se hace habitual, también en las parrillas de canales de la televisión en inglés, que, mediante acuerdos comerciales, retransmiten algunos segmentos.

El programa *Siempre en Domingo*, uno de los más populares y longevos de la televisión hispana, realiza emisiones especiales durante los tres últimos domingos de agosto de 1986 desde el James L. Knight Convention Center, que son grabadas para la televisión internacional con una teleaudiencia prevista de 10 millones, desde Alaska a la Argentina. Para ello su anfitrión y productor, Raúl Velasco, asegura un elenco también de alcance internacional, popularísimo y diverso: Tina Turner, Barry Manilow, Tony Bennett, Peter Cetera, Bonnie Tyler, Enmanuel, Vicente Fernández, Angélica María, Rocío Banquells y, en la salsa, Hansel y Raúl, y, por supuesto, Celia, junto a muchos otros.

La Celia Cruz de 1986, con apenas 61 años, parece pulverizar las condicionantes de la industria de la música. Su presencia escénica se hace más vigorosa e intensa, con rejuvenecedores cambios en el diseño de su vestuario y su imagen en general. La comparación con las grandes divas del *soul* y el *jazz* ya no parecen suficientes y dan la razón a quienes ya la llaman la Tina Turner Tropical. ¡Tal es la increíble energía y la fuerza imbatible de su despliegue en los escenarios!

Desde hace mucho el secreto de su energía parece estar en la disciplina con que reparte su tiempo entre el trabajo y el descanso, la actividad frenética y el respeto a la cantidad necesaria de horas de sueño y el magnífico talante con que siempre enfrentaba las adversidades. Si no podía dormir, obligatoriamente tenía que descansar. Se apegaba con firmeza a ciertas rutinas: antes de salir al escenario a encontrarse con el público, le gusta estar al menos 10 minutos sentada en el camerino, ya lista, pero serena, como ejercicio de concentración y asimilación del repertorio a interpretar, recordando sus letras y características. Su *manager* se encargaba de que nadie entrara al camerino, ni la importunara. A la mínima molestia en la garganta, la fórmula salvadora era el agua y la sal en gárgaras. La ausencia de hábitos tóxicos —ni alcohol, ni narcóticos— fue una constante inviolable en su carrera hasta el final. Lo más que se permitía era una copa de champán o un buen vino que maridara con lo que comía. Creía firmemente en que de todo esto dependía conservar su privilegiada voz.

Llegar a la televisión estadounidense angloparlante había sido uno de sus sueños más persistentes, consciente de la importancia del medio como vehículo inmediato de contacto con las audiencias. Con su entrada en *Bravisimo*, el popular programa musical de la televisión californiana creado por Samm Pena, Celia dio pasos firmes en el medio, que irían a más, consolidando el sueño cumplido.

Sesame Street (*Plaza Sésamo*) es, a estas alturas, uno de los programas infantiles educativos más populares y de mayores *ratings* de teleaudiencia en toda la Unión Americana, gracias a su originalidad al combinar la animación, los títeres, la música y la acción en directo en clave de comedia. Creado por Joan Ganz Cooney y Lloyd Morrisett, aparece por primera vez en la televisión pública estadounidense en noviembre de 1969. Años después, más de 4,600 episodios en 54 temporadas lo convierten en el programa infantil de mayor duración en toda la historia de la televisión. Su constante renovación y aceptación motivó una avalancha de versiones locales y la retransmisión del original estadounidense en muchos países.

La presencia reiterada de Celia en un programa estelar de tan profundo calado en las audiencias angloparlantes en EE. UU. es otro escalón importante en el camino hacia el reconocimiento general, no solo en territorio estadounidense, sino también en otros países donde se transmite el programa.

Su presencia abarcó varias emisiones: en diciembre de 1986, Celia graba, al menos, dos escenas musicales en *Sesame Street*, ambas dirigidas por Emily Squires: la Reina de la Salsa defiende su idea de llevar a su debut en el programa las raíces de su identidad, expresadas en una canción cubana, y elige cantar *Sun Sun Babaé* enfundada en un sencillo vestido corto multicolor, junto a Big Bird, el enorme y legendario pájaro amarillo de los *muppets*. Su actuación forma parte del episodio 2,298. La otra escena grabada aquel día es la canción bilingüe identificada como *Número Comparsa*, con música de Joe Raposo —el cerebro musical de *Sesame Street*— y letra de Luis Santeiro, en la que Celia, con otro sencillo vestido de *gingham* roja y blanca, interactúa con varios de los *muppets* y el cantante Adalberto Santiago, en escenas que aparecen en el episodio 2,318.

En un especial en directo que recopilaba algunas escenas bilingües del programa, y que fue transmitido en febrero de 1998 bajo el título de *Fiesta!*, se incluye esta actuación de Celia, al igual que la intervención de la cantante Linda Ronstadt, en una historia que presenta a todos los residentes de *Sesame Street* preparando un festival.

En 1993 en *Sesame Street* se crea la *Latin Fiesta*, que presenta a Tito Puente tocando *El timbalón* con una banda de *muppets*. Todos, desde María y Luis hasta Big Bird y Grover, se unen para bailar y cantar en español y en inglés. Lo mismo sucede cuando en un nuevo segmento, que sale al aire el 31 de marzo, la invitada es Celia.

En 1994, y con una versión multicolor y actualizada de la bata cubana, Celia vuelve a grabar otra escena, cantando *Songo's Song*, escrita por el binomio autoral Raposo-Santeiro e inspirada en el clásico *Burundanga*, junto a los *muppets* Songo, Borandango y Canga. Esta escena fue incluida y transmitida en el episodio 3,279. En el episodio 3,076 se estrena la versión de *Put Down the Duckie* (Christopher Cerf y Norman Stiles) cantado por un grupo de celebridades, entre las que se encuentra Celia, quien pronuncia las únicas palabras en español, y que es la traducción del título: «Suelta el patico». La versión de celebridades se utilizó por primera vez en la campaña de donaciones para *Sesame Street*, un programa especial que se emitió por primera vez en el episodio 2,534 y después reiterada con otras celebridades en el episodio 3,076. Celia aparece en ambos episodios, e interviene en otro episodio posterior junto a los *muppets*, cantando *Químbara*.

Desde entonces, el tránsito de Celia por *Sesame Street*, que se inició en 1986, se repitió en materiales sucesivos conformados por la compañía productora Sesame Workshop, y queda en la memoria colectiva como uno de los más efectivos esfuerzos de integración y comunicación del arte musical de Celia hacia las teleaudiencias angloparlantes.

Desde 1978 su nombre fue recurrente en el palmarés de los Premios ACE, pero 1987 fue un año diferente, pues Celia recibió el 21 de marzo, en la tradicional ceremonia en el hotel Waldorf Astoria, el Premio Extraordinario ACE por Distinción y Mérito, el máximo galardón otorgado por la Asociación de Cronistas de Espectáculos de Nueva York en reconocimiento a su brillante trayectoria profesional, en un certamen donde también fue reconocida con la nominación del álbum *Homenaje a Beny Moré. Vol. 3.*

Celia había vuelto aquel marzo a España con LSM, y junto a la venezolana Billo's Caracas Boys fueron las cabezas de cartel del gran concierto la noche del 3 de marzo en los carnavales de Santa Cruz de Tenerife. El Ayuntamiento se proponía establecer un récord de asistencia, gozadera, y baile, ¡y lo logró! El Libro de los Record Guinness lo registró oficialmente como el concierto al aire libre más multitudinario del mundo (hasta ese momento), al acreditar que 250,000 personas se congregaron en la playa aquel martes de carnaval, y bailaron y cantaron *Bemba colorá* y otros éxitos con Celia, en un asombroso coro danzante. Fue un concierto especial, con 40,000 watts de potencia en el sonido y una iluminación espectacular, poco vista antes en eventos similares. En el cartel figuraron también las orquestas tinerfeñas Guayaba y Maracaibo. Las plazas de España y de la Candelaria, la Alameda del Duque de Santa Elena, y todas las calles aledañas, estuvieron repletas a más no poder.

A raíz de este hito, y cuando aún no se apagaban el asombro y la alegría por lo conquistado, el sello español Manzana publica el disco recopilatorio *Feliz encuentro en el Carnaval de Tenerife: Los 12 grandes éxitos de Celia Cruz y La Sonora Matancera* (FML-10).

Con la energía insuflada por el récord, el miércoles 4 Celia está esplendente en la Plaza Mayor para cerrar las fiestas carnavalescas en el mismísimo corazón de Madrid. No todo va bien con el sonido amplificado, pero ella y los de la Matancera se sobreponen. El reconocido crítico español Diego Manrique señala la pifia de los organizadores, pero sobre Celia agrega:

> [...] la Guarachera y sus fogueados músicos se defendieron con bravura. Esta dama, cuya edad se reserva pudorosamente, protagoniza una mágica metamorfosis en el escenario. Ornamentada por fulgurante vestuario y peluca lujuriosa, la cubana estalla con el repiqueteo de los tambores y los bramidos de las trompetas. ¡Qué volcán, qué frenesí, qué chispa! Tina Turner no existe.

Otro galardón le llega el 14 de mayo con el Premio Bravo de la Música Latina en su primera entrega. Se trata de una suerte de versión latina de los Grammy, antecedente directo de lo que a partir del 2000 serán los Latin Grammy. Celia es nominada como Mejor Vocalista Femenina en la categoría Salsa Tropical, junto a Ángela Carrasco, Arabella, Las Chicas del Can, y Lily y Los Vecinos, y corresponderá a Celia el premio, a pesar de la clara intención del evento para privilegiar el pop latino.

A estas alturas, cantantes emergentes de origen latino que empiezan a triunfar en el espacio estadounidense reconocen públicamente la influencia de Celia Cruz en su formación musical. La boricua Angela Bofill señala a la Reina de la Salsa, junto a Tito Puente, Machito y Dizzy Gillespie, entre los referentes constantes de la música que escuchaba en su infancia. Para Gloria Estefan, la huella de Celia en su formación como artista es indeleble y resume en una experiencia, contada para este libro, lo que significó Celia para ella en momentos en que se esforzaba por consolidar sus logros:

> Uno de mis recuerdos favoritos fue en Holanda cuando estábamos promoviendo nuestro disco, *Dr. Beat*, que se había convertido en un

> éxito por toda Europa, en el 1984. Estábamos en un carro camino a una estación de televisión para grabar un programa y en la radio de Ámsterdam de pronto comenzó a sonar una canción de Celia. No solo me hizo sonreír y bailar en el carro sino me mostró que la música cubana se escuchaba por todo el mundo gracias a nuestra diosa, Celia Cruz, y me dio mucha esperanza para el éxito de la música que estábamos creando.

Emilio Estefan, que convirtió a Miami Sound Machine, con su sonido afro-dance-pop y sus álbumes bilingües, en un éxito único en el mercado estadounidense y el mayor logro del *crossover* latino de la época, en entrevista con la autora, afirma sobre Celia:

> Su carrera es una verdadera maestría a seguir. ¿Por qué? Porque Celia tuvo que enfrentarse a un nuevo país, sin olvidar nunca su tierra y su ritmo cubano. Pero lo más genial de esta gran mujer es que se reinventaba cada década. No importaba la edad, Celia siempre volvía renovada, con una energía y creatividad que sorprendían. No solo su música, sino también su estilo y su visión estaban siempre adelantados, y esto la hacía única.

Un día de 1987, en Panamá. Celia sale de su habitación en el hotel, camina por el largo pasillo y se detiene junto a su asistente frente al ascensor. Cuando la puerta se abre, dos hombres y una mujer, famosa bailarina, ya viajan en él. Celia entra y, con suma educación, dice «Buenos días». Las tres personas devuelven el escueto saludo, pero solo una de ellas no puede ver a la recién llegada y no puede saber, aunque le suene familiar, a quién pertenece aquella voz del saludo correcto y elegante. Nadie vuelve a hablar y un silencio sobrevuela en los segundos en que el ascensor se desplaza hasta llegar a su siguiente parada: el piso del centro de negocios del hotel. Celia se despide con un escueto y esperanzador «Hasta luego» (nada ríspido, ni definitivo como sería un «adiós»), y con la cabeza erguida sale del ascensor, mientras los otros tres continúan el viaje hasta la planta baja. Después de varias décadas sin encontrarse, las dos mujeres más universalmente reconocidas de la cultura cubana se habían encontrado frente a frente, en un minúsculo espacio donde no se pudo dar una interacción personal que impedía la política, ni quizás el intercambio de admiraciones mutuas. Dos grandes artistas compartían una misión suprema en aquella ciudad: representar su cultura, su país, su nación, cada una en su ámbito. Ambas se conocían desde hacía décadas y cada una cargaba el peso de la gloria y el orgullo de su pertenencia.

Alicia Alonso iba acompañada de su esposo Pedro Simón, escritor y crítico director del Museo Nacional de la Danza (Cuba), y del bailarín Adolfo Roval. El Ballet Nacional de Cuba se presentaba en el Teatro Anayansi, en la Ciudad de Panamá, como parte de una importante gira internacional. Celia Cruz también estaba allí cumpliendo compromisos artísticos. Era el 29 de mayo de 1987.

Nadie supo ni dijo más, solo se sabe que Alicia lamentó que sus acompañantes no le revelaran a tiempo el nombre de su fugaz compañera de viaje. Fue tan fuerte la impresión del encuentro que cada testigo la recordó a su manera. El bailarín Adolfo Roval mencionó una escena irreal de Celia Cruz presenciando el espectáculo del Ballet Nacional de Cuba. Quienes conocían a Celia sabían que no podía permitirse acciones que se pudieran interpretar como concesiones, pero aquellos segundos en que la gloria toda de la cultura cubana encarnada en dos mujeres viajó en silencio en un ascensor sí fueron ciertos.

Para Celia, la alegría de los recientes logros y aciertos se empañó en un día aciago: su amigo, el gran sonero boricua Ismael Rivera, había fallecido el 13 de mayo en Santurce, Puerto Rico, a los 55 años. Las leyendas urbanas que desde entonces han circulado sobre Celia y Maelo hacen lo imposible por alimentar una trama de la que no se han hallado pruebas y que, probablemente, pretendan adjudicar a la tranquila vida de Celia episodios de seducción y amoríos, que pudieron derivarse en una lectura de sensualidad y desenfadada empatía visibles en aquellas trepidantes actuaciones conjuntas en directo en San Juan, a finales de los años cincuenta, cuando las primeras visitas de la cubana a Puerto Rico, viviendo aún en Cuba, y luego, en su memorable junte en el escenario del MSG en los tiempos de Fania, cantando la legendaria *Cúcala*.

Celia envió flores a doña Margó, la madre de *Maelo*, expresándole sus condolencias y excusándose por no poder estar presente en las honras fúnebres, pues compromisos ineludibles la retenían en México. Al año siguiente, viajó a Puerto Rico para visitar su tumba y participar en el tributo a su legado que se realizó en San Juan por el Día de la Salsa en la Isla del Encanto. Cinco años después de la muerte de Maelo, Celia hará un tributo especial al gran sonero boricua y decidía poner punto final a su relación contractual con Fania, grabando el álbum *Tributo a Ismael Rivera* (JMVS-110), el último con el sello de Masucci.

En 1987, durante una breve gira por España que estremeció literalmente las ciudades donde actuó, Tina Turner planeaba un concierto en el MSG con Celia, y lo contó en declaración recogida por Roberto Cazorla, corresponsal de la agencia EFE: «Desde hace tiempo vengo planificando este espectáculo que espero sea lo más grande que se pueda ofrecer en mi país. Somos dos mujeres parecidas en cuanto a temperamento, ritmo y fuerza». Por razones desconocidas, el concierto soñado nunca llegó a realizarse, pero Celia sí llegaría a compartir escenario con algunas grandes divas afroamericanas.

Vuelve con Tito al circuito de festivales de jazz, que, se abre cada vez más a músicas afines y originarias, que la industria englobaría años más tarde bajo la categoría «*world music*». La prensa local calcula en 5,000 el número de personas que durante el XXII Festival de Jazz de San Sebastián (Jazzaldía) se congregaron el 24 de julio en el Teatro Principal para ver y bailar con Celia Cruz y Tito y su Latin Jazz Ensemble. Al siguiente día ofrecen sus dos últimos conciertos en Holanda, en la sala Paradise, y el lunes 27 actúan en Turín, Italia, en el Parque della Pellerina, compartiendo cartel con el jazzista

Dexter Gordon y el grupo vocal The Manhattan Transfer. Todo esto, antes de regresar a Nueva York, algo tarde para una entrañable celebración, que Celia ha debido posponer.

Con una gran fiesta, Celia y Pedro celebran el 2 de agosto de 1987 sus 25 años de matrimonio, y renuevan votos. Ella lo sentía como su primer festejo matrimonial, pues cuando se casaron oficialmente, el 14 de julio de 1962, no hubo fiesta: el luto por el reciente fallecimiento de Ollita, su madre, hizo del acto una formalidad sin festejo. Ahora, en el salón de recepciones del hotel Astoria Manor, en Queens, se reúnen familiares, amigos y colegas de Fania y LSM, que los arropan con el cariño conquistado a lo largo de esas décadas. Celia cantó y bailó con LSM y con la orquesta de Tito Puente, y puso a bailar a todos. Pedro no baila, pero Celia no paró de hacerlo, con Johnny Pacheco, con otros amigos, hasta que sus pies terminaron inflamados. Como no podía ser de otra manera, La Habana y Cuba estuvieron presentes en la celebración a través de su voz, con toda la energía posible, entonando *Canto a La Habana*.

Otra excelencia estaba por llegar: Celia vuelve al estudio en 1987 para grabar con Willie Colón su tercer álbum conjunto, el último de la notable trilogía que crearon juntos. *The Winners* (JMVS-109), con la producción musical del boricua, se publica en agosto. Cinco de los ocho temas son de compositores cubanos: Titti Sotto, Ernesto Duarte, Tata Guerra y, como ocurre en la mayoría de sus álbumes, Celia incluye a una compositora, en este caso la cubana Yolanda Cobelo con su pregón *Vendedores*, dedicado a los vendedores callejeros de Miami, y que Celia estrenara en una de sus actuaciones en esa ciudad. Celia brilla especialmente en *Son Matamoros* y *Un bembé pa'Yemayá*, en dos vertientes que domina a la perfección: el son montuno y la versión profana de cantos litúrgicos yorubas.

De su relación profesional con la Guarachera, Willie Colón declaró, al ser preguntado por la autora para este libro:

> Celia para mí fue un paso adelante, personalmente, en mi prestigio ante todos los artistas. Todo lo que ella hacía lo hacía con mucho

profesionalismo, como con una humildad, y con muchas ganas. Cuando Celia subía a esa tarima, ahí lo dejaba todo, se entregaba entera. No había desperdicio. Ahora más que antes —porque ahora yo estoy mayor, voy para 75 años—, entiendo lo que es subir a una tarima a esa edad, y sudar y cantar, y bailar, y moverse. No es fácil, pero también la gente te llena con su espíritu y te dan la fuerza para poder hacer tu presentación. Eso lo aprendí de Celia. Nunca se quejaba, nunca estuvo de malhumor, siempre una dama y una persona muy dulce.

The Winners entra en las listas de *Billboard* (Tropical/Salsa) la última semana de septiembre y resulta nominado a los Premios Grammy, en su 30.ª edición, en la categoría de Mejor Performance Tropical Latino.

A estas alturas, Ralph Mercado sigue teniendo el control de los principales escenarios de la música latina en Nueva York y refuerza la búsqueda de nuevos talentos dentro y fuera de los Estados Unidos. Intenta expandirse internacionalmente mediante la concesión de licencias en países en los que es conocido como promotor. Acaba de dar un giro a su estrategia comercial y de desarrollo, creando ese mismo año la productora RMM Records & Video, que refuerza su esquema empresarial en la industria de la música. Su experiencia y fama en el *management* y su conocimiento del medio encaminan a Ralphy hacia la búsqueda de un nuevo sonido y un nuevo *making* tras el declive de Fania, comprendiendo, quizás, que el ámbito fonográfico del movimiento salsero debía pasar a un estadio si no superior, al menos diferente. Apuesta por nuevas figuras y nuevos abordajes musicales, respondiendo al auge de la salsa romántica o erótica, como derivación estilística, al tiempo que potencia otros ritmos del Caribe, como el merengue. Lanza enseguida sus primeros álbumes, entre ellos, dos de salsa por Tito Nieves y José Alberto *el Canario* y siete álbumes de merengue.

Del 1.º al 7 de septiembre, produce de nuevo el 12.º Festival de Salsa de Nueva York con un homenaje a El Gran Combo de

Puerto Rico, liderado por Rafael Ithier, el día 5 en el MSG, en el cual Celia participa. Como característica del evento, se observa un relevo generacional y estilístico: a los monarcas Celia y Tito Puente, a los iniciadores y continuadores más jóvenes —Cheo Feliciano, Oscar D'León, Héctor Lavoe, Andy Montañez— se unen dos jóvenes cantantes puertorriqueños que emergen al universo salsero newyorkino: Frankie Ruiz y Eddie Santiago con sus respectivas orquestas. Durante más de una década, Celia ve surgir, brillar y decaer a muchas estrellas que pretendieron la cima del egocéntrico protagonismo en el competitivo espacio salsero. Ella, incólume, ha logrado mantener su única y singular supremacía, y se mantiene fiel a Fania como compañía fonográfica y a RMM como empresa de *management*.

Otro reconocimiento que acerca a Celia Cruz al esquema simbólico de la cultura popular estadounidense ocurre en Los Ángeles el 17 de septiembre de 1987: la Cámara de Comercio de Hollywood, entidad que gestiona el llamado Paseo de la Fama de Hollywood (Hollywood Walk of Fame) y las nominaciones a él, decide honrarla con la estrella número 1,854, la suya, ubicada en el 6,240 del Hollywood Boulevard, donde la impresión de sus manos quedó para siempre, recordando la alegría guarachera que trajo al mundo. Celia es la primera figura del movimiento salsero en lograr este reconocimiento y ocupa el tercer lugar entre los cubanos con estrellas en el Paseo de la Fama, solo anticipada por Dámaso Pérez Prado y Desi Arnaz, inducidos ambos el 8 de febrero de 1960.

La estrella de Celia fue posible, en buena medida, gracias al apoyo incondicional de periodistas que siguen y respaldan su carrera, en especial, los radialistas californianos Winnie Sánchez y Pepe Reyes, que recabaron la implicación popular en la propuesta. Celia destacó que desde el presidente Ronald Reagan hasta miles de indocumentados enviaron cartas para que se le otorgara. «Fue uno de los días más felices de mi vida. Por eso siempre he dicho que no es la estrella de Celia, es la estrella de su público», diría después, reafirmando el gran aprecio que siempre tuvo por este reconocimiento.

Celia permanece en California y se presenta el 25 de septiembre en el Greek Theater de Los Ángeles junto a Tito Puente, como parte de una programación que incluye grandes nombres de la música estadounidense de probada popularidad, como Anita Baker, Dionne Warwick y Burt Bacharach.

Por esos días Celia graba junto a Tito Puente un importante programa de la televisión estadounidense: *The Late Show*, producción sindicada de la cadena Fox, conducido por el reconocido comediante afroamericano Arsenio Hall, donde son presentados como «dúo de jazz» por la prensa local que difundió profusamente su transmisión en diversos canales. Al parecer, la noción del jazz en la propuesta musical y escénica de Celia y Tito con su orquesta o ensemble conecta con una percepción mucho más general y aceptada por las audiencias anglo y afroamericanas.

Los días 29 y 30 de septiembre, Celia canta de nuevo en SOB's, en su quinto aniversario: la primera noche, en un programa de cantos y toques yorubas junto al percusionista Daniel Ponce, y la segunda, con Ray Barretto, replicando colaboraciones exitosas en sus discos conjuntos.

Celia se beneficia de la revolución que significa la irrupción del disco compacto (*compact disc*, CD) como formato de fijación sonora. El álbum *The Winners*, publicado originalmente en vinilo (LP), es su primer CD, pues sale también en ese formato en Reino Unido, Alemania y otros países europeos, bajo licencia de Fania, como temprana muestra de actualización y coexistencia de diferentes formatos. En la década de 1980 llegaban también cambios en el mundo audiovisual con el llamado *home-video*, que llevaba directamente a los hogares la posibilidad elegir, adquirir y visualizar películas y piezas audiovisuales, antes reservados solo a las salas de cine. Celia es de los primeros artistas latinos en tener disponibles conciertos y actuaciones en este formato, al aparecer por compañías dedicadas exclusivamente al mercado hispano.

La curiosidad que despierta en los que entonces eran muy jóvenes, los que salieron de Cuba con sus padres en los tempranos años sesenta o nacieron y se criaron en Estados Unidos, sobre todo en la

Florida, y su aceptación como uno de los componentes de su identidad en los que se reconocen, explica el impacto de Celia a estas alturas, más allá de los años dorados en Fania Records.

La revista *Time* intenta explicar el *boom* de la cultura hispana, enfocando también estas vivencias de los jóvenes cubanoamericanos. Uno de sus redactores, Michael Walsh, se sumerge en la vida nocturna de Miami para tratar de comprender el fenómeno y compara el creciente interés de esa generación por ver a la Reina de la Salsa, la misma con que sus padres disfrutaban en los cabarets en la Cuba de los cincuenta, con el modo en que los niños italianos de clase media se interesan por ver a Frank Sinatra en el Carnegie Hall:

> Al estribillo de su viejo favorito *Canto a La Habana* —«Cuba, qué lindos son tus paisajes»—, el público bilingüe se vuelve loco, aunque la mayoría de los presentes nunca han visto Cuba y tienen pocas perspectivas de hacerlo. «Nunca hemos tenido que atraer a estos chicos. Vienen solos», dice Cruz. El rock es una fuerte influencia para ellos, pero aun así quieren saber sobre sus raíces. Los ritmos cubanos son tan contagiosos que terminan haciendo espacio en sus vidas para ambos tipos de música.

Este año de 1987 se estrena el primer documental de carácter biográfico sobre su vida y su carrera: *My name is Celia Cruz*. Producido y realizado por la BBC, se estrenó en la televisión británica el 12 de febrero, con una amplísima cobertura en los principales medios. Algunos, como *The Daily Post*, la presentan como «la cantante más popular en América Latina», reiterando la comparación como la versión latina de las grandes divas del *soul* y el jazz afroamericano. Dirigido por el británico Anthony Wall, el *biopic* es parte de la multipremiada serie documental sobre hechos reales *Arena* que desde 1975 completó más de 600 episodios dedicados a prominentes figuras y acontecimientos de numerosos países.

Las puertas del Radio City Music Hall en Nueva York se abren el 2 de marzo de 1988 a la ceremonia de la 30.ª edición de los Premios Grammy, una gala que pronto se convirtió en leyenda: la del histórico *Man in the Mirror* bailado y cantado por un Michael Jackson que no parecía terrenal sobre el escenario. Junto con Whitney Houston y su gran éxito *I Wanna Dance With Somebody* (*Who Loves Me*), protagonizaron los momentos más electrizantes e históricos de la noche. En uno de los momentos mágicos de la gala, dedicado a celebrar el sonido ecléctico y poderoso de la ciudad, pasan por el escenario músicos que le han cantado a Nueva York: Michael Brecker, Cab Calloway, Lou Reed, George Benson, Marcus Miller y David Sanborn, Billy Joel al piano y cantando su gran clásico *New York State of Mind*. Y ahí estaba ella, voz cubana y luz de todos, representando cuánto debe la ciudad al sonido latino y a ella: Celia, con Tito Puente, estremeció la sala cuando cantó *Químbara*. Era su primera actuación en una gala de los premios más importantes de la música en EE. UU. y lo hace en un año donde las cabezas del cartel son Michael Jackson, Whitney Houston, Smokey Robinson y la banda británica U2. Entre los presentadores, nadie menos que Stevie Wonder, Little Richard, Roy Orbison, Cher, Herbie Hancock, Gloria Estefan, Roberta Flack, Liza Minnelli y el actor Patrick Swayze. Y ahí estaba ella, defendiendo la guaracha cubana y las sonoridades del Caribe en uno de los eventos de mayor altura y densidad de figuras relevantes del pop, y en particular, de la música afroamericana.

Varios medios de prensa destacaron la presentación de Celia y Tito como una las más espectaculares de la noche. *Billboard*, en la voz crítica de su columnista Peter Keepnews, muestra su complacencia: «[...] nos gustó ver cómo la música latina, interpretada por Tito Puente y Celia Cruz, obtuvo una rara oportunidad en unos Grammy». Nominada en la categoría de Mejor Performance Tropical Latino junto a Willie Colón por el álbum *The Winners*, el premio le sigue siendo esquivo a Celia —es su quinta nominación—, porque esta vez va a manos de Eddie Palmieri por su álbum *La verdad*. El premio se le escaba una vez más a Willie Colón, quien, al presentar a un ganador en otra categoría, comentó ante el micrófono: «No estoy feliz, pero estoy acostumbrado. Esta es mi sexta nominación. Quizás la próxima vez recuperen la cordura», citó *The Washington Post*.

El Premio de Honor por el Arte y la Cultura, que otorga la Alcaldía de Nueva York (Mayor's Awards of Honor for Art and Culture), es el más alto reconocimiento de la ciudad a las figuras que considera han realizado las mayores contribuciones en esos ámbitos. Esta vez, junto a Celia, lo reciben el 2 de mayo de 1988 la laureada novelista afroamericana Toni Morrison —quien cinco años después, en 1993, ganaría el Premio Nobel de Literatura—, el director teatral Lloyd Richards, la bailarina Patricia McBride, el actor F. Murray Abraham, y el pionero fotoperiodista Alfred Eisenstaedt. Lo reciben en la Gracie Mansion, de manos del alcalde Koch. Tal distinción es, para Celia, un reconocimiento que trasciende en mucho su impacto, ya expandido a toda la ciudad y sus habitantes, con independencia de sus orígenes étnicos y culturales.

A poco más de un año del éxito de *Dirty Dancing* (*Baile caliente*), el filme de Emile Ardolino protagonizado por Patrick Swayze, el 6 de mayo de 1988 se estrena un *remake* del mismo en clave latina: *Salsa*, filme del director Boaz Davidson que lanza a Draco Rosa a la conquista de un estrellato cinematográfico con una historia que transcurre en una comunidad puertorriqueña. Draco Rosa —antes Robby Rosa y exintegrante del grupo infantil Menudo— se presenta como la versión moderna del juvenil y gozador *latin lover*, cuya principal destreza es bailar salsa. Con un ajustado traje fucsia, Celia se interpreta a sí misma en una socorrida escena musical —el cabaret es sustituido por la discoteca—, cantando *Son Matamoros*, acompañada por Willie Colón y su orquesta. El filme de Davidson no alcanzaría el éxito de su famoso paradigma.

El 2 de julio de 1988 Celia vuelve al Carnegie Hall como parte del *Tributo a Machito*, dentro del JVC New York Jazz Festival, a cuatro años de su súbita muerte, que reúne a los músicos cubanos y latinos más prominentes: Tito Puente, Mongo Santamaría, Paquito D'Rivera, Dave Valentín y otros. Celia interviene de manera especial en la descarga *Machito Forever*, creada y liderada por Puente.

Fania All Stars se había presentado con éxito en Japón en 1976, sin Celia. Antes, con sus Afrocubans, lo habían hecho Machito, Mario Bauzá y Graciela. Y anteriormente la semilla de la música cubana la habían sembrado Armando Oréfiche y sus Havana Cubans Boys y otras agrupaciones. En 1987 Celia llegaba por vez primera al país asiático, fresco aún el renovado entusiasmo por la música afrocaribeña que dejó FAS con su *salsa*. Con Tito Puente y su orquesta actúa el 3 de agosto de aquel año en el concierto de apertura del Suntory Budweiser Newport Jazz Festival, en Madarao, prefectura de Nagano, uno de los más importantes eventos en la historia del jazz en Japón. Lionel Hampton y su banda, y la Timeless All Stars, completan la nómina del concierto. Enfundada en un ajustado vestido blanco con imitación de plumas blancas y azules, Celia impacta al auditorio por más de una razón. En el repertorio, ideó incorporar *Cariñosamente*, una canción del compositor y director cubano Armando Oréfiche, y que había sido muy bien aceptada en sus numerosas presentaciones con sus Havana Cuban Boys en Japón. La bailarina cubana Marta Castillo, gran amiga de Celia y quien junto a su *partenaire* Miguel Chekis había integrado los espectáculos de Oréfiche y su orquesta por el mundo, se había aprendido la canción en japonés y fue quien la enseñó y ensayó con Celia para esa ocasión.

Cuatro años antes de la llegada de Celia a Japón y ocho después de FAS, Gen Ogimi y Nora Suzuki, percusionista él, cantante ella, habían fundado la Orquesta de la Luz, una inverosímil, pero real y cualificada formación salsera de jóvenes músicos oriundos del país del sol naciente. Eran dos chicos japoneses que se reconocían hechizados por la llamada *salsa*, tras las actuaciones de Tito Puente y de FAS en Japón. Para Nora, la Guarachera de Cuba será la influencia crucial y definitiva: replicaba sus canciones, imitaba su estilo y soñaba con cantar un día con ella. Cerca de 1987, Nora ahorró y viajó sola a Nueva York, para buscar *tour managers* que pudieran financiar presentaciones de la Orquesta de La Luz en esa ciudad. Lleva consigo un *cassette* con dos temas cantados por ella, entre ellos, *Cúcala*.

Lo demás, es la historia de la Orquesta de la Luz, los salseros nipones que triunfaron en Nueva York y Latinoamérica en tiempos en que aún Fania y sus grandes nombres daba la pelea en el mercado y en el escenario. Nora cumpliría su sueño de cantar con Celia. Lo hicieron dos veces, una en Nueva York en 1991 y otra en California en 1993.

La salsa newyorkina ha derivado en un estilo vocal diferente, aunque mantiene lo esencial de su formato instrumental. El *boom* de la llamada salsa romántica o erótica, y la individualización de pop latino en la figura del cantante, parecen prevalecer al finalizar la década, por sobre la apreciación de las orquestas y del hecho musical bailable como expresión colectiva. Al ser cuestionada sobre esto, en 1990 en el programa *Un día es un día* de Televisión Española, Celia opina: «Realmente, no pienso cantar ningún tema de ese tipo; sin embargo, pienso que todo lo que salga y nos ayude con este ritmo que interpretamos, yo estoy de acuerdo».

Por ello, y para realzar el rol de la voz desde un concepto individual, Ralph Mercado decide convertir su tradicional concierto salsero en el MSG, y otros espacios afines en Nueva York, en el Festival de Cantantes, en el que sumará tanto a nombres ya tradicionales del ámbito salsero como a los nuevos ídolos juveniles de la llamada salsa romántica o erótica, como Lalo Rodríguez y Eddie Santiago. Son todos hombres, la única mujer es Celia, que se mantiene incólume en el trono de la llamada salsa tradicional, que a todas luces continúa sin sucesora visible. Así la ve Mercado:

> Es todo un fenómeno. Rompe todas las barreras de la edad. Seguimos buscando nuevas cantantes femeninas, pero no pueden llegar a la primera base. Todas imitan a Celia. O cantan música disco. En este momento, Celia Cruz es la única cantante femenina de salsa en todo este bendito negocio.

Celia, como en reiteradas ocasiones, aduce los mismos argumentos:

> Mucha gente viene y lo primero que dice es: «Esta va a ser la próxima Celia Cruz», y con eso la matan. Siempre les digo: «Trata de conseguir tu propio repertorio, tu propia música. Está bien que cantes mis canciones, pero tienes que hacer algo por tu cuenta. Sé un artista con personalidad propia, no otra Celia Cruz».

El Día del Desfile Hispano (Hispanic Day Parade) el 9 de octubre se dedica ese año a Puerto Rico, llenando de alegría y orgullo el recorrido previsto desde la calle 44 y la 5.ª Avenida hasta la calle 72. Celia ha sido designada Gran Mariscal de la cabalgata, que preside junto a Pedro Knight, haciendo el recorrido en un descapotable entre vítores y aplausos.

Vuelve a Londres, donde ofrece el 14 de noviembre un exitoso concierto en Hammersmith Palais junto a José Alberto *el Canario* y su orquesta. Apoyada por la creación del sello Caliente para difundir el catálogo salsero. Entre las grabaciones de 1988, Fania edita el álbum *Bamboleo* (JM-650), de FAS, en el que Celia canta el tema homónimo, y Willie Colón hace lo propio con el tema *Quiero saber*, ambas versiones salseras de canciones popularizadas por los muy de moda Gipsy Kings, con Francisco Navarro como guitarrista invitado para asegurar los aires flamencos de los originales.

En 1988 Celia vuelve a mostrar amplitud de miras y flexibilidad para adaptarse y asumir nuevas realidades en la música, además de una versatilidad que parece ilimitada. Tras su experiencia con David Byrne, vuelve a conectar con el rock, pero esta vez en español, con la banda argentina Los Fabulosos Cadillacs, apreciada por su experimentación con derivaciones del rock y otros géneros ajenos, como la rumba. Mario Siperman, tecladista de la banda, cuenta que Masucci, medio en broma, medio en serio, les propuso la idea de una colaboración con la Guarachera. Aunque admitió no conocer el trabajo de los argentinos, Celia accedió, viendo en la oportunidad otra forma de acercar su trabajo a la gente joven e insertarse en las nuevas corrientes.

En una visita de dos días a Buenos Aires, sin ensayo previo y en menos de una hora, luego de escuchar tres veces la canción, Celia comenzó a grabar en el estudio Panda y, tras varias tomas, el primer tema estaba listo. La banda quedó tan complacida con la colaboración que decidieron invitarla de nuevo: entre el 10 de agosto y el 5 de octubre de aquel mismo año grabaron otros tres temas, de los cuales se descartaron dos, y quedando finalmente en el álbum los cortes *Vasos vacíos* (Gabriel J. Fernández Capello, *Vicentico*) y *Más solo que la noche anterior* (Flavio Cianciarulo y Vicentico), incluidos en *El ritmo mundial*, el tercer álbum de estudio de Los Fabulosos Cadillacs. *Vasos vacíos* resultó tan popular que cedió título y fue incluido con destaque en el recopilatorio *Vasos Vacíos: Grandes Éxitos 85-93* de 1993.

Según algunas fuentes, Celia habría cantado por primera vez en Buenos Aires en el programa televisivo *Sábados circulares*, dirigido por Nicolás *Pipo* Mancera, y en el teatro Embassy, sin que pudiera conquistar aún al público porteño. La colaboración posterior con los Cadillacs le abrió definitivamente las puertas en Argentina, a donde volvió muchas veces a partir de 1991, presentándose en el teatro Gran Rex de Buenos Aires y en programas de la televisión local, como el *show* de Susana Giménez, *Almorzando con Mirtha Legrand*, «El *Show* de Waldo» en *Videomatch* y otros.

Ese mismo año Celia y Ray Barretto graban el álbum *Ritmo en el corazón* (JM-651), que sale al mercado a finales de 1988. Con Ray Barretto en la dirección, la producción y las congas, y Ángel Fernández y Ricky González en los arreglos, la banda incluye para la grabación a músicos muy experimentados, como Héctor *Bomberito* Zarzuela y Steve Gluzband en las trompetas, Jimmy Bosch en el trombón, el propio Ricky González en el piano, Sal Cuevas en el bajo, Jimmy Delgado en los timbales y Carlos Soto en los bongós.

En la semana que termina el 5 de noviembre de 1988 el álbum aparecía por primera vez en la lista Top Latin Albums en el segmento Tropical/Salsa de *Billboard*. La Guía de Arte y Entretenimiento del diario londinense *The Guardian* lo elige como #1 de su *«hot list»* caracterizándolo como «un LP de fórmulas clásicas de salsa neoyorquina, y quizás un poco conservadoras, pero rebosante de la voz única y típica de estos dos veteranos». El ciclo de promoción y ventas de *Ritmo en el corazón* transcurrirá durante 1989, y el álbum será seleccionado para competir por el Grammy en su edición de 1990 y traerá una gran alegría a sus protagonistas.

Aunque para muchos podría ser inusitado en el ámbito de la música popular, era, en esencia, lógico y natural: la Universidad de Yale, considerada una de las más prestigiosas del país, celebra el 29 de mayo su graduación 288.ª y Celia Cruz recibe su primer doctorado Honoris Causa en Música, junto a otras 12 personalidades destacadas. *The New York Times* destaca entre ellas a Celia y al relevante científico Stephen W. Hawking.

Durante la ceremonia en New Haven, Connecticut, al justificar la concesión de dicho título a la Guarachera de Cuba, Benno C. Schmidt Jr., presidente de la Universidad, declaró: «Su estilo único ha forjado en este, su país adoptivo, una nueva forma de música caribeña y ha hecho de la salsa un ritmo internacional en el que una vez más ha proclamado una reafirmación inquebrantable de la vida». En las palabras de elogio, Roberto González-Echevarría, jefe del Departamento de Lengua Española y Portuguesa del centro docente, subrayó el calado de Cruz y su trascendencia: «Personas latinas de diferentes países, que a menudo son desplazadas por la agitación de la historia, encuentran un hogar común en su voz». Mientras que el escritor cubano Guillermo Cabrera Infante se preguntaba en una entrevista: «¿Cuándo un músico cubano, oculto o culto, fue homenajeado así?».

Los homenajes a su trayectoria continuarán en disímiles formas. Gilda Mirós era en 1971 un verdadero fenómeno mediático y artístico, como actriz y anfitriona de programas de radio y televisión: en 1970 se convirtió en la pionera de la televisión de habla hispana en los Estados Unidos, con *Domingos en el Uno*, donde mostró su amor por la música cubana y, en particular, por LSM. Con Celia, la empatía fue total desde el primer encuentro en 1970 en el programa *Domingos en el Uno*, en el Canal 41 de SIN.

La Guarachera, incluso, accedió a sustituir a la boricua durante unas vacaciones en la conducción de su programa, una experiencia que Celia siempre dijo haber disfrutado y de la que Gilda quedó muy satisfecha. Los músicos de La Matancera eran sus amigos, los hacedores de la música con la que más gozaba, y Gilda decidió que había que festejar en grande el 65 aniversario del conjunto, y que la productora sería ella. Gilda lo logró: la noche del 1.º de junio de 1989, LSM con Celia Cruz, y la mayoría de los músicos y cantantes que habían pasado por sus filas, llenaron de sones, guarachas y boleros cubanos la majestuosa sala principal del Carnegie Hall.

Celia con La Matancera se habían presentado juntos el 4 de octubre del año anterior en el Regency Ballroom de Fairmont Hotel en Fort Worth, Dallas, pero en vísperas del legendario concierto del Carnegie Hall, probablemente todos, quizás sin decirlo, sabían que aquella podría ser la última vez que los que aún vivían se reunieran a tocar y cantar sobre un escenario. De los músicos «históricos» podemos listar a don Rogelio, Carlos Manuel *Caíto* Díaz y Calixto Leicea; y a Javier Vázquez, que sustituyó al legendario pianista Lino Frías. De los cantantes, los más populares, los que ayudaron a construir la gran leyenda, aún estaban: los boricuas Daniel Santos, Roberto Manuel Rodríguez Capó —es decir, Bobby Capó—, Eladio Peguero *Yayo el Indio* y Jorge Maldonado; los argentinos Israel Vitensztein Vurm y Alberto Batet Vitali, conocidos para siempre como Carlos Argentino y Leo Marini, respectivamente; el colombiano Nelson Pinedo; los cubanos Celio González, Roberto Torres, Vicentico Valdés, Welfo Gutiérrez y Albertico Pérez; el dominicano Alberto Beltrán… y Celia Cruz, por supuesto, en plano estelar como primera y legendaria figura. A ella se le reserva el privilegio de ser la última de los solistas en salir a cantar. En su voz, sus éxitos trascendentes con La Matancera: *El yerbero moderno*, *Burundanga*, *Feliz encuentro* y *Guantanamera*, antes de cerrar con todos entonando el famoso *Sun Sun Babaé*.

Al día siguiente, el elenco se presenta en concierto en el State Theater de New Brunswick, Nueva Jersey, y pocos días después el gran *show* se repite en el Central Park en otra memorable actuación.

Celia siempre habló de su excelente relación con «sus hermanos de La Sonora». El cubano Javier Vázquez, pianista, compositor, director y arreglista —también en los tiempos de Fania—, e hijo del contrabajista Pablo Vázquez Govín, *Bubú*, fue uno de los fundadores de LSM, compartió con la autora sus recuerdos sobre Celia:

> Era una profesional. Se cuidaba mucho; había temas que ella tenía que ponerlos al principio, pues conocía muy bien su voz y sabía a dónde tenía que llevarla. En grabaciones donde fui su director musical, yo oía algo que no me gustaba y le decía: «Vamos a escuchar lo que hicimos», y me respondía: «No, vamos a volver a hacerlo». Ella se daba a respetar. Era un encanto trabajar con ella, siempre estaba dispuesta, se adaptaba a la orquesta, que eso no es fácil ni común. Se acoplaba a lo que había, no era aquello de que «yo soy fulana de tal y hay que hacerlo a mi manera». Si había solo una *gangarria*, con eso ella cantaba. Siempre triunfaba. Hoy sigue siendo Celia Cruz.

Vázquez atesora importantes experiencias trabajando como arreglista para Celia y aporta interesantes datos:

> Le hice arreglos para varios temas con Willie Colón. Grabamos cuatro números que, al final, no salieron publicados: *Silencio*, *Santa Marta tiene tren pero no tiene tranvía*, *En opuestas regiones*, *Gózame soy el son*. Le arreglé *La dicha mía*, aunque no siempre me ponían en los créditos.

La grabación *in situ* de la gran conmemoración de LSM salió publicada en el álbum *Live! From Carnegie Hall: 65th Aniversary Celebration*, producido también por Gilda Mirós, aunque, según su testimonio a la autora, sus derechos como productora fueron ignorados y amañados, al publicarse bajo otro sello sin su consentimiento y con el correspondiente perjuicio económico. De Celia, el disco incluye las canciones que interpretó en el concierto.

En el ámbito de la política doméstica, el 29 de agosto Celia asiste en Miami a la convención del Partido Republicano que festejó la victoria de Ileana Ros-Lehtinen en su elección como congresista, considerado un triple triunfo para el exilio cubano en Miami por ser la primera cubanoamericana, la primera mujer republicana y la primera fémina en el Congreso de la Nación representando al Condado de Dade. Celia encabeza la parte festiva, que, con una conga como cierre, celebra el triunfo de los cubanos en esa representatividad.

Con 72 años y una gloriosa carrera llena de creatividad, excelencia, y zonas de misterio, el 14 de septiembre de 1989 fallece en México Dámaso Pérez Prado, el verdadero rey de lo que hoy conocemos por *mambo*. Celia, desde Lima, Perú, lamentó su muerte y compartió recuerdos con el corresponsal del diario español *ABC*:

> El primer viaje que hizo Pérez Prado a México fue en el mismo avión en el que viajaba yo [en 1948]. Él iba con la intención de ver qué pasaba con su música, ya que en Cuba no obtenía ningún reconocimiento. Tenía mucho talento y a los pocos meses le contrataron. Su triunfo fue inmediato. No tengo ningún recuerdo especial que sobresalga de los demás. Tuvimos una amistad muy bonita y la gran suerte de compartir el escenario en bastantes ocasiones. El mundo ha perdido una de las máximas personalidades de la música popular.

La admiración por Celia traspasa los límites del globo terráqueo en un increíble gesto, algo que ni en los mejores sueños ella pudo imaginar: desde el observatorio de las Marismas de la ciudad de Kushiro, en Hokkaido, Japón, en 1989, los astrónomos Seiji Ueda y Hiroshi Kaneda descubren en septiembre de 1989 el asteroide 5212, designado provisionalmente como 1989 SS, y recibiendo después el nombre de Celiacruz. El asteroide Celiacruz pertenece al cinturón de asteroides y emplea 1,925.07 días en completar una órbita alrededor del Sol. La alta especificidad científica en la astronomía, probablemente, ha impedido encontrar mayores datos acerca de las motivaciones de los científicos descubridores para bautizar al nuevo cuerpo celeste con el nombre de la Reina de la Salsa.

Dentro del festival *Expressions '89*, Marta Moreno Vega, directora del Caribbean Cultural Center, celebra el cumpleaños de Celia en 1989, reuniendo en la Abyssinian Baptist Church a grandes músicos que han construido la historia de la música cubana en Nueva York: desde Dizzy Gillespie, Tito Puente y Max Roach, hasta Graciela, Marco Rizo, Chico O'Farrill, Orlando *Puntilla* Ríos y la orquesta de Mario Bauzá, junto al Coro de Gospel de la Iglesia, y donde sonó desde la *Afro-cuban Jazz Suite* de O'Farrill, hasta el tema de *I Love Lucy*, por Marco Rizo. La exhibición biográfica *¿Cómo me llamo yo?* (*What is my name?*) fue parte también del tributo, reseñado por varios medios, entre ellos *The New York Times*, y destacando el simbolismo de la presencia de Cuba en Harlem.

Del 2 al 5 de noviembre de 1989, Celia y Tito actúan en una breve temporada en el famoso club de jazz Blue Note, en Nueva York. Al día siguiente la Guarachera recibía una placa de reconocimiento del Consejo Autónomo de Trabajadores Hispano Americanos (CATHA) debido a sus méritos artísticos y ciudadanos. Tres días después, el 9 de noviembre, un acontecimiento histórico marcó el fin de una era: los residentes en la antigua Alemania Oriental derribaron el Muro de Berlín, dando paso a la reunificación de las dos Alemanias, el fin de la división político-geográfica de la posguerra y de la llamada Guerra Fría. El desmoronamiento del llamado Bloque del Este tendrá sensibles consecuencias para Cuba.

Billboard publica su selección de la década de los 10 mejores en diversas categorías. En 1989 dos álbumes involucran a Celia: *Ritmo en el corazón* figura en el núm. 21 entre los 25 mejores álbumes de música tropical. Celia y Tito Puente aparecen en las categorías de Mejor Artista Tropical/Salsa, y Mejor Álbum Tropical Salsa, con *Homenaje a Beny Moré. Vol. 3.*

La amistad entre Celia y el periodista y ecologista Iván Restrepo se afianzó con el tiempo. Restrepo recuerda que fue a finales de los ochenta, en México, cuando recibió el pedido de su también amigo el gran escritor colombiano Gabriel García Márquez, quien ya había recibido el Premio Nobel de Literatura en 1982, para que le ayudara a reunirse con Celia en privado. Restrepo sabía que la admiración era recíproca: el escritor, amante de la música cubana, de sus sones, guarachas y boleros, la admiraba muchísimo, pero solo la conocía de saludos fugaces y esporádicos tras algunos conciertos. Ella lo encomiaba como literato, aunque se mantenía distante, pues conocía de sus filiaciones políticas y su amistad con Fidel Castro. Restrepo contó a la autora para este libro:

> Hablé con Celia, y me respondió: «Chico, tú sabes cuál es mi posición sobre Castro y tú sabes cuál es la posición de García Márquez». Le respondí: «Está hablando un admirador hacia una persona respetable de quien sabe perfectamente cuál es su posición». Celia terció diciéndome a secas: «Yo te informo». Como a los ocho días me habló: «Iré a México, y si está García Márquez nos juntamos, pero bajo algunas condiciones: reunión en privado, en tu casa, y que tú me entretengas a Pedro bajo cualquier pretexto, porque él es imposible para todo lo de Cuba». (Y era cierto: en nuestras reuniones de amigos, Celia nunca hablaba sobre la cuestión cubana).

Restrepo cuenta que, en plenas funciones de intermediación, avanza un paso más:

> Hablé con Gabo. La reunión será en mi casa, en privado, ustedes dos; yo no estaré. Esto es un tema artístico de admiración hacia Celia. Gabo llegó primero, sin Mercedes, porque ya habíamos acordado que sería en privado, solo Celia y él. Celia fue primero a casa de Yoly [Tongolele] y Joaquín, allí fui a buscarla y Pedro se quedó tranquilamente con ellos, bajo el argumento de que iban a filmarle a Celia un programa de televisión en mi casa. Me la traje, la entré por el garaje y la llevé al salón. Elvia, que lleva 45 años como ama de llaves, fue la única que entró en el salón para atenderlos en lo que se les ofreciera. Yo me fui. Entonces no había teléfonos celulares. Gabo me había dicho (él era muy especial): «A las 7 en punto termino».

Restrepo recordó asombrado la exactitud de su amigo para cumplir lo prometido:

> Empezaron a las 5. Y a las 7 en punto salió Gabo. Entonces, yo entré por el garaje. Gabo no comentó nada. Celia sí: «Ha sido uno de los ratos más agradables que he pasado». Ninguno de los dos comentó nunca más nada sobre aquella reunión. Pero sí sé que hablaron de música, no de política, porque Gabo la admiraba terriblemente. No se juntaban por obvias razones: la relación de Gabo hasta el final con Castro fue invariable. Y Celia invariable contra Castro. Para entonces, ella había desistido de que su deseo de ir a Cuba se cumpliera. Gabo me habló después: «Gracias, Iván, esto queda ente nosotros. No se lo comuniqué siquiera a Mercedes». Solo le pregunté: «¿Y de qué hablaron?». Y soltando una carcajada, él me respondió: «¿De qué íbamos a hablar? De música, de música, yo adoro la música cubana y la música del Caribe, tú lo sabes muy bien». Por primera vez me atrevo a contarlo. Sí hubo esa reunión, y después volvieron a verse, a saludarse una vez más, al finalizar uno de los últimos conciertos de Celia en México.

Celia Cruz con Pedro Knight y su manager entonces, Omer Pardillo.

La vida y los cambios son un carnaval

(1990)

Los noventa son años de avance y reconocimiento para Celia: pisa suelo cubano por primera vez en 30 años, gana su primer Grammy, cambia de sello fonográfico y conquista en grande —¡al fin!— el mercado español. Ahora, deberá enfrentar nuevos retos, uno de ellos, la revolución tecnológica que cambiará todo con la llegada de internet, y Celia Cruz asistía como factor actuante al impacto de este acontecimiento en la industria de la música.

En la política mundial, la caída del muro de Berlín fue preludio inminente del colapso de la Unión Soviética en 1991 y el desmantelamiento del campo socialista, con alarmante repercusión para el gobierno de Cuba, que rechazaba cualquier noción de claudicación con dramáticas consecuencias a nivel social y económico. El 20 de enero de 1993, el republicano George H. W. Bush termina su mandato presidencial en EE. UU. y le sucede Bill Clinton en lo que será un periodo de ocho años de mandato demócrata. Durante aquella década, Celia continúa sus giras a Europa con diferentes formatos: con Big Band y Latin Jazz Ensemble de Tito Puente, y con las orquestas de José Alberto *el Canario* y Alfredo de la Fe, con las que recorren numerosos países de Europa y América Latina. Cambios no menos trascendentes ocurrirán en su carrera y en su vida, implicando a dos compañías fonográficas y un nuevo y decisivo enfoque en el manejo de su carrera.

Es noche avanzada en el aeródromo de Opa-locka, no llega el permiso de vuelo y hay inquietud. Se conmemora el Día de la Amistad Cubano-Americana y Celia es invitada a cantar en la base naval estadounidense en Guantánamo. Debió esperar cerca de cinco horas hasta que, en la madrugada del 25 de enero de 1990, la aeronave levantó vuelo y puso rumbo al sur. Hacía 29 años, 6 meses y 12 días que Celia había salido de Cuba, sin saber que no regresaría; desde entonces no había pisado suelo cubano. La emoción es inmensa, contaría después. Viaja en un avión militar junto a un nutrido grupo que encabeza la congresista cubanoamericana Ileana Ros-Lehtinen y el senador republicano por Florida, Connie Mack III, periodistas de *El Nuevo Herald*, varios canales televisivos, entre ellos el 51 y 23 (de Telemundo y Univision, respectivamente), y las radioemisoras Mambí y La Cubanísima, entre otros medios de comunicación. La Charanga Típica Tropical, dirigida por Eduardo Aguirre, hace también el viaje para acompañar a Celia en su concierto.

Al pie de la escalerilla del avión, Celia, conmovida, se arrodilla y besa la tierra al descender. Su rostro y sus gestos denotan inmensa alegría. Tras la larga espera, el trayecto y la emoción intensa del arribo, toca descansar. Al día siguiente, el 26, en una de sus primeras acciones, va hasta la cerca perimetral que separa la base militar del resto de la isla. Del otro lado, Guantánamo, Cuba en su extensión. Verbaliza la tristeza que encierra el momento. Recoge un puñado de tierra y lo deposita en un vaso plástico y luego en una pequeña bolsa, que guardará celosamente en una caja de cristal en la intimidad de su casa. Lo dejará decretado: esa tierra la acompaña en su panteón, en su viaje eterno.

Miguel Martín no había cumplido aún los 20 años cuando hizo el viaje como cantante y bongosero de la orquesta que acompañó a Celia y fue testigo del acontecimiento:

> La foto no alcanzó a mostrar todo el significado de aquella imagen *fellinesca*: Celia, agachada, recogiendo la tierra de su patria y lo que no se vio: del otro lado, un soldado joven de verde olivo,

desde la garita, en actitud de alerta, observando algo que, era evidente, no alcanzaba a comprender, pues no sabía quién era aquella mujer negra.

Celia vivió su propio concierto transida de emociones. Canta y baila durante poco más de una hora ante cerca de 2,000 personas, entre las que se encontraban muchos de los 35 conmutadores cubanos que entonces residían en la ciudad de Guantánamo y tenían permiso para trabajar en la base bajo estricto control de sus entradas y salidas diarias. Cuba vibró en su voz y cuerpo: abrió con *Químbara*, y siguió con *El yerbero moderno*, *Mata siguaraya*, *Bemba colorá*, *Usted abusó*, *Guajira guantanamera*, *Canto a La Habana*, aludiendo a las antiguas provincias en que se dividía la isla: «Quiero que me permitan cantarle a mi patria: Pinar del Río, La Habana, Matanzas, Las Villas, Camagüey, Orienteee». "¡Cuba, qué lindos son tus paisajes! ¡Cuba, qué lindos son!».

La emoción aumenta cuando desgrana *Cuando salí de Cuba* y se apropia de *He perdido una perla* (Nazario López), éxito de Celio González con LSM:

He perdido una perla,
la he perdido en el mar.
Es una perla hermosa
que no puedo encontrar.
Y a Dios solo le pido rendida ante un altar
que me devuelva a Cuba,
porque Cuba es la perla
que he perdido en el mar.

Según Martín, «el viaje estuvo lleno de emociones, fue un viaje drenante en lo mental. Regresamos muy cansados, a Celia se le ve en las fotos. Fue un viaje extraño...».

Febrero le depara otra emoción: el álbum *Ritmo en el corazón* le vale a Celia, finalmente, su primer Grammy en la categoría de

Mejor Performance Tropical Latino, frente a los otros nominados: Willie Colón, Ray Barretto y Wilfrido Vargas, con sus respectivos álbumes *Top secrets*, *Irresistible* y *Animation*, y Eddie Palmieri con el *track Azúcar*. Celia lo recibe en la ceremonia de entrega de los 32.os Premios Grammy el 21 de febrero de 1990 en el Shrine Auditorium de Los Ángeles.

Celia está entrando en una década que le proporcionará grandes satisfacciones. Viene indemne de los ochenta, de una crisis en el negocio de la salsa que no le afectó. Así lo veía ella, conversando con el periodista español Miquel Jurado para el diario *El País*, en una coherente exposición de un elemento fundamental en su concepción musical, la permanencia en esencia de los géneros de la música popular cubana:

> La música latina goza de inmejorable salud. Cantemos donde cantemos, siempre se llenan las salas, y en cada país es diferente, en unos se baila, en otros se canta, en otros, se escucha, pero el éxito siempre es el mismo. Hubo orquestas que tuvieron problemas, pero la salsa no es una música a la moda y no puede pasar con la moda. La salsa es un bichito que se mete por los ojos y los oídos, y cuando te llega al corazón estalla y no puedes evitarlo.

El 20 de marzo de 1990 un terrible accidente de tránsito amenazó la vida de Gloria Estefan, quien se encontraba de gira. En las afueras de Scranton, Pennsylvania, su autobús fue embestido por un camión y ella sufrió una grave lesión en la columna vertebral. Una compleja cirugía, 10 meses de fisioterapia y una férrea voluntad después, la cantante regresará al estudio de grabación para lanzar un nuevo álbum. Con *Into the Light*, más alejado de aquellos deseos iniciales de reconocerse en los orígenes de su identidad, Gloria intentó conquistar espacios en el pop anglosajón y logró reeditar el éxito de *Conga*, entrando de nuevo en el Top 10 del pop de *Billboard*, reafirmando su lugar en el *crossover* y la realidad de una nueva estrella cubana a tono con su tiempo, y para quien Celia sería siempre fuente de inspiración. Sus posteriores incursiones en el *latin* adjudicarán a la joven Estefan la encarnación de lo contemporáneo y renovador frente a una Celia que sostiene la imagen de una tradición renovada, pero tradición al fin.

El 11 de mayo de 1990 Celia participa en el James L. Knight Center en el concierto *Homenaje a la Faraona* celebrando a su gran amiga Lola Flores, que viaja a Miami especialmente para la ocasión junto a su familia. El concierto reprodujo los duetos recogidos en el álbum *Lola Flores. Homenaje* (CD-80379), producido por CBS/Epic, y donde Celia y Lola cantan una memorable versión de *Burundanga.* El cierre del agasajo fue la fabulosa fiesta ofrecida por Julio Iglesias en los jardines de su mansión en Indian Creek, a la que Celia llevó su grito de *¡Azúcaaaaar!* no más bajarse de la limusina.

Los Premios Lo Nuestro, organizados por la revista *Billboard* y Univision, reconocen el talento latino en la música. En la gala de 1990 se estrena el Premio a la Excelencia, que se entrega *post mortem* al gran compositor y pianista cubano Ernesto Lecuona, a Pedro Vargas, *el Tenor de las Américas*, y a Celia, que lo recibe de manos de Joaquín Blaya, presidente de la cadena televisiva, pero lo agradece en primer término a su público: «Ustedes son quienes me han llevado hasta donde estoy hoy», dijo Celia, dirigiéndose a la audiencia.

En junio se lanza en formato video y también por televisión la serie documental de tres episodios *Roots of Rhythm, with Harry Belafonte*, encaminada a desvelar las rutas que van desde y hacia la música afrocubana. Realizada en 1984, se difunde ahora en formato popular. Del pasado y del presente, y con el actor afroamericano como anfitrión y narrador, aparecen Celia, Xavier Cugat, Carmen Miranda, Rubén Blades, Gloria Estefan y la Miami Sound Machine. Un mes después, el sello estadounidense Rounder Records publica el compilatorio *A Carnival of Cuban Music* en dos volúmenes con la banda sonora de la serie documental, donde participan músicos cubanos residentes en la isla y fuera de ella. De Celia se incluye *Bemba colorá*, en la versión con Tito Puente.

El acontecimiento estuvo precedido de una polémica en los medios: se debatía la pertinencia de renombrar un segmento de la Calle 8 (de la Avenida 22 a la 24) como Celia Cruz Way. El artículo publicado en *El Nuevo Herald*, criticando la iniciativa, argumentaba que se ignoraba a otras figuras de más relevancia en la historia de Miami y provocó varios mensajes de lectores, tanto los que protestaron como los que defendieron la iniciativa, considerándola justa y procedente. Terminó ganando el prestigio de Celia, su contribución a la cultura cubana y el reconocimiento popular, en buena medida por la oportuna intervención del Centro de Cuidado de Niños con Cáncer que sustentó la significativa contribución de Celia a esa causa benéfica y su impacto en la comunidad.

La *tourneé* de verano a Europa con Tito Puente será también la oportunidad de recuperar un formato que ya parecía distante: a instancia de *Ralfy* Mercado, y después de dos años, FAS vuelve a reunirse para varios conciertos en España: en Barcelona, Huelva, San Sebastián, Las Palmas de Gran Canaria, Santa Cruz de Tenerife y Madrid, este último el 2 de agosto en la Plaza de Toros de Las Ventas, al que Celia se sumó en una elogiada actuación.

Un hecho relevante lleva a Celia al Hollywood Bowl de Los Ángeles: la grabación para KTLA Canal 5 de Los Ángeles de *Raíces & Rhythm*, un *show* televisivo sobre la salsa presentado por Rita Moreno, con Tito Puente, Poncho Sánchez y Rubén Blades en el elenco.

En 1990, con la gestión rectora de Winton Marsalis, el Festival de Jazz JVC Newport rinde tributo al 90.° aniversario de Louis Armstrong. Reverenciando a *Satchmo* actúan Miles Davis, Gerry Mulligan, B. B. King, Elvin Jones, Tito Puente y Celia cantando *Bemba colorá* acompañada por la banda de Puente, lo que se incluirá en el programa especial *Newport Jazz '90*, que resume los momentos más relevantes del evento. Así lo cronicaba Pablo Guzmán para el *Daily News*:

> Créalo o no, el pasado sábado fue la primera vez en que Tito Puente toca en Newport y el impacto no lo dio solo: llevó consigo

> a Celia Cruz. A pesar de la barrera del idioma, la salsa se abrió paso, y cuando Celia agitó su pañuelo durante *Bemba colorá*, 10,000 personas se levantaron agitando toallas, mantas, bufandas, lo que fuera, al ritmo de sus cabezas. Fue muy especial.

Celia siempre estuvo dispuesta a respaldar, con su prestigio y presencia, a los artistas cubanos que emigraban a Estados Unidos. El caso de Arturo Sandoval era uno más en la larga lista por quienes se ocupó y preocupó. Celia asistió a su concierto de bienvenida en el Village Gate, como hizo antes cuando Paquito D'Rivera llegó a Nueva York. Y mucho antes, cuando ella misma se empeñaba en afianzarse en el panorama musical de la ciudad. «Varias veces Celia me fue a ver para que ayudara a algún músico o cantante que llegaba exiliado desde Cuba y le diera trabajo en mi negocio. Recuerdo que lo hizo para apoyar a la cantante Reneé Barrios», apunta José Bovantes, empresario y promotor cubano, dueño del club Tijuana Cat, en el número 350 Oeste de la calle 46, uno de los primeros *night clubs* gay de la contracultura latina en Nueva York, muy popular en los sesenta y setenta.

Inspirado en el famoso Paseo de las Estrellas de Hollywood, se inaugura su homónimo en la Calle 8 de Miami, cumpliendo el deseo de la comunidad de tener en su ciudad un espacio para honrar a las grandes figuras cubanas y latinas en la música y el cine. Gloria Estefan fue la primera, en 1988. Al año siguiente se eligen a otras 19 figuras, Celia entre ellas, cuya estrella se devela el 27 de septiembre de 1990 entre la Calle 8 y 13 Court, con el alcalde Javier Suárez y Tito Puente acompañando a la Guarachera de Cuba.

A Celia se le reclama cada vez más para colaboraciones: el productor Oscar Gómez la hace aparecer en el álbum doble *Corazón de bolero* (EMI-180 7956691) del bolerista español Dyango, en el que canta a dúo el tema *Encadenados* (Carlos Arturo Briz) en una de sus mejores versiones.

En 1991, Celia fue la gran estrella en los Carnavales de Madrid, en el Pabellón de Deportes del Real Madrid, con un aforo de 2,500 personas. El periodista Ignacio Sáenz de Tejada contó en *El País*:

> Celia Cruz puede cantar en un pabellón o en una barraca de feria. Con diez músicos o con un bongosero. Da igual. Su energía en escena, seguridad en la interpretación, fidelidad a las raíces y profesionalidad, permiten a esta artista ofrecer siempre la pureza de las grandes. Una vez más, su actuación fue excelente, y pasadas las tres de la madrugada todavía sonaba, a ritmo de guajira, *Bemba colorá*, mientras el público continuaba bailando. Nadie se acordaba del cansancio. La diva latina había recetado azúcar para las agujetas.

En su gala anual los Premios Lo Nuestro distinguen con el Premio a la Excelencia al popular cantante mexicano Juan Gabriel y al tenor español Plácido Domingo. Corresponde a Celia —que lo había recibido en la edición anterior— entregar el trofeo acreditativo a ambos artistas. Domingo, al recibirlo, encomió la labor de la Guarachera de Cuba en la difusión de la música latina.

Cada año son más y mayores los reconocimientos a Celia y su trayectoria. Ella y Tito Puente reciben el Premio Golden Eagle a la Obra de Vida, que reconoce el aporte de los latinos en la industria del entretenimiento. Celia y Tito actúan en la gala de premiación el 14 de junio en el Hollywood Bowl junto a Pia Zadora y Martika, una prometedora joven cubanoamericana con la que Celia acababa de colaborar en su disco *Martika's Kitchen*, cantando a dúo el tema *Mi tierra*. La canción bilingüe —Martika canta en inglés y Celia en español— apela al ya clásico tema de la nostalgia cubana y es homónima de la canción que dos años después Gloria Estefan haría exitosa.

Ocho días después, el 22 de junio de 1991, el Festival de Jazz JVC de Nueva York lleva a la escena del Carnegie Hall un concierto tributo a Celia Cruz y Tito Puente, con Michel Camilo Quintet, el Big Band y el Latin Jazz Ensemble de Puente. En julio, Celia es uno de los nombres clave en el concierto Fiesta Latina dentro del Festival de Jazz de Niza, Francia, junto a Mongo Santamaría, Arturo Sandoval y otros.

El incombustible *Ralfy* continúa produciendo desde hace 16 años los *megashows* de salsa en el MSG, reteniendo aún la capacidad de enfrentar un aforo de tal magnitud. Ese año, sin embargo, por problemas de disponibilidad del coliseo, el festival se traslada al Meadowlands Arena de Nueva Jersey. Los elencos han experimentado cambios sustanciales: a la llamada salsa, y su derivación romántica o erótica, se sumó el merengue dominicano, que se intenta posicionar, con figuras que entran y salen del foco mediático, con rostros famosos y otros emergentes, pero cada año la permanencia y pertinencia de Celia en estos eventos se mantiene incólume. Así lo vio John Lanner, de *Billboard*:

> Cruz posee una personalidad escénica magnética y carismática, sin mencionar una voz asombrosamente poderosa, que siempre le permite refugiarse en la calidez familiar del abrazo colectivo de su público enamorado. Y sus fervientes seguidores, que en este concierto contaron con alrededor de 10,000, parecían no tener suficiente de su querida «Reina de la Salsa». Poco después de concluir su propia actuación, Cruz volvió a encender el lugar durante *Cúcala*, un chispeante dúo que cantó con la encantadora vocalista principal de la Orquesta de la Luz.

Nora Suzuki compartió para este libro sus remembranzas sobre Celia y su influencia:

> Empecé a escuchando a Tito Puente, grabaciones instrumentales, sin voz. Después seguí escuchando salsa y conocí a Celia por los discos de FAS. En febrero de 1991 nos encontramos por primera vez en uno de los festivales de la salsa que producía Ralph Mercado en el MSG. Allí, en camerinos, Celia me abrazó y me besó y me dio la bienvenida con mucha amabilidad, muy agradable y con

> mucha energía. Siempre he creído que ella es la madre de la salsa; me enseñó que lo más importante para cantar salsa es el «sabor» y el «ritmo» y que el público tiene que sentirlo cuando cantamos. Escuchándola aprendí cómo cantar con sabor, con clave, cómo hacer soneos, cómo cantar pregones. Celia me dijo: «Tú has venido de Oriente y eres continuadora de mi trabajo, no vienes del Caribe ni de América Latina». Esa noche cantamos juntas *Cúcala*.

Celia y la japonesa compartieron escenario una vez más, el 3 de octubre de 1993, durante el 3.er Festival de la Salsa de Los Ángeles, con la Orquesta de la Luz y Oscar D'León.

Celia es invitada al III Festival Internacional de Cultura del Caribe en Cancún, México, que transcurre los días 6, 7 y 8 de noviembre de 1991. También asisten Willie Colón con su banda y su compañera, Julia May Craig. Willie y Julia llevan una unión duradera y sólida, tienen tres hijos y deciden casarse allí, el 15 de noviembre. Celia funge como testigo legal de la ceremonia civil y asiste al festejo, al igual que Johnny Ventura y Tongolele, entre otros. Para cubrir el evento se encontraba en Cancún el periodista y escritor cubano Leonardo Padura, quien entrevista a Colón y publica el texto meses después en *La Gaceta de Cuba*, bajo el título «Willie Colón. Algo distinto. Los reyes de la salsa no solo tocan canciones de amor», el texto de Padura menciona a Celia en cuatro momentos de la entrevista al referirse Colón a la importancia capital de la música cubana de los años cincuenta en el desarrollo del movimiento salsero, y de nombres como Benny Moré, Arsenio Rodríguez, Celia Cruz y LSM. Fue la primera vez desde 1961 que el nombre de Celia apareció en un medio oficial cubano.

El balance fonográfico del año es discreto: en noviembre de 1991, Tito Puente celebra la salida de su disco número 100 con la publicación del álbum *The Mambo King: 100th LP* (RMM/Sony). Con un elenco vocal *all-stars*, Celia brilla en uno de los cortes del disco. La guaracha *Celia y Tito* une a los dos monarcas, con la reina emulando en sus improvisaciones y onomatopeyas el sonido del timbal real. Celia canta también en el tema colectivo *El # 100* (ambas piezas de la autoría de Johnny Pacheco) y estará presente, con su hermano de la vida, en varios de los festejos por este importante hito. Sony/Globo publica, bajo licencia de Fania, el álbum *The Best*, una compilación de temas exitosos de Celia. Para el álbum *35 aniversario con sus invitados*, que celebra la carrera de Johnny Ventura, Celia graba *La carimba* con el Rey del Merengue.

Algunos sucesos de diverso calibre simbólico para la música cubana ocurren en 1992: a los 53 años, en penosas condiciones, muere La Lupe el 29 de febrero, fijando la leyenda cimentada por su extraordinaria voz, su inusual temperamento y su accidentada vida. En julio, el actor Andy García promueve la gira *Cuban Music Series* como parte del resurgimiento triunfal en la escena musical latina en EE. UU. del legendario bajista, compositor y director Israel López, *Cachao.* Y en Cuba, la timba se ha establecido como nuevo subgénero para la música bailable, expresión liderada por jóvenes músicos de academia con fuerte anclaje en la música popular y en la tradición sonera y guarachera, que suman influencias del jazz y de un vasto universo sonoro.

Para Celia, es un año cardinal en su vida y carrera, un punto de inflexión en su carrera discográfica, un sonado éxito en el cine y de una especial condecoración.

Fania, como productora, exhibía un ostensible desgaste y el vínculo contractual de Celia con Masucci, que abarcó de 1974 a 1992, llegaba a su fin por voluntad de la cubana. En transición incruenta, Celia pasa al catálogo fonográfico de RMM Record & Video Corp (Ritmo Mundo Musical), el sello de Ralph Mercado, que para esas fechas ya había concertado con Sony un acuerdo general de distribución. Hacía cinco años que Mercado había creado RMM Records, insuflando nuevos bríos a la industria de las grabaciones latinas con énfasis en lo afrocaribeño, de insuficiente interés en ese momento para las principales marcas disqueras enfocadas en la música anglosajona o, como mucho, en el pop hispano. Desde su fundación, RMM va ampliándose hasta convertirse en un grupo empresarial con siete sellos fonográficos, una empresa de administración, un departamento de promoción de conciertos, dos editoras de música, una empresa para la producción cinematográfica y de video, y una empresa de *merchandising* propio. Mercado retenía también el manejo de los conciertos de las más grandes figuras vinculadas al fenómeno salsa, con Tito Puente y Celia como *top-stars* de su catálogo. Las relaciones de la cantante y su *manager* son muy buenas, marcadas por el cariño mutuo, la confianza y la admiración.

Para caracterizar la nueva etapa, vienen cambios en la producción de los discos de Celia. Después de casi cuatro años sin entrar en un estudio de grabación, en 1992 Celia trabaja en dos discos: *Tributo a Ismael Rivera* (JMVS-110), el último para Fania, y *Azúcar negra* (VNL-70027LP y RMD-80985), el primero para RMM.

El primero cumple su deseo: homenajear a *Maelo*, el gran sonero y amigo. Con producción musical de Louie Ramírez, Celia recupera 12 de los temas que el boricua hizo populares desde sus años con Cortijo y su Combo, como *Las caras lindas* y *El nazareno*, incluyendo dos de compositores cubanos: *A bailar mi bomba* (Arsenio Rodríguez) y *Yo no quiero piedras en mi camino* (Enrique Bonne). El álbum *Tributo a Ismael Rivera* le vale a Celia su séptima nominación a los Grammy en su 35.ª edición en la categoría de Mejor Álbum Tropical Latino.

Para el primer álbum con RMM, y orientado a reposicionar a Celia dentro de los nuevos cánones sonoros en el mercado internacional y, en particular, el español, *Ralfy* contrata al productor Oscar Gómez, con el que ya Celia había trabajado previamente en *La candela* con Ángela Carrasco. Con Gómez inicia una nueva etapa para Celia, que incluye la penetración y posicionamiento del mercado español de discos y televisión que tuvo como antecedente sus sistemáticas incursiones en directo en años anteriores en España, en Canarias de la mano de los promotores Javier y Miguel Zerolo, y la gestión como *booking agent* de Emilio Santamaría, que la llevaron a los mejores escenarios de las grandes ciudades y en las fiestas tradicionales de los pueblos por buena parte de España.

El LP *Azúcar negra* se graba durante la segunda mitad de 1992 en los estudios Primera Base y Kirios, de Madrid; Celia, en la parte vocal, en los estudios Crescent Moon, en Miami. El álbum trae nuevos aires, que engarzan con el estilo tradicional de la Guarachera; algunas canciones abordan ideas recurrentes en su repertorio, como la nostalgia por Cuba, el desarraigo y la unión entre los latinos. Tres compositores españoles de mucha actualidad firman sendas canciones: *De La Habana hasta aquí*, del cubano-español Emilio Aragón Jr., *Bolero, bolero* (Cheni Navarro) y la versión del gran éxito del grupo Mecano en el pop español, *Cruz de navajas* (José María Cano), en arreglo de Carlos Gómez. El ingenioso *Sazón*, una suerte de merengue-guaracha, fue creado especialmente por Gloria Estefan —quien también canta en los coros junto al entonces muy de moda Jon Secada—, inspirada en la vida de Celia y Pedro en pareja. *Sazón* es también su primer videoclip, con él Celia entra en la historia reciente del audiovisual musical como elemento promocional y de posicionamiento. Como la canción, el clip muestra una simpática escena doméstica entre Celia y Pedro, y con él se lanza el álbum en febrero de 1993.

Oscar Gómez involucra a Steve Roitstein, un joven músico estadounidense con experiencia en la música cubana, pues desde 1987 trabajaba con Willy Chirino, como pianista y director musical de su banda. En *Azúcar negra*, Roitstein orquesta las canciones *Pasaporte latinoamericano* (Cucco Peña y Guadalupe García), *Que suenen las palmas* (Alfredo Brito) y el sugerente y polisémico bolero *Te busco* (Víctor Víctor). «Mi conocimiento de Celia Cruz aumentó cuando me uní a mi primera banda latina, el grupo Alma, en 1983, como pianista. Fue entonces cuando la escuché por primera vez en la icónica canción *Canto a La Habana*. Yo era nuevo en la salsa, pero la perfección de esa grabación no se me escapó», recordó Roitstein, que asumió también roles de pianista, programador y coros en distintas canciones del disco. La cubierta del álbum muestra una Celia en toda su fuerza y esplendor, favorecida por un traje del modisto Thierry Mugler en foto de Sally Hershberger.

En España, *Azúcar negra* se presentó en julio de 1993 en el Poble Espanyol de Barcelona. Un año después y tras presentarlo en el festival Amanecer Latino en Santa Cruz de Tenerife, Celia recibió el Disco de Oro por la venta en España de más de 50,000 copias, llegando a alcanzar en total, según *Billboard*, una cifra cercana a las 80,000 unidades vendidas. La actriz y vedette Concha Velasco, al entregarle el fonograma dorado, expresó que, aunque a Celia no le había sido fácil ocupar el puesto que había alcanzado en España, siempre supo que lo conseguiría cuando los españoles la conocieran bien, y que la iban a situar en un lugar similar al que, desde hacía muchos años, tenía en todo el continente americano. Celia estuvo inmersa hasta 1993 en la promoción de este disco. En la 36.ª edición de los premios Grammy, con *Azúcar negra*, obtiene su octava nominación en la categoría de Mejor Álbum Tropical Latino. El gramófono fue para *Mi tierra*, de Gloria Estefan.

Celebración con Celia fue el concierto que le dedicó la serie *Jazz at Lincoln Center*, donde la cubana ha tenido presencia singular. En una especie de recorrido vital, Celia cantó acompañada por LSM, Orlando *Puntilla* Ríos y su grupo Nueva Generación y Tito Puente y su Big Band.

El 17.º Festival de la Salsa de Nueva York anunciaba por todo lo alto a una chica de 23 años de potente voz e increíble temperamento, nacida en Río Piedras, Puerto Rico, que había comenzado cantando *freestyle* en inglés. Su nombre es Linda Bell Caballero, pero se hará famosa como La India. Celia la amadrinó profesionalmente desde el momento en que pidió a *Ralfy* que le diera una oportunidad en RMM; tal gesto derivó en religioso, Celia y Pedro la bautizaron por la religión católica, en un vínculo tutelar que La India valorará y agradecerá siempre.

El reconocimiento de la obra interpretativa de Celia abarca cada vez mayores ámbitos, incluido el académico: la Universidad Internacional de la Florida (FIU, por sus siglas en inglés) le concede el doctorado Honoris Causa en Música, el segundo que recibía. En la ceremonia de graduación del curso 1991-1992, el 27 de abril de 1992, Celia lo recibe, al igual que el entonces presidente de los Estados Unidos, George H. W. Bush, por servicio público; en Leyes es concedido a Abraham Foxman, director nacional de la Liga Anti-Difamación de B'nai B'rith (destinada a detener la difamación del pueblo judío). Celia lo recibe de manos del presidente Bush. El periodista Jorge Dávila Miguel glosó así el momento:

> Con su traje de doctora Honoris Causa se acercó a saludar al presidente y le espantó un abrazo, dos, casi lo tumba, le pegó la mejilla al pecho y él se sonrió. Entonces ella volvió su cara y las cámaras mostraron esa sonrisa inmensa que es ya inseparable de su rostro. Nunca he visto un saludo menos protocolar a un presidente, nunca he visto una toga y un birrete brillar tanto. Ella no se transformó cuando le colocaron encima trapos tan ilustres, ella transformó aquellos trapos apenas tocaron su piel negra de artista terremoto.

En declaraciones a *El Nuevo Herald*, Celia, con sentido realista, comentó su satisfacción: «Me sentí muy importante. Es un paso de avance en mi carrera. En este género tan bullanguero no se otorgan muchos títulos honorarios».

Celia transitaba con disfrute del abrazo de las multitudes al reconocimiento académico, y también al cariño de las minorías. El edificio *art-déco* del Warsaw Ballroom en Miami Beach fue la más famosa discoteca gay del lugar en los convulsos años noventa, y se hizo aún más singular porque fue allí donde el escritor mexicano Carlos Fuentes acudió para ver a Celia en acción. Fue un suceso, según Norma Niurka, la columnista de *El Nuevo Herald*. Era su debut allí y todos la esperaban. Era un acto musical, pero Celia lo asumió también como contribución personal a la lucha contra el VIH-sida, que ya había provocado numerosas muertes en la población masculina. Entre canción y canción instó a todos a cuidarse; a los enfermos, a mantener la esperanza en la sanación, y a los demás, a colaborar. Acababa de participar en un desfile de modas en California en favor de las víctimas de la enfermedad y dijo que estaba dispuesta a acudir «cuando fuera y dondequiera que la llamaran para trabajar a favor de esta causa». Carlos Fuentes, que fue arrastrado hasta allí por un amigo de la periodista, no habló durante todo el concierto, sin permitirse apartar su atención del *performance* de la guarachera. Según la cronista, solo cercano al final pronunció cuatro palabras: «¡Esta mujer es inmortal!».

Próxima a cumplir 67 años, Celia encara un nuevo reto, una vivencia que, quizás, ya estaba deseando experimentar: su primer papel dramático en un filme de ficción, que la convirtió en Evalina Montoya en *The Mambo Kings* (*Los reyes del mambo*), sin dudas, el acontecimiento de mayor impacto mediático del año para ella. La película es la adaptación cinematográfica de la novela *The Mambo Kings Play Songs of Love* (*Los reyes del mambo tocan canciones de amor*) de Oscar Hijuelos, el multipremiado escritor estadounidense de origen hispano y el primer hispano en ganar el Premio Pulitzer de Ficción. El director Arne Glimcher la lleva al cine —producida por Warner Bros—, con Armand Assante y Antonio Banderas en los roles protagónicos: dos hermanos cubanos ligados a la música, que llegan a Nueva York en busca del sueño americano.

Para entonces Celia ya tiene una atendible filmografía donde ha aparecido solo en escenas musicales, pero ahora se le ofrece un singular papel encarnando a la maternal dueña de un club de música latina en Nueva York, que también es santera y cantante. Como Evalina Montoya, Celia por primera vez habla en inglés y en algunos momentos hasta canta en ese idioma, otra novedad en su carrera, en la que contó con la asistencia de Gabriel Riera, *coach* de lenguaje, aunque reconoció también el apoyo recibido del equipo, en especial de Assante y Banderas.

Si en sus primeros años en Nueva York Celia se aventuró en *night clubs* y otros escenarios a cantar en inglés un repertorio hasta cierto punto ajeno, en los tiempos que corren Celia había descartado del todo el *crossover*, sabiéndose un clásico que ha triunfado con temas cubanos, afrocaribeños y latinoamericanos, con su idioma, voz y estilo como herramientas esenciales de comunicación. Aunque alguna exitosa excepción habría de hacer… ¡y esta película lo fue!

En el filme canta *La dicha mía*, *Melao de caña* (*Moo La Lah*, en la versión en inglés) y *Guajira guantamera*. El rodaje transcurrió del 18 de marzo al 31 de mayo de 1991 en el Tower Theater del *downtown* de Los Ángeles, y en octubre Tito Puente grabó la música, integrada en una banda sonora al cuidado de Robert Kraft, con algunos temas originales de Arturo Sandoval.

El modo en que Celia se condujo durante el rodaje quedó en el recuerdo de Hijuelos:

> Si Celia estuvo soberbia en ese papel es porque, en esencia, se interpretó a sí misma, una mujer de encantos mundanos, buen humor y mucha sabiduría, el tipo de dama agraciada que nos encantaría tener como tía, un hada madrina, cuya ternura obra una magia curativa incluso en las almas más atribuladas. […] era tan glamurosa como cualquier estrella de cine, majestuosa en su porte (en su dignidad natural me recordaba a otra gran cantante, la soprano Leontyne Price), pero accesible a la gente. Al parecer, trataba a todos en el plató, desde los actores principales hasta el más humilde jefe de iluminación, con cortesía y respeto.

Warner Bros articuló una costosa campaña promocional previa al estreno mundial del filme el 7 de febrero de 1992, que sucedió en el Miami Film Festival, 21 días antes de proyectarse en salas estadounidenses. El evento liderado por el productor y promotor Nat Chediak, su fundador y estratega, ofreció espacio y prestigio a la *premiere* mundial en el Gusman Center for the Performing Arts, que se convirtió en uno de los sucesos más relevantes y publicitados, donde la cubana compartió protagonismo con Banderas y Assante. Al introducir la película, Chediak definió a Celia como «una de las dos damas más veneradas por todos los cubanos: la Virgen de la Caridad del Cobre, en el Cielo, y ella aquí, en la tierra», palabras glosadas por el periodista Jorge Dávila Miguel para afirmar que Celia es «el símbolo viviente de la música de esa isla tan pródiga en amores y canciones, isla triste, pero vibrante que convierte en chistes y tonadas lo que no puede resolver con sus razones». Y como no podía ser menos, en *Mambo Miami*, la gran fiesta que siguió a la *premiere*, Celia, acompañada por la orquesta Inmensidad, cantó y, feliz, puso a gozar a todos. Algunas críticas sobre el filme en diferentes medios se refieren al desempeño de Celia. En *The New York Times*, Rona Berg califica de «sorprendente» su actuación como Evalina Montoya, y afirma que la ha ayudado a llegar a un público más amplio, no latino. En diciembre se lanza el álbum con la banda sonora original de *The Mambo Kings* (Elektra), donde Celia canta en inglés las tres canciones en las que participa del filme.

La película, que incluyó otros temas populares de Celia y Tito Puente, impactó de inmediato en otras manifestaciones artísticas, como la apropiación que hace el coreógrafo Danny Buraczeski y su compañía Jazzdance en *Swing Concerto*, puesta en escena que pudo verse en el teatro Joyce, en Chelsea, en febrero de 1995.

La cinta dio un impulso adicional a la carrera de Celia, sobre todo entre las audiencias angloparlantes. Las acciones de reconocimiento se sucedían con mayor frecuencia. El 5 de marzo de 1992, Celia estampó sus manos en el cemento y asistió a la develación de su imagen a tamaño real en el Paseo de la Fama y Salón Latinoamericano de las Estrellas del Museo de Cera de Movieland, en Hollywood, California. Idéntica a su doble, ataviada con un brillante vestido rojo y una peluca corta al tono, su imagen se convirtió en la número 184 en aquella amplia exhibición. Otra efigie suya en el otro museo de cera en California —el Hollywood Wax Museum— se develó en septiembre de 1996.

Celia llega a Bogotá del 15 de septiembre de 1992, procedente de Los Ángeles, con varios días de antelación, al concierto Los Reyes de la Salsa. Es la rutina para evadir las molestias y riesgos de la altura, siempre que debe actuar allí. El 18 la cita es en el estadio de futbol; el 19 en Barranquilla y el 20 en Cali, con una orquesta émula de FAS, con Tito Puente, Oscar D'León, Ismael Miranda, Tito Nieves, Jorge Alberto *el Canario*, Millie P., Tony Vega, entre otros.

En plena difusión del filme *The Mambo Kings*, continuaron los reconocimientos: Celia obtiene el Premio Desi como Actriz Favorita de Cine en unos galardones establecidos para reconocer la obra y el legado de los hispanos en la música, el cine y la televisión. En Miami también es homenajeada por tercer año como mejor vocalista femenina en los Premios Aplauso '92, de la popular radioemisora local FM92. Entregado por el Kennedy Center, en Washington, recibe el Premio Éxito de Vida a los logros hispanos junto a la estrella del béisbol, Fernando Valenzuela y el líder agrícola y activista por los derechos civiles, César Chávez, y el Estado de Nueva York le entrega la distinción Mujeres de Éxito.

La cantante colombiana Matilde Díaz celebra en 1993 sus 50 años de vida artística. Celia es amiga de muchos años y también comadre, pues bautizó a Gloria María, la hija de Matilde con el gran músico y compositor colombiano Lucho Bermúdez. Desde que se conocieron en Cuba en los tempranos años cincuenta, nunca dejaron de escribirse, ni faltó la llamada mensual, y mantenían viva la esperanza de grabar juntas, lo que ocurrirá años después. Como no podía ser de otro modo, la cubana viajó a Bogotá para el festejo musical en el Teatro Libre, el 29 de enero. Cada una cantó sus temas más famosos y luego se unieron para cantar *Burundanga*, *Carmen de Bolívar* y, por supuesto, *Gloria María.* Una pequeña gira las llevó a otras ciudades colombianas. El deseo compartido aún pendiente se cumplirá pronto.

Vuelve en 1993 al Festival de Jazz JVC de Nueva York, dedicado esta vez a las grandes voces del jazz y otras corrientes, y en el elenco, Celia aparece de igual a igual con Betty Carter, Lena Horne, Anita O'Day, Cassandra Wilson, entre otros. Con Tito Puente y dos de sus formaciones (Latin Jazz Ensemble y Concert Orchestra), Celia ofrece el concierto *Una noche con la Reina y el Rey*, aquel 19 de junio, en el Carnegie Hall; fue algo especial, y contó con la presencia del pianista Sergio George, el trompetista Jon Faddis y el percusionista Giovanni Hidalgo.

En medio de giras y conciertos, Celia acepta una propuesta que la regresa a la actuación dramática: asumir el rol de Lecumé, una santera que habla entre español y yoruba en la telenovela *Valentina*, producida por Televisa México y con Verónica Castro en el papel protagónico. En su carrera, el único antecedente en un drama seriado fue su actuación en la radionovela *Babiney*, en 1957, en la legendaria estación cubana Radio Progreso. Los productores accedieron a programar las fechas y horarios de filmación de sus escenas en los intermedios de su profusa agenda de presentaciones. Celia aparece, entre otros, en los tres primeros episodios de la primera temporada. «Quería aprender algo nuevo. En el elenco, la única que no es actriz soy yo, y estoy aprendiendo mucho», afirmó Celia sobre aquella experiencia, cercana a cumplir los 69 años.

Con una vida que podría resumirse en tres palabras: talento, éxito y tragedia, el 29 de junio de 1993 moría Héctor Lavoe, a los 46 años, a causa de un infarto. «Héctor no sabe lo grande que es. Él no sabe quién es», son las palabras que, según Umberto Valverde, dijo Celia resumiendo la alta estima en que tenía al cantante puertorriqueño, el primero de los jóvenes íconos de la salsa newyorkina en partir hacia el plano espiritual de la leyenda.

La Sociedad General de Autores y Editores (SGAE) le confiere a Celia un reconocimiento por su contribución a la difusión de la obra de autores españoles. Durante la década de 1990, y a partir de su nueva proyección musical donde productores ibéricos llevan las riendas de sus grabaciones, España se convierte en una de las principales plazas para Celia.

Empeñado en demostrar que aún era posible revitalizar el movimiento salsero desde Nueva York, *Ralfy* produce un nuevo concierto de la serie «La Combinación Perfecta», con dirección musical de Sergio George y presentando en el MSG, en el Universal Amphitheater de California y en el Miami Arena el disco homónimo que había logrado publicar desde RMM con Sony. La nueva generación de cantantes salseros —Marc Anthony y La India, con Van Lester y Domingo Quiñones— tributó en un segmento al recién fallecido Héctor Lavoe, y muchos otros antecedieron la llegada de la realeza. Peter Watrous contó para *The New York Times*:

> Cuando Celia Cruz llegó, casi cuatro horas después de que comenzara el concierto, ya no le quedaba mucho por hacer; ya se había cantado o tocado casi todo lo que se podía cantar o tocar. Así que simplemente cantó, su voz de hierro clavando cada nota a la perfección, su ágil sentido rítmico llevándola a través de improvisaciones precisas y juguetonas. «¡Yo soy la reina!», improvisaba entre *riffs*, «¡Yo soy la candela!», y no había ni un alma que pudiera desafiarla. La Sra. Cruz, una de las grandes voces de la música popular, está en proceso de desafiar el tiempo, y fue bastante fácil relajarse y absorber algo de la alegría que aporta a su trabajo.

La Combinación Perfecta de la Salsa (*Salsa's Perfect Combination*), como concepto de espectáculo, se presentó también en otras ciudades estadounidenses, en Venezuela y Argentina, entre otros, con la participación de Celia en algunos de ellos.

Mientras, en Cuba, el joven dramaturgo Alberto Pedro se vale de las infinitas posibilidades del teatro para traer a Celia de nuevo al imaginario popular en la isla: con el apoyo de la Fundación Pablo Milanés, el grupo Teatro Mío, dirigido por Miriam Lezcano, estrenaba su obra *Delirio habanero*, un hilarante diálogo entre dos seres que decían ser ellos: El Bárbaro (Jorge Cao) y La Reina (Zoa Fernández), arbitrado por el último *barman* de una ruinosa cantina clausurada (Michaelis Cue), en una ciudad que ya no es lo que fue y donde los enloquecidos personajes aseguran ser quienes el público imagina que debían ser. El nombre de Celia nunca se pronuncia, pero La Reina canta sus canciones, que son coreadas por el público que cada noche colma delirante la sala Bertolt Brecht. En años posteriores la obra tendrá otras exitosas puestas por la compañía Teatro de la Luna, dirigida por Raúl Martín, con otros elencos y con la actriz Laura de la Uz en el rol de La Reina. *Delirio habanero* ha sido uno de los más persistentes y cualificados gestos culturales en favor de la reivindicación de Celia frente a la censura en Cuba.

De manera creciente, Celia es asimilada como una de las figuras más influyentes en las comunidades latinas en Estados Unidos, y en paralelo, contribuye a que sea reconocida la existencia de otra afroamericanidad en las comunidades de caribeños y latinoamericanos que se reconocen en la ancestralidad africana.

No era fácil para una cantante latina penetrar y plantar bandera en el espacio de una de las culturas musicales más fuertes del planeta: la afroamericana. Los puntos de confluencia entre Celia y las grandes divas del *soul*, el jazz y el rock-pop, ya antes señalados en este libro, interactúan con la identificación desde la propia cultura afroamericana. La voz y el *perfomance* de Celia no fueron indiferentes a esa comunidad y a sus intelectuales y músicos más renombrados, precisamente por su anclaje en lo más auténtico de sus orígenes y de la cultura popular. «Mientras crecía en Nueva York, Celia Cruz fue el latido de la música latina; nunca veremos otra como ella...», reconoció la actriz Whoopi Goldberg. Para Quincy Jones: «Como Ella [Fitzgerald] y Lady Day, Celia es un original». Para Tina Turner, en declaración al periodista Roberto Cazorla, en España: «Celia Cruz es la artista latinoamericana que más ha impresionado a los norteamericanos... a millones de espectadores que jamás se habían interesado por artistas que no fueran los nativos».

La revista *Billboard* instituye en 1994 el Premio de la Música Latina y su primera entrega se hace a Celia y a Israel *Cachao* López, inaugurando también el Salón de la Fama de la Música Latina de Billboard. Se suman otros reconocimientos ese año: el Premio Éxito de Vida, otorgado por la Universidad de Panamá, y el Premio La Musa de Oro, por la obra de la vida, otorgado en Caracas, Venezuela. Sin dudas, el más importante de todos es la Medalla Nacional de las Artes, el más alto honor concedido por los EE. UU. a artistas y filántropos. En octubre de 1994, próxima a cumplir 70 años, Celia Cruz la recibe junto a otros 11 destacados hombres y mujeres: el cantante y activista Harry Belafonte, el bailarín Gene Kelly, el compositor y cantante folk Pete Seeger, el músico de jazz Dave Brubeck, la actriz Julie Harris, el coreógrafo Erick Hawkins, el pintor Wayne Thiebaud, el poeta Richard Wilbur, la mecenas Catherine Filene Shouse, la profesora de violín Dorothy DeLay y la organización Young Audiences.

A un año de la muerte de Héctor Lavoe, FAS vuelve a reunirse en concierto para celebrar el 30 aniversario de la fundación de Fania Records. El concierto genera el álbum *«Live» June 11, 1994, Puerto Rico* (Fania 684), publicado en 1995, donde Celia canta *Bombelé* (G. González).

Para Celia y los músicos del *megashow La Combinación Perfecta*, que Mercado llevaba de nuevo a Los Ángeles, hubo una gran sorpresa un 15 de octubre: Marlon Brando se encontraba en las primeras filas del Hollywood Bowl. El actor, enfundado en una chaqueta negra de cuero y con gafas de aviador, fue a ver a Celia. Ya se conocían. El breve video que se conserva del reencuentro, esta vez tras bambalinas, evidencia que ahora le había reiterado la invitación:

—*Voy a ir a tu casa a comer. Primero me tocas la tumbadora y después como* —le advirtió Celia riéndose.

—*Si tú no cantas bien, no va' a comer* —dijo el actor en español chapurreado.

—*¡Tengo que cantar primero y después comer! Si como primero, ¡me duermo!* —respondió la Guarachera en medio de una carcajada.

A la muerte de Celia, el escritor Oscar Hijuelos glosó en su obituario las tres versiones que circulaban sobre el primer encuentro entre las dos leyendas, que ocurre cuando Brando se entera de que Celia está en Los Ángeles filmando la película *The Mambo Kings* y decide invitarla a cenar en su casa:

> He oído varias versiones de lo que ocurrió. Una cuenta que los dos disfrutaron de una cena a la luz de las velas y pasaron la velada conversando sobre arte y música en español, un idioma que él había aprendido durante sus años de rodaje en el extranjero. La otra versión cuenta que ella y Marlon Brando vieron combates de boxeo y que él se quedó dormido en el sofá. Otra cuenta que Celia, después del tedio de un largo día de rodaje y una comida de muchos platos, se quedó dormida en su sillón. Sea como fuere, Celia Cruz ha dicho que conocer a Marlon Brando fue la emoción de su vida, y me alegro de que su participación en la película haya contribuido a ello.

En todo caso, los encuentros entre Celia y Marlon Brando fueron la culminación de una proclividad que llevó al gran actor a visitar La Habana en 1957 y conocer la ciudad de la mano del mejor *cicerone* para las noches capitalinas: el expelotero de Grandes Ligas Clemente *Sungo* Carrera; a aficionarse y aprender a tocar las congas; a sus frecuentes visitas al Palladium newyorkino en medio del reinado del mambo; en definitiva, a un persistente nexo con la música cubana.

En el verano de 1994, La Habana es sacudida por la primera gran protesta pública ante la crítica situación económica y social del país tras la desaparición de la extinta Unión Soviética y la caída del bloque socialista bajo su influencia. Varias semanas después del Maleconazo, como se conoce el suceso, el gobierno cubano abre una válvula de escape, levantando las restricciones para salir del país y provocando el éxodo de cerca de 33,000 cubanos en embarcaciones rústicas e inseguras hacia la Florida. Ante el éxodo que se preveía imparable, el gobierno de Bill Clinton decretó la intercepción en alta mar de los balseros que se dirigieran al territorio estadounidense, concentrándolos en la Base Naval de Guantánamo. Varios miles fueron concentrados también en campamentos provisionales en la zona del Canal de Panamá, creados por el Comando Sur estadounidense, generando complejas circunstancias entre estas y los cubanos que buscaban otro destino.

Uno de los campamentos en Panamá, el número dos, fue bautizado con el nombre de Celia Cruz, reconociendo en ella un alto valor simbólico.

Antes, Celia se había sumado a varias iniciativas en apoyo a cubanos que dejaban la isla, por ejemplo, cuando participó en 1988 en la grabación de la canción *Yo vuelvo a ti* (Ernesto y Lourdes Montaner) con cantantes cubanos del exilio; en acciones de apoyo a cubanos llegados a terceros países tras abandonar la isla, y otras.

Ahora, en un gesto que interpela su postura respecto al gobierno cubano, Celia se une a músicos y deportistas cubanos en el exilio que deciden visitar los campamentos y llevar apoyo a los más de 8,600 coterráneos allí confinados. El 12 de noviembre de aquel año, junto a René Arocha, popular pelotero cubano, Celia llega a Panamá acompañada también por Hansel Martínez y la Orquesta de la Calle 8 para llevarles música y aliento. En sus declaraciones abogó por la solución de la crisis en favor de los balseros cubanos.

En noviembre, antes de viajar a Panamá, Celia anuncia en el Hard Rock Café de Miami Beach la salida de *Irrepetible* (RMCC-81452), el segundo álbum con RMM, precedido de mucha publicidad y expectativas. Luego viaja a España para presentarlo en la sala Archy, de Madrid, con comida cubana, personajes públicos y admiradores. La elección de los espacios apunta a la intención de conquistar públicos de relevos generacionales no solo latinos.

En *Irrepetible* se experimenta con nuevos enfoques, por ello no resultó extraño que *Ralfy* eligiera al músico y compositor cubano Willy Chirino como productor musical, y también arreglista, con Steve Roitstein. Ambos traían aire fresco y juvenil al equipo. Chirino, un músico muy creativo y con un sello muy personal, reconoce en su trabajo como cantante, productor y arreglista, la influencia de Celia a través de sus trabajos con LSM, Pacheco, Puente y Colón:

> Para mí fue un honor grandísimo y una responsabilidad todavía más grande, porque si mi nombre iba a estar envuelto en un disco de Celia Cruz yo debía hacer un trabajo excepcional, para que eso quedara como debe ser. Comenzamos a elegir las canciones... ella fue a mi casa en dos ocasiones para, en el piano, probar las que había yo buscado; ella me trajo dos propuestas de Concha Valdés Miranda [*Limón y menta*] y Jorge Luis Piloto [*Que le den candela*]... yo entre otras propuse *La guagua* [Cándido Fabré], que me gustaba mucho.

Para Chirino, la experiencia de grabar con Celia fue maravillosa: «[...] cuando veía que ella podía hacer una frase todavía mejor, siempre fue receptiva a mis indicaciones, siempre lo hizo. Solo me dijo, risueña, que la hice trabajar demasiado». Como productor, considera que «hicimos un disco muy importante para su carrera, y estoy feliz con eso».

En la orquesta acompañante, muchos músicos graban por primera vez con Celia. La guaracha *Que le den candela* (Jorge Luis Piloto) es, sin dudas, el tema que remolca el disco hacia el éxito, con esa suerte de declaración libertaria femenina en clave guarachera y humorística que tan bien se aviene a la naturaleza hilarante y vivaz de Celia.

«Le tenía miedo, ella es tan grande que no se me ocurría nada», comentó Piloto a *El Nuevo Herald* en su día. «Luego analicé que a ella siempre le habían hecho canciones que decían cosas como "soy la guarachera de Cuba", "de Cuba vengo". Entonces me propuse escribir un tema en el que Celia, como mujer experimentada, le diera un consejo a alguien joven». Así, en menos de dos horas, compuso *Que le den candela*, el superéxito que relanzó la carrera de Celia entre la juventud de la época, una suerte de antecedente premonitorio de lo que vendría después, increíblemente.

En el álbum destaca la personal versión de la clásica nana afrocubana *Drume negrita* (Ernesto Grenet), en su repertorio desde sus tiempos habaneros, pero solo ahora incluida en su fonografía. Con las guarachas *Mario Agüé* (Pedro Luis Ferrer) —a propuesta de Chirino— y *La guagua* (Cándido Fabré), Celia rompe la norma que se había impuesto 35 años atrás de no grabar a compositores residentes en Cuba, «porque no les llegan las regalías que deben cobrar por sus creaciones». Al respecto, Celia comentó en declaraciones a *El Nuevo Herald*: «Realmente lo hice por Chirino, pero si el autor me hubiera puesto la canción en la mano no la hubiera grabado. Chirino me dijo que yo se lo debía a ese señor, porque se había buscado problemas por hablar de mí en Cuba». Ferrer, trovador y compositor notable, se había pronunciado antes en contra de la censura en el arte, refiriéndose en particular a Celia. Con *La guagua*, de Fabré, se da el caso de dos guarachas homónimas en el repertorio de Celia. La primera, con Juan Bruno Tarraza como autor, la grabó en 1951 en La Habana.

Celia, acostumbrada a grabar con la formación acompañante y ella juntos en el estudio, debió adaptarse a las nuevas formas de grabación, facilitadas por los avances tecnológicos. Roitstein recuerda:

> Para todos estos proyectos, la voz de Celia se grabó en otros estudios, diferentes de donde se grabaron los instrumentos. A pesar de haber hecho todo este trabajo para La Reina, aún no la había conocido. Pero eso cambió un día cuando coincidimos en el mismo lugar. Me acerqué a ella y me presenté: «Doña Celia, soy Steve Roitstein, el tipo que...», y ella me interrumpió: «Ah, sí, mi hijito. Yo sé quién eres tú: el americano que hace esos arreglos tan bailables. ¡Te felicito!». ¡Fue genial obtener la aprobación de La Reina!

Irrepetible resulta nominado en la categoría de Mejor Performance Tropical Latino en la 38.ª edición de los Premios Grammy, además de *Tras la tormenta* (Willie Colón y Rubén Blades), *Todo a su tiempo* (Marc Anthony), *Master Sessions. Volumen II* (Cachao) y *Abriendo puertas* (Gloria Estefan), este último resultando ganador.

Ese mismo año, Mercado lanza *Familia* RMM *Combinación perfecta* (RMM CDT-81126), un álbum colectivo que tuvo a Sergio George como director musical y a la Guarachera en *El son de Celia y Oscar* (Luis Mario Peral) y en el tema coral final *RMM Ritmo Mundo Musical*. Fania, por su parte, continúa rentabilizando su archivo de grabaciones y publica el recopilatorio *Los soneros de siempre* (JM-679), donde incluye *Químbara* por Celia y Johnny Pacheco. Oscar Gómez, por su parte, estimulando su presencia creciente en España, la lleva a grabar *El tostadero* (G. Sansó-J. Biloni) con el valenciano Pedro Bermúdez, *Azuquita*, joven exponente de la rumba flamenca.

El análisis de la evolución y coherencia de su posición política respecto al gobierno de Fidel Castro permite afirmar que la negativa a asistir al funeral de su madre y la posterior férrea censura en los medios de difusión fueron el punto de inflexión que marcó de por vida la relación disímil de Celia con el tema Cuba: supo muy temprano deslindar los conceptos de nación-patria-país de un lado y gobierno de otro, y actuar y decir en consecuencia. Su cimarronaje indeclinable arrebató al gobierno cubano la exclusividad del discurso patriótico y le confirió la representatividad icónica de su país como cubana que honraba sus orígenes y sus ancestros a través de su arte, y, quizás sin buscarlo, una representatividad simbólica en la comunidad cubana del exilio. Nunca antes cantó tanto a su identidad, al amor, orgullo y remembranza por su país, a veces desde la mirada idílica del campo cubano: desde 1961 se sucedieron *Yo te invito a mi país*, *Nostalgia habanera*, *Cuba bella*, *Me acuerdo de ti*, *Cuando salí de Cuba*, *Mi lindo bohío*, *Dulce habanera*, *Mi cocodrilo verde*, *Siento la nostalgia de palmeras*, *Palmeras tropicales*, *Canoero*, *A Santa Bárbara*, *Ay mi Cuba*, *De La Habana hasta aquí*, rematando con *Canto a La Habana*, *Guajira guantanamera* y *Yo soy la voz*, declaración inequívoca de responsabilidad y pertenencia.

A la certeza inicial del retorno, que dio paso a la añoranza nunca resuelta y la necesaria reconciliación nacional, cantó tan temprano como en 1969 en *Yo regresaré* (*«Sé que algún día yo regresaré / a ti mi Cuba hermosa volveré»*); luego en *Caminos para volver*, en 1982 (*«Hay siempre caminos para volver / sobran caminos para volver / […] No me faltan razones / pues me sobra la esperanza / […] Por eso yo digo que un día volveré / […] Cómo te extraño mi tierra / allá yo moriré»*); en 2001, en *La Cuba mía* (*«Quiero volver sin mirar atrás, / poder vivir para perdonar, / quiero sentir, quiero regresar / a la Cuba mía»*); y hasta la celebración de un cambio político con una hipotética y monumental fiesta caribeña en *Cuando Cuba se acabe de liberar* (*«Cuba libre será, / Cuba libre muy pronto será. / Cuando mi Cuba sea libre, / tú verás cómo vas a gozar»*).

Anticipándose poco más de dos años a su partida, la imposibilidad del regreso y su frustración personal quedaron refrendadas por alguien que bien la conocía —Emilio Estefan Jr., junto a Angie Chirino— en *Por si acaso no regreso*, fe de compromisos cumplidos, testamento con deseos de reconciliación y peticiones de eternidad: *«[…] guardaremos los rencores, Dios mío / y compartiremos todos un mismo sentimiento»*, y de reafirmación de su cubanidad y pertenencia: *«Y siempre me sentí dichosa / de haber nacido entre tus brazos, / y aunque ya no esté, de mi corazón te dejo un pedazo / por si acaso no regreso»*. Celia asumió la pertenencia y representatividad desde su ejecutoria cultural: allí donde fuera, era Cuba y lo reafirmaba.

Su compleja relación con el gobierno cubano y su exposición pública transitaron por diferentes etapas, desde la inicial, donde evadía el tema político en entrevistas y declaraciones, quizás por las heridas aún abiertas por la muerte de su madre y la esperanza de poder visitar su tumba, hasta los años de total implicación pública en el disenso a través de declaraciones y actos, como conciertos y acciones conmemorativas y patrióticas en Nueva York, Nueva Jersey y Miami.

La prensa encontró, en proporciones similares, razón y morbo en mantener la postura de Celia frente al gobierno cubano como uno de los temas perennes en entrevistas y conferencias de prensa, a lo que la Reina de la Salsa respondía con diverso grado de implicación según las circunstancias específicas. De los años iniciales en que exiliados cubanos intentaban derrocar el gobierno cubano por la vía armada, sus archivos personales guardan el programa de lo que podría ser su primera acción de sentido político-patriótico: una velada con los artistas cubanos exiliados más renombrados, realizada un 26 de agosto en Palm Garden, Nueva York, y auspiciada por la organización Ejército Invasor Cubano. Dos bonos por 92 dólares cada uno a nombre de «Celia y La Sonora Matancera» y «Admiradores de Celia Cruz y La Sonora Matancera» fueron emitidos por la Junta Revolucionaria Cubana con fecha de 18 de enero de 1964. No constan pruebas documentales de otras contribuciones financieras para tales fines.

Hizo valer internacionalmente su prestigio y poder de convocatoria de maneras disímiles, como cuando, encontrándose de gira por Colombia en octubre de 1995, solicitó ser recibida por Ernesto Samper, presidente de Colombia, para pedirle que apoyara el restablecimiento de la democracia en Cuba y expresarle su rechazo a la presencia de Fidel Castro en Bogotá para participar en la XI Cumbre de los Países No Alineados.

Su disenso frente el gobierno cubano era una acción de cimarronaje refractario, que arreciaba en la misma medida en que las clavijas de la censura hacían cada vez más imposible su aparición en los medios en la isla y el reconocimiento de su incuestionable relevancia en la cultura cubana. Participó siempre en cuanto evento patriótico de la comunidad cubana en la Florida, Nueva York y Nueva Jersey fuese invitada, como la celebración del 20 de mayo, fecha de instauración de la República de Cuba.

En 1981 la editorial estatal Letras Cubanas publicó el *Diccionario de la música cubana: Biográfico y técnico*, del músico, musicólogo e investigador Helio Orovio, el primero en su tipo. Los mecanismos de censura aplicados por el gobierno cubano excluyeron a cerca de 200 músicos y cantantes exiliados en diversos países y que, según declaraciones del autor, se incluían en el manuscrito original entregado a la editorial. El escándalo saltó a la prensa internacional con la firme protesta de Celia, que no escondió el disgusto que le provocaba la nueva afrenta.

Años después, Celia y Orovio se encontraron en Colombia, pero las disculpas y explicaciones del musicólogo no fueron suficientes para la Guarachera de Cuba. «Celia le respondió, airada, que ella había llevado y defendido con orgullo la música cubana a todas partes, que nunca había hablado de política sobre un escenario y era inadmisible tal omisión», según cuenta Omer Pardillo. La Guarachera de Cuba se refirió en otras ocasiones a este incidente con amargura y firmeza, como en el programa *Séptimo de Caballería.* Entonces dijo a Miguel Bosé en Televisión Española: «Hay un libro de música cubana que no podía salir al mundo si no salía con Celia Cruz», dijo sumamente contrariada. «Y no salí, porque yo estoy fuera. Así que los más injustos y estrechos de mente son ellos, porque hay que poner a Celia Cruz ahí. Lo quieran o no lo quieran, yo soy Cuba, y punto».

En Cuba algunos músicos e intelectuales, de diverso modo, intentan que se derribe la censura que desde hacía tres décadas pesaba contra Celia y su música. En 1993, en declaraciones a la agencia española EFE, el cantautor Pablo Milanés calificó de «error» el veto prevalenciente: «Celia es una artista extraordinaria, nunca ha surgido otra con sus características ni su calidad, en Cuba, ni en ninguna otra parte», dijo, y lamentó que nunca se le haya permitido volver a Cuba, ni siquiera cuando murió su madre. De igual forma se pronunció ese mismo año en entrevista con Homero Campa para la revista mexicana *Proceso*, aprovechando la circunstancia de ser, en ese momento, candidato a Diputado de la Asamblea Nacional del Poder Popular en Cuba. Pablo abogaba por levantar la censura y rescatar a figuras de la cultura cubana en el exilio, como Guillermo

Cabrera Infante y Celia, en tanto portadores y defensores de los valores que identifican la cubanidad.

Algunos escenarios fueron propicios para ella y su causa, y el que más, fue el evento que congregó a 34 jefes de Estado de América Latina, el Caribe y Canadá junto al presidente Bill Clinton en Miami del 9 al 11 de diciembre de 1994, en la Cumbre de las Américas.

Como componente cultural se celebra, a iniciativa del Kennedy Center, el Concierto de las Américas, en el James L. Knight Center. Con dirección musical de Quincy Jones y producción de David Salzman, el 10 de diciembre subieron a escena notables cantantes, músicos y actores como Liza Minnelli, Morgan Freeman, Patti LaBelle, Sheila E., la poeta Maya Angelou, Tito Puente y Celia, entre otros, en un gran espectáculo que cuatro días después es transmitido por la red de televisión pública de Estados Unidos, PBS.

Hubo momentos trascendentes, como el reencuentro de los I-Three: las voces de Marcia Griffiths y Judy Mowatt, el coro de Bob Marley junto a Rita Marley; tener a Maya Angelou leyendo los versos de *Democracia* de Langston Hughes, el gran poeta afroamericano; o la intervención de la Guarachera de Cuba. Celia desatendió el llamado de Quincy a abstenerse de hacer declaraciones políticas específicas ante los presidentes: hizo valer el peso de su nombre, cantó *Guajira guantanamera* y cerró el montuno con una petición a los jefes de Estado presentes: «Señores presidentes, por favor, en nombre de mis compatriotas, no ayuden más a Fidel Castro, para que se vaya y me deje una Cuba libre del comunismo». Al concluir en medio de sostenidos aplausos, y pasar junto a Quincy Jones, este no pudo menos que decirle: *¡Celia, you are a genius!* (Celia, ¡eres un genio!)», según recuerda Omer Pardillo.

El año 1995 traerá para Celia y Pedro muchas alegrías y también profundas tristezas. Por esas fechas muere John Paul, su sobrino amado, el único hijo varón de su hermana Gladys, que junto a Linda y Celia María formaban la tríada de sobrinos que extendían la familia. Con su nacimiento, el 28 de mayo de 1972, *Johnpy*, como le llamaban, trajo a Celia una alegría que antes desconocía.

Inteligente y cariñoso, había nacido con una enfermedad incurable que terminó con su vida el 28 de diciembre, sin haber cumplido 23 años. Ese fue un golpe duro para Celia y Pedro, pues desde su nacimiento, *Johnpy* había ocupado el lugar del hijo que la naturaleza no les permitió tener.

Por esas fechas, Omer Pardillo había empezado a trabajar formalmente en RMM. El empeño y meticulosidad que, a pesar de su juventud, puso en la organización de todo lo referente a Celia en el departamento de promoción y *marketing*, fue determinante en la toma de decisiones futuras. Su presencia cada vez más cercana a Celia y Pedro fue también decisiva para paliar la ausencia irreparable del sobrino predilecto de la pareja.

Mientras tanto, *Ralfy* Mercado no renuncia a su manía de congregar multitudes en el Garden. El sábado 11 de febrero, con miras en el Día de San Valentín, produce el *Concierto de Amor* con los exponentes más notorios de la llamada salsa romántica o erótica. Celia no fue convocada, probablemente porque no es posible encasillarla en tal denominación. El presentador del recital, a todo pecho y garganta, anuncia a La India como «la Nueva Reina de la Salsa». La respuesta de la joven cantante fue recogida por Peter Watrous en *The New York Times*: «Ella se mostró reacia y dijo: "Solo hay una reina de la salsa, Celia Cruz, pero estoy feliz de ser la princesa».

Entre 1994 y 1995, intentando renovar el diseño de *marketing*, Mercado convence a Celia para presentar una línea telefónica psíquica al estilo del infomercial Psychic Friends, que antes había elevado los *ratings* de teleaudiencia de la gran cantante afroamericana Dionne Warwick. Este era un servicio de consulta telefónica a demanda en materia de asesoría espiritual, adivinación a través de medios conocidos, de moda entonces tanto entre las audiencias angloparlantes como latinas, pues también la popular vedette dominicana Charytín tenía el suyo. ¡Y Celia siempre estaba dispuesta a experimentar! Iniciaba ella el programa haciendo la presentación de su línea, dando paso después a los verdaderos «psíquicos». Aun así, la idea no fue bien acogida por sectores de su fanaticada y de la comunidad cubana. Muchos admiradores veían en esta acción una suerte de demérito, por innecesaria, a la altura de su trayectoria, y otros, una prueba de que la Reina de la Salsa iba «cuesta abajo». Celia dio una vez más muestra de sagacidad en la conducción de su carrera y de empatía con sus audiencias: aprovechando entrevistas y apariciones públicas, su respuesta invocó a la comprensión de su público, lo que resultó en la no renovación del contrato.

La primavera en Madrid se ensombrece el 16 de mayo de 1995. Ese día muere Lola Flores, uno de los íconos más auténticos y consistentes de la cultura popular en España y una de las grandes amigas de Celia. Celia y Lola son reconocidas como auténticas portadoras de una cultura de raíz, que defienden con suma naturalidad.

Además de su memorable actuación en el homenaje a la Faraona en 1990 y en la gala de los Premios Aplauso '91 en Miami, los archivos de televisión en España atesoran el dúo ocasional de Lola y Celia cantando *Burundanga* en el programa *Juntos por primera vez*, y después en el programa *Sabor a Lolas*, que conducían Lola y su hija Lolita. Su última actuación juntas fue en el programa *¡Ay Lola, Lolita, Lola!*, donde volvieron a cantar el célebre afro. Por motivos de trabajo, Celia no puede estar presente en las honras fúnebres de su gran amiga en España, pero envió flores y un mensaje de condolencia a la familia: «Queridos Antonio, Lolita, Antonio Jr., Rosarito, Carmen y toda la familia Flores: Pedro y yo estamos sinceramente afectados con la desaparición de nuestra adorada Lola, por tal motivo nos unimos a vuestro dolor y al dolor de toda España y la clase artística mundial. Que Dios acoja en su seno a nuestra Faraona».

Tres años después le haría un tributo especial, grabando *Canto a Lola Flores* (Ángel *Cucco* Peña y Guadalupe García) para su álbum *Mi vida es cantar* (RMD-82068). Siempre que iba a España fueron frecuentes las visitas de Celia al panteón de la Faraona en el cementerio madrileño de la Almudena. Y a modo de sellar para siempre esa amistad, *Regalo del alma*, el último álbum de estudio de Celia, publicado de manera póstuma en 2003, incluye su versión de *Ay, pena, penita pena*, uno de los clásicos de la Faraona, ahora a dúo con Lolita en versión salsera del cubano Alain Pérez.

La directora indonorteamericana Mira Nair lleva a la pantalla *The Perez Family* (*Cuando salí de Cuba*), una historia de ficción en clave de fábula acerca de refugiados cubanos en Estados Unidos, con un elenco encabezado por Marisa Tomei, Anjelica Huston y Alfred Molina. El gusto por el cine y su esquema de producción permanece en Celia, le seduce su capacidad de comunicación y su validez como prueba personal, y acepta el rol que le propone Nair, si bien vuelve a ser encasillada en un estereotipo recurrente cuando asume el papel de Luz Pat, una santera.

Con locaciones de rodaje en Mar Chiquita, Puerto Rico, y Coral Gables, en Florida, el filme tuvo su *premiere* en EE. UU. el 12 de mayo de 1995 y se exhibió en más de 10 países con diferentes títulos, aunque careció de críticas favorables en el ámbito de la comunidad cubana. Para René Jordán, reconocido crítico de cine de *El Nuevo Herald*, la historia escrita por Robin Swicord y Christine Bell (autora de la novela original) era una trepidante fábula acerca del éxodo del Mariel, pero subraya que el cine suele ser muy cruel con las fábulas, que redimensionadas requieren de la ignorancia crédula de un público totalmente ajeno. «Para un público cubano en Miami, es una imposible falsedad», y reconoce que en esa historia, Celia «tiene muy poco que hacer, pero lo hace bien».

En otra incursión cinematográfica, Celia aparece en el documental musical *¡Aquí estamos!*, dirigido por Nat Chediak y Guillermo Torres, y producido por WSCV Canal 51, un recorrido por la música popular cubana y su historia, entre ensayos, entrevistas y material de archivo centrado en la filmación de una *descarga* por 15 músicos de varias generaciones, dirigidos por Juan Pablo Torres.

La secuencia final no podía ser mejor: Celia interpretando el bolero *Luna sobre Matanzas* (Frank Domínguez) en grabación de los años cincuenta con LSM, mientras corren imágenes de La Habana en aquellos tiempos. *¡Aquí estamos!* se estrenó el 23 de mayo de 1995 en el teatro Manuel Artime, de Miami.

En un evento donde las músicas de Cuba y Brasil aportan los sonidos del mundo, el 1.º de julio de 1995 el concierto *Two Divas and a Lion* une a Celia y a La India con Oscar D'Leon, además del trompetista Arturo Sandoval, en el escenario del Carnegie Hall como parte del Festival de Jazz JVC de Nueva York. La prensa califica a Celia con los más generosos epítetos. Peter Watrous, en *The New York Times*, es pródigo y resalta rasgos de creatividad en la atemporal interpretación de Celia que la hace clásica y contemporánea a la vez, llevando su posible clasificación más allá del ámbito puramente latino, para encajarla en el pop: «Es posible sea una la última de las grandes cantantes pop que suena como si hubiera aprendido a cantar sin micrófono», señala.

En 1983, Caetano Veloso ya había mencionado a Celia en *Quero ir a Cuba*, la samba incluida en su álbum *Uns*, de 1983, entonces comenzó a tejer su vínculo con la Guarachera:

[...]
a Ilha de Xangó e de Yemanjá
yorubá igual à Bahia
desde Célia Cruz
cuando eu era un niño de Jesus
e a revolução
que também tocou meu coração...

En 1994, Veloso incluye en su álbum *Fina estampa* su versión de *Mi cocodrilo verde* (José Dolores Quiñones), que Celia había grabado en Cuba en mayo de 1960 como parte de su LP *Reflexiones* (SCLP-9200). En 1995 se concreta, al fin, la posibilidad de tener a Celia en Brasil y cantar juntos. Con Tito Puente y su banda, Celia es invitada al 10.º Free Jazz Festival, donde se presenta el 17 de octubre en São Paulo y el 19 en Río de Janeiro, en dúo con Caetano cantando *Mi cocodrilo verde* y *La guantanamera*. Dos años después, Celia tendrá al bahiano en su álbum *Celia's Duets* (RMD-82201), repitiendo el encuentro cantando *Soy loco por ti América*, de Gilberto Gil, grabada originalmente por Veloso.

En la misma línea de apego a las raíces, Celia vuelve a Haití, el país de su debut internacional con LSM. Allí la adoran y agradecen su legendario vínculo con la diva haitiana Martha Jean-Claude, por encima de lejanías geográficas y distancias ideológicas. Hace 34 años que se conocieron en Cuba, donde con LSM también grabaron juntas *Choucoune*, una canción haitiana.

Con discreción, Jerry Masucci solía frecuentar La Habana, en un empeño de hurgar en el pasado y avizorar los talentos del futuro. Por ese camino, llega a acuerdos con el Instituto Cubano de Radio y Televisión para restaurar las matrices de algunas de las escasas grabaciones de Celia con LSM y otras orquestas, en los programas que mantuvieron en los años cincuenta de lunes a viernes en directo en CMQ y Radio Progreso, y que sobrevivieron a la reutilización y destrucción propiciada por la censura política y las carencias materiales. La musicóloga Lidia Bécquer y la radialista Mirta Rubio, parte del funcionariado del ICRT, vieron en la propuesta de Masucci la posibilidad de preservar, con tecnologías no disponibles en Cuba, lo que había sobrevivido y facilitaron su concreción, accediendo a un acuerdo de licenciamiento. El resultado fue una serie de cinco CD, tres de ellos bajo el título *Celia Cruz: En vivo Radio Progreso* (B-226, B-227 y B-228), otro llamado *Celia Cruz: En vivo Radio Progreso y CMQ. Década del 50* (B-229), y uno más con el nombre *Celia Cruz: En vivo CMQ* (B-230), que vieron la luz en 1995 bajo el sello Bárbaro (perteneciente a Fania). Estos discos constituyen un importante testimonio de época, con Celia actuando en un ambiente diferente al estudio de grabación, con una duración mayor por canción y la espontaneidad que un programa de radio con público presente en el estudio podía permitir, donde se puede apreciar su evolución en la improvisación sonera. También se incluyen algunos registros de Celia acompañada por otras agrupaciones musicales, como el conjunto de Senén Suárez, las orquestas de Ernesto Duarte, de Carlos Ansa, de Chepín Choven y Riverside, por un grupo de tambores batá, y acompañada por Lino Frías al piano.

Ralph Mercado concreta la idea que desde hacía tiempo daba vueltas en su cabeza: grabar un homenaje a The Beatles en clave salsera. Con una fiesta en el Hard Rock Café de Nueva York, el 27 de febrero de 1996 lanza al mundo el álbum *Tropical Tribute to The Beatles*, una selección de temas de John Lennon y Paul McCartney cantadas en inglés y español con un elenco representativo de las generaciones salseras, desde grandes voces de la vieja guardia, como Cheo Feliciano y Celia, hasta los emergentes o relativamente nuevos en el catálogo de RMM. Con concepto general de Oscar Gómez, la dirección musical y los arreglos estuvieron a cargo de Steve Roitstein. Celia se encarga de *Obladí obladá* en una animada versión en español, e interviene también, como todos los cantantes, en el tema que cierra el disco, *Come Together*. Sobre su trabajo con Celia en este disco, Roitstein contó:

> La canción más desafiante para un cantante en ese álbum fue *Obladí Obladá*, que le asignaron a Celia. La estructura rítmica de la canción no se prestaba fácilmente al ritmo de la clave. Para ayudar a suavizarlo, tomé prestada una de las tácticas de Johnny Pacheco, arreglando una versión actualizada con el sonido de LSM. Cheito Quiñones y yo cantamos los coros, Sammy *Timbalón* Pagán tocó la percusión; Tony Concepcion, las dos partes de trompeta, y yo me encargué del bajo y el piano. Celia manejó impecablemente la voz en esta canción, que nunca fue pensada para ser interpretada como guaracha. Su increíble don para el fraseo y su energía mágica hicieron que pareciera que la canción había sido escrita para ella.

Un concierto homónimo en el Radio City Music Hall, fijado también en DVD, llevó las canciones del álbum al ambiente de los grandes *shows* salseros de Nueva York. En Harlem, el 18 de mayo de 1966, se presenta en el Aaron Davis Hall *Rhythms of my soul* (*Ritmos de mi alma*), un programa de danza que rinde homenaje a la riqueza de la cultura y el patrimonio afroamericano y afrocaribeño, con una amplia selección de grabaciones de Celia y Tito Puente como respaldo musical. De nuevo sus canciones sirven de apoyatura para la danza: en agosto del 2000, la compañía de Daniel Gwirtzman estrenaría *Summer Fest*, en el teatro Flea de Nueva York, obra coreográfica basada en canciones de la Guarachera.

Celia es uno de los cientos de artistas que ofrecieron su tiempo para actuar sin remuneración en las celebraciones en Washington por el 150.º Aniversario del Instituto Smithsonian, entre ellas, Aretha Franklin, la cantante de *country* Trisha Yearwood, y Mickey Hart, de la banda Grateful Dead, en un brillante y representativo concierto.

Durante la presidencia de Bill Clinton, en los años noventa, sobrevienen ciertos momentos de efímera distensión en el diferendo político Cuba-EE. UU. Tras la estremecedora crisis de los balseros de 1994 y la implantación de algunas medidas económicas por parte del gobierno cubano que relajaron las restricciones a la inversión extranjera, Ralph Mercado también comienza a frecuentar La Habana con discreta asiduidad. Intentaba mantenerse al tanto de lo que ocurría en la música de la isla, detectar nuevas voces y oportunidades de negocios, en un intento de recuperar la gloria de la salsa en el mercado mundial.

Desde la segunda mitad de los ochenta lo que hacía bailar a la isla era la timba, un estilo musical rítmico y bailable que, con gran complejidad armónica, unía la tradición sonera con el jazz y otras influencias presentes en los jóvenes músicos, pero de formación académica con el oído puesto en lo que ocurría en Nueva York desde finales de los sesenta. Este fenómeno hizo aflorar nuevos cantantes, entre ellos un joven sonero llamado Issac Delgado, con fuerte apego a la tradición, pero con imagen y proyección contemporáneas, ya con gran popularidad en la isla. Su fichaje para RMM es una de las primeras acciones que vinculan a *Ralfy* con la Cuba actual.

La inclusión —sorpresiva para Celia— de Issac como invitado de José Alberto *el Canario* y su orquesta en el concierto en el MSG de 1996 provocó una fuerte reacción de la prensa que, a las puertas del coliseo, instaba a Celia a pronunciarse sobre su aceptación a cantar con un músico proveniente de la isla. Esto desencadenó una reacción personal en ella, primero de disgusto hacia Mercado, lo que puso en peligro el concierto, aunque, al final, con humildad, Issac pidió a Omer Pardillo: «¡Dile que soy el hijo de Lina Ramírez, la de Las Mulatas de Fuego!», y con ello Celia ordenó que lo llevaran de inmediato a su camerino. Con mucho cariño y respeto, le explicó a Issac: «Nosotros los cubanos, desafortunadamente, estamos divididos por estas cosas, pero claro que conozco a tu madre. Mándale un abrazo de mi parte». Aunque el incidente sumaría consecuencias para la relación profesional entre Celia y *Ralfy*, pasaría muy poco tiempo para que la vida involucrara a Issac y a Celia en una fructífera colaboración profesional y en un cariño personal recíproco, junto a los músicos que aquel habría traído de Cuba.

A finales de noviembre, Celia vuelve al Blue Note en una corta temporada. La pertinencia de su *performance* en el ámbito del latin jazz, tan amplio como era concebido, es refrendada por *The New York Times* en palabras de Peter Watrous acerca de su desempeño en el concierto del famoso club de jazz. Watrous califica de «estupenda» su capacidad repentista que «se torna espectáculo», cuando, con su voz potente y gutural, convierte cualquier suceso en objeto de su improvisación y destaca en Celia una tradición del canto afrocubano anterior a la aparición del micrófono, una voz grande y concebida para cantar en cualquier sitio que fuera preciso.

Los cines Embassy, Nova Cinemas y Coliseum en Nueva York estrenan el 12 de septiembre de 1996 un importante largometraje documental: *Yo soy del son a la salsa*, producido por Ralph Mercado, a través de RMM Filmworks y el cineasta cubano Rigoberto López Pego, quien también lo dirige y escribe el guion con Leonardo Padura, con una discreta participación del Instituto Cubano de Arte e Industria Cinematográficos (ICAIC). Filmado principalmente en locaciones de EE. UU. y algunas en Cuba, el filme forma parte de las recientes acciones de *Ralfy* con Cuba en su archipiélago.

Para comenzar el texto crítico que publicara al día siguiente del estreno, *The New York Times* no encontró nada mejor que las palabras de Celia en el filme:

> Hacia el final de *Yo soy del son a la salsa*, una extensa historia de la música bailable popular caribeña, se le pide a la gran cantante afrocubana Celia Cruz que defina la palabra «salsa», el término bajo el cual generalmente se agrupa esta música. Cruz responde que, para ella, «salsa» es «una palabra de *marketing*, un mito que no creo que exista». Pero agrega que, sea lo que sea, se basa principalmente en ritmos cubanos.

El crítico Stephen Holden considera el documental «la película más completa sobre este estilo (también conocido como tropical) jamás realizada. [...] una cronología seria y directa de un sonido que los musicólogos remontan a más de cien años en las montañas del oriente de Cuba».

El verdadero suceso ocurrió tres meses después en Cuba, cuando su capital vivía un singular espíritu festivo que concentraba el deseo de conocer y actualizarse con lo último y más valioso de la producción cinematográfica. Eran días de frío habanero, nada comparable a las temperaturas newyorkinas, pero las colas en los cines exhibían bufandas y abrigos el día de la exhibición de *Yo soy del son a la salsa*. Precedida de una verdadera conmoción popular, donde no faltó el escepticismo de muchos: por primera vez en más de 35 años, la imagen de Celia Cruz aparecería en la pantalla de un cine en Cuba. Cuando eso ocurrió, cuando su voz estremeció todos los resquicios y su imagen brilló en la pantalla, la sala Chaplin se vino abajo en un aluvión de aplausos que, sin dudas, constituyeron una acción plebiscitaria contra la censura a la que ha sido sometida la imagen, el nombre y el legado de la Guarachera en su país natal. Un documental donde ella no solo aparecía, cantaba, bailaba, sino también opinaba, pudo suponer el mayor reto a la prohibición que regía en la isla. Así lo recuerda Iván Giroud, entonces director del festival, en su libro *El pretexto de la memoria*:

> El documental [...] acaparó la atención del público cubano y mereció el Primer Premio Coral al Mejor Documental. Le habían antecedido tensiones, porque muchos sospecharon que sería censurado por incluir figuras principales de la música cubana como Celia Cruz, prohibida en Cuba en los canales de la radio y la televisión. Pero no se registró incidente alguno.

Aun cuando participa con entusiasmo en el rodaje, Celia no conocía detalles, no fue informada por *Ralfy* sobre el origen y destino de las imágenes, que le fueron filmadas junto a Tito Puente, opinando acerca de los orígenes y la esencia de la salsa. Sería difícil saber qué pesó más: el disgusto por colocarla en una situación de cancelación y acoso mediático por su vínculo con algo relacionado al gobierno de Cuba, o la atronadora ovación que los 1,400 espectadores le dedicaron cuando apareció en la pantalla.

Las decisiones tomadas por *Ralfy* en ambos casos podrían interpretarse como un deseo de ayudar a acercar a artistas cubanos, ignorando, desde su condición de newyorkino hijo de padre dominicano y madre boricua, la sensibilidad y las heridas aún abiertas entre la diáspora cubanoamericana y la isla. La idea unificadora que sobrevuela el documental, recolocando el papel y lugar de la música cubana en la historia de la salsa, podría tener un propósito menos evidente: contribuir si no a la reconciliación, al menos a la reconexión y reconocimiento oficial por Cuba de los músicos que habían emigrado, vivían y trabajaban en Nueva York, Celia entre ellos.

Durante el año sigue la cosecha de galardones: el premio Andalucía Artista Universal, y el premio especial ACE Artista Extraordinaria, los premios Casandra, máximo reconocimiento de la Asociación de Cronistas del Espectáculo de República Dominicana; Desi al Éxito de la Vida; ACE al mejor video musical por *Que le den candela*; Ángel, Olé la Vida, en Hollywood, California, y Pan Art de ACCA en Miami. En Venezuela, con una publicitada ceremonia recibe su estrella en el Paseo de la Fama «Amador Bendayán».

A nivel fonográfico, no hay nuevos álbumes, pero sí colaboraciones y presencia en discos colectivos: el CD *Salsa explosion* (RMD-82007) reúne a la orquesta RMM, conducida por Sergio George, con Celia Cruz, entre otros. En dueto con Oscar D'León, canta *El son de Celia y Oscar* (Celedonio García y Luis Mario Peral), una guaracha muy solicitada en conciertos en vivo. Por su parte, Fania lanza los recopilatorios *Celia Cruz: The Best. Vol. I* y *Vol. II* (Vaya JMVS-111 y JMVS-112), con grandes éxitos de todos los tiempos.

Celia aparece en algunos discos ajenos: Willy Chirino incluye en su CD *Asere* (Sony Tropical – CDZ-81713) el dueto con *Caballero y dama* (Marisela Verena). La marca venezolana Palacio Rodven publica *Voces de siempre* (LPS-2070), un recopilatorio de La Rondalla Venezolana con algunos famosos cantantes latinos. En voz de Celia se incluyen los cortes *Piel canela*, *Aunque me cueste la vida* y *Espérame en el cielo*, pero no se trata, al parecer, de registros grabados para la ocasión, sino de una cuestionable práctica de la agrupación que solía superponer las voces de afamados cantantes a sus propias interpretaciones sin interacción directa y personal.

Desde los años setenta, la música de la isla comenzó a aparecer en mercados internacionales específicos. Marcas como CBS y Messidor, más insertadas en la industria, y sellos minoritarios como Qbadisc, Mango y Realword publican discos y compilaciones de

Irakere, Los Van Van, Orquesta Revé, NG La Banda y otros, sin que logren un impacto a gran escala ni una articulación internacional que recuperara los niveles anteriores a 1960.

En la década de 1990, sin embargo, un suceso alteraría la escena a favor de Cuba: el álbum *Buena Vista Social Club* (World Circuit WCD-050), producido por Nick Gold y Ry Cooder con Juan de Marcos González, reunió y devolvió a viejos músicos cubanos, que vivían en Cuba y que, sin haber sido excepcionalmente famosos, permanecían apegados a la tradición. Algunos —como Francisco Repilado, *Compay Segundo*, el pianista Rubén González o el cantante Pío Leyva— habían nacido mucho antes que Celia y pertenecían al ámbito sonero y guarachero en la isla al que ella estuvo expuesta en su etapa formativa y de desarrollo inicial. En un fenómeno inesperado, Buena Vista Social Club situó la música cubana hecha en la isla, de nuevo, en las cuatro esquinas del mundo.

La confluencia de varios factores aparentemente inconexos —el fin del campo socialista, la pérdida de los principales sustentos foráneos del gobierno cubano y el lógico empeoramiento de la situación económica, así como el cansancio generado en las audiencias mundiales tras décadas de estremecimientos telúricos de pop, rock y salsa— propiciaron la aceptación de aquella música calmada, pero rítmica, que traían aquellos viejitos cubanos y que había sido capaz de seducir a un músico informadísimo y proclive a la experimentación en otros orígenes étnicos. Sin más participación de las entidades gubernamentales cubanas que controlaban la cultura y la industria fonográfica que no fuera el alquiler del estudio de grabación y algún otro servicio más, una compañía fonográfica británica lograba el milagro, en medio de la perplejidad de muchos músicos y el silencio oficial ante un logro gestado fuera de su política cultural: al ritmo del Buena Vista Social Club, el mundo miraba hacia el archipiélago cubano con la curiosidad con que se entra a un parque temático prehistórico.

El fenómeno Buena Vista Social Club coincidió en el tiempo con la última década de carrera de Celia, mas no fue concomitante con ella: ambos exponentes de la música tradicional cubana transcurrieron por vías paralelas pero no coincidentes, ni interactuantes, sin perjuicio para la carrera de la Guarachera, que comenzaba a transitar nuevas experiencias sonoras que trascendían lo tradicional para anclarse en los tiempos que corrían. La prueba de tal cambio estaba a la vuelta de la esquina.

Wyclef Jean aún no había nacido cuando Celia llegó exiliada a Nueva York. Wyclef vivió en Haití, su país natal, hasta los nueve años, cuando sus padres se mudaron a Estados Unidos. Allí creció y ha pasado la mayor parte de su vida; allí se hizo músico y también famoso cuando fundó The Fugees, un popular trío haitiano-estadounidense de hiphop junto a Lauryn Hill y Pras Michel. Tras el notable éxito de ventas del álbum *The Score*, Wyclef Jean inaugura su carrera en solitario con el CD *Wyclef Jean Presents the Carnival Featuring the Refugee All Stars*, conocido más como *The Carnival* (Columbia/Ruff House).

Para este disco, editado a mediados de 1997, Jean solicita a Celia una colaboración para su versión de la *Guajira guantanamera*, insertada ahora en la cultura hiphop, y en la que participan también Lauryn Hill y la emergente Jeni Fujita. A Celia, en particular, el trabajo con Wyclef Jean y Lauryn Hill le permitió asomarse a dos de las nuevas realidades imperantes en el *music business*: el auge de la cultura hiphop como expresión musical y social entre los jóvenes afroamericanos y latinos, y la presencia creciente del videoclip como elemento crucial de *marketing* y promoción. Dirigido por Marc Smerling, el video de cinco minutos que acompañó el lanzamiento de *Guantanamera* recontextualiza la clásica guajira cubana para ubicarla visualmente fuera de sus orígenes geográficos y sonoros, en un ámbito caribeño de mayor alcance dentro del cual transcurre una historia que mezcla sensualidad, localismo y *thriller* sin que la presencia de Celia —sentada cual reina impávida, en inusual imagen donde no hay baile ni movimiento— evidencie vínculo alguno con la trama que se pretende contar, ni tampoco da lugar a exigencias expresivas en cuanto a su inserción musical en el estilo hiphop. El video tuvo alcance mundial gracias al canal Music Television (MTV) y demostró a Celia la pertinencia de las nuevas formas de distribución de la música, incluso, para un clásico como ella. Si bien *Guantanamera* no estuvo entre las canciones más populares de este disco, logró una nominación en la 40.ª edición de los Grammy al Mejor Performance de Rap por Dúo o Grupo.

Entre otras de las renovadas experiencias a las que se aventura, Celia canta con una formación sinfónica el 11 de abril de 1977 en el Jackie Gleason Theater. Como invitada de la Filarmónica de la Florida, dirigida por Duilio Dobrin, Celia interviene en la serie *Miami Latin Pop*, como un saludo a la riqueza de la música latina, representada ahí por el mambo, el tango y la música afrocaribeña. Ya lo había hecho antes en sus años en Cuba, cuando se aproximó al universo sinfónico conducida por grandes directores como Gonzalo Roig, Ernesto Lecuona y Rodrigo Prats, solo que de ellas no quedaron evidencias fonográficas.

De impecable blanco, desde la peluca a los zapatos, Celia impacta antes de salir a escena, cuando en *off* se escuchan las primeras frases de *El yerbero moderno*. Con un repertorio menos *salsero*, recorrió su versión de *Facundo*; cantó *Lo tuyo es mental*, y en la segunda parte, regresando ahora de rojo total, emocionó con *Vieja luna*, *Cuando calienta el sol* (¡en inglés!) y *Quiéreme mucho* (Gonzalo Roig). El segmento final lo hace enfundada en una soberbia bata cubana verde y llega al clímax con *Yo soy la voz* (Rudy Calzado), *La guagua* (Juan Bruno Tarraza) y *Bemba colorá*; y con un cuarto cambio de vestuario, ahora plateado, da el cierre con la *Guantanamera*. Celia y la Filarmónica de la Florida repitieron la experiencia un año después, dentro de la misma serie *Miami Latin Pop*, esta vez con el gran *Cachao* como invitado especial.

A finales de aquel mayo, Celia estampa sus manos en el Paseo de las Luminarias de México y el 20 de julio siguiente canta en el Concierto Ritmos Latinos '97 en Plaza Ferias Alajuela, Costa Rica, acompañada por la orquesta local Los Brillanticos.

En 1997 vuelve al mundo de las telenovelas para encarnar a Macaria en *El alma no tiene color*, producida por Juan Osorio para Televisa y protagonizada por Laura Flores y Arturo Peniche. La historia creada por Joselito Rodríguez y Alberto Gómez retoma un tema frecuente en la narrativa y en las radionovelas: las relaciones ocultas entre los amos y los sirvientes. Macaria, la criada negra encarnada por Celia, es reconocida como nana o ama de crianza por la protagonista Guadalupe Roldán, cuando en realidad es su verdadera madre. En un rol diseñado desde el estereotipo, sin mayores posibilidades dramáticas para ella, Celia cierra así su vínculo con la telenovela.

A mediados de los noventa, regresando de Santiago de Chile a Miami, las 17 maletas de Celia fueron enviadas a La Habana por error. El increíble desaguisado tuvo final feliz cuando Celia recibió de vuelta sus valijas y todas sus pertenencias intactas. El viaje de su equipaje a La Habana, sin ella, era una triste metáfora, la constatación de una quimera que ha ido desplazando el tema de Cuba a espacios y expresiones de extrema susceptibilidad en Celia. A poco de cumplir 72 años, la esperanza perenne de regresar a su país, condicionado al relevo de Fidel Castro, debió mitigarse hasta una latencia residual. No fue suficiente, no podía serlo, pisar tierra de Guantánamo por apenas algunas horas. Celia era una mujer realista, pero por momentos se permitía soñar, como aquel día en que le preguntó a Ángel González, el último y más fiel de sus guardaespaldas, si sería capaz de acompañarle cuando ella, por fin, volviera a Cuba.

En aquel tiempo, Celia no podía comprender la indiferencia de sus colegas, que en la isla poco o nada hicieron frente a la férrea censura impuesta no ya a su música, sino a la sola mención de su nombre en los medios de difusión, y, en consecuencia, hubo una etapa en que reaccionaba airada ante cualquier posibilidad de coincidencia en escenarios con músicos de la isla, o cuando algunos no cubanos iban a cantar donde ella estaba prohibida. Más allá de la fama y la gloria, Cuba era un drama personal para

Celia, y una de las pocas cuestiones que la mantenían bajo escrutinio mediático.

Celia siempre había gozado del cariño de los puertorriqueños y ella se comportaba con sincera reciprocidad, correspondiendo a la lealtad que la comunidad boricua en Nueva York y en la isla le demostraba. En tal contexto, el incidente con Andy Montañez fue el único problema importante que la enfrentó a algunos medios y a una parte de su fanaticada.

Montañez había coincidido en un evento con el cantautor Silvio Rodríguez y ocurrió el lógico abrazo entre músicos que se admiraban. Celia, entre dolida y jocosa, comentó, según el *Daily News*, que Montañez, su amigo de muchos años, «pudo haber sido más sensible a los fuertes sentimientos anticastristas de los exiliados cubanos». El efecto dominó se había desencadenado: los organizadores del Carnaval de las Américas (Carnaval de la Calle 8) cancelaron la actuación del sonero boricua sin que Celia haya tenido que ver con tal decisión. Cinco meses después, Celia es anunciada para actuar en el Festival Mundial de la Salsa en San Juan, donde se iniciaba un supuesto boicot de admiradores que ahora se le oponían, presuntamente instigados por algunas radioestaciones locales.

Cuando Celia apareció en el escenario del festival, solo pudo cantar dos canciones ante el rechazo del público puertorriqueño en el concierto. Sin comprender lo que estaba ocurriendo, Celia inicialmente confundió los gritos de rechazo con manifestaciones de apoyo, pero pronto, alertada por su *manager*, decidió abandonar el escenario.

El incidente dejó una sensación extraña y dolorosa en la tradicional hermandad de Celia con los puertorriqueños, a pesar de que hubo reacciones de quienes la apoyaban en el pueblo, encabezados por Carlos Barba, fundador y presidente del canal Telemundo 47: «El corazón de Cuba es negro y se llama Celia Cruz», dijo.

Respondiendo a una invitación de Barba, Celia, conciliadora, volvió meses después a San Juan, centrando un programa especial de televisión en lo que será su última presentación en la isla borinqueña.

La cantante boricua Ruth Fernández, como marcada excepción, la recibió en el aeropuerto Luis Muñoz Marín: «Vengo a darte la bienvenida en nombre de mi pueblo, hermana», le dice mientras la abraza. Cheo Feliciano, por su parte, había reclamado el derecho de presentarla en concierto como respaldo fraternal ante los sucesos.

Seis años después, en abril de 2003 y trascendido el incidente, los directores de la Parada Nacional Puertorriqueña en Nueva York nombran de nuevo a Celia Gran Mariscal Internacional para el desfile del 8 de junio, pero su estado de salud le impedirá asistir.

La exposición fotográfica *Cuba out of Cuba*, del fotógrafo cubanoamericano Alexis Rodríguez-Duarte, ocupa importantes espacios de la prensa floridana al inaugurarse el 1.º de octubre de 1997 en la Biblioteca Pública del Miami Dade College, en la que Celia tiene una destacada presencia a partir de las sesiones fotográficas de quienes se convirtieron en amigos de vida: el propio Rodríguez-Duarte y su colaborador y pareja, el estilista de moda Tico Torres. Rodríguez-Duarte es uno de los nombres con mayor presencia en la iconografía de Celia Cruz en su etapa estadounidense. La prensa destaca el suceso como uno de innegable relevancia: en su propósito de aumentar la presencia de la cultura hispana para preservar, colectar, difundir y estudiar las músicas latinas, el Instituto Smithsonian recibe, de manos de Celia, algunos objetos relacionados con su imagen escénica: unos icónicos zapatos altos de seis pulgadas (15 cm), pero sin tacón, hechos especialmente para ella por el mexicano Miguel Nieto; un traje y una peluca de actuación, que se exhibirían en la Sala de los Instrumentos Musicales, donde ya había unos timbales donados por Tito Puente.

Los elementos de vestuario escénico fueron cruciales en la reconstrucción de la imagen de Celia, que se había iniciado al asumir Ruth Sánchez la responsabilidad de su estilismo en peluquería y maquillaje, y se redefine al detalle durante los años noventa, quizás sin que supiera cuán decisiva sería en la camaleónica conversión para la Guarachera de Cuba, la Reina de la Salsa, la encarnación de la música popular tradicional, en persistente ícono visual de la cultura pop más allá del ámbito latino.

A finales de los ochenta, Enrique Arteaga aún diseñaba y cosía vestidos para Celia en su apartamento de la calle 55. Había sido bailarín acrobático, de salón y de estilo clásico en su juventud, y ahora, ya cercano a la vejez, se había entregado a otras de sus pasiones: el diseño, la moda y la costura. Su nombre se suma a los mexicanos Julio Chávez y Willy Mena, la cubana Irma Peñalver, el francés Thierry Mugler, el dominicano Sully Bonnelly, y el estadounidense Narciso Rodríguez, los diseñadores y modistos que hicieron trajes espectaculares para Celia. Con profusión de *pailletes* y pedrerías, plumas, flecos, encajes, pañuelos al aire, faldas terminadas en largas colas, *outfits* donde la simpleza difícilmente la representará, sus modistos interpretaban su filosofía del vestuario escénico como elemento integrador de su *performance* evolucionando con los tiempos.

La relación de Celia con la moda fue muy personal: adoraba estar al día, en lo que la época marcaba, pero se ponía lo que le gustaba, sin pensar mucho más en las opiniones ajenas. Tico Torres, reconocido estilista de modas cubanoamericano, trabajó mucho con Celia, para las sesiones con su pareja, el fotógrafo Alexis Rodríguez-Duarte, y sobre esto comentaba:

> Creo que Celia estuvo muy en control de su imagen desde el principio. Nunca tuvo un ejército de estilistas aconsejándola en su vestuario… ella creó su propia imagen por completo. Nunca fue una de esas personas que necesitan mucha ayuda, porque ella sabía cuál era la imagen que quería proyectar. Tenía un estilo muy original para mezclar distintos elementos, y saber qué accesorios o cuál peluca vendría bien con su vestuario. Mi labor consistía simplemente en añadir los toques finales y asegurarme de que todo luciría bien para la cámara de Alexis, o en algunas ocasiones, en el escenario.

Fuera de la escena, Celia cuidaba de igual manera su imagen hasta el más mínimo detalle, apuntando a una elegancia tranquila, excepto por la profusión de joyas y accesorios muy bien elegidos. Ante cualquier exposición pública, cualquier contacto fuera de los escenarios y las cámaras fotográficas, se obligaba a una imagen impecable. Presentarse como sus admiradores la conocen e imaginan, estar a la altura de lo que ellos esperan, decía, es una obligación del artista, es una señal de respeto a su público. Celia era coqueta y tenía preferencias muy especiales. Según Torres, le encantaba ir de compras a Christian Dior y tenía una colección increíble de chalinas Pucci. «También coleccionaba bolsos de Fendi… creo que iba a Fendi en París todos los años a comprarse un bolso nuevo. Era muy leal con sus diseñadores».

En abril de 1992, próxima a cumplir 67 años, Celia llevó su relación con la moda a un estadio superior: invitados por Thierry Mugler a un desfile en donde los modelos eran grandes nombres del mundo artístico, Celia y Pedro desfilan por su pasarela en la sexta cena benéfica anual de la industria de la moda en California, que honraba al prominente diseñador. Contoneándose, Celia caminó entre aplausos, reafirmando su auténtica identidad, cantando un fragmento de *Químbara*, para regresar desfilando de la mano de Pedro, que vestía un soberbio traje.

En el año 2000, George Feldenkreis, dueño de Perry Ellis, presenta con grandes elogios a Celia en el relanzamiento de su colección en South Beach, Miami. Nadie mejor que ella, entusiasmada y desgranando una profusión de guarachas y boleros, sola y a dúo con Albita, para cerrar el festejo. Versace también la hizo cantar en su residencia de Miami Beach. Valentino la quiso para una fabulosa fiesta tras uno de sus desfiles en el patio del Museo Metropolitano de Nueva York. Fue admirada por el dominicano Óscar de la Renta, como artista y como mujer, pero fue el diseñador estadounidense Narciso Rodríguez quien la vestirá en algunos importantes momentos cercano ya el final.

Hubo un día en que Celia abandonó la bata cubana o de rumbera, y demostró que, desde la fastuosidad y el exceso que traían a la modernidad las reminiscencias del cabaret, o descendiendo con elegancia de una limusina, también era posible defender hasta lo más profundo una cultura ancestral. Mientras su música preservaba las esencias de la tradición, su imagen evolucionaba con los tiempos. Al asumir el legado musical de toda una región, tampoco necesitó vestir un poncho para que su voz fuera el vehículo que llevara *Toro mata* a todo el mundo. Su estilismo personal trascendió los escenarios cuando varios museos y colecciones comenzaron a exhibir y conservar vestidos, pelucas y zapatos, cedidos por ella, que se resignificaban más allá de su sentido utilitario, en marcas de identidad. Desde los años ochenta dos trajes de actuación de Celia, confeccionados en décadas anteriores por el diseñador Enrique Arteaga, se exhibían en el Black Fashion Museum, gracias al interés de su fundadora y directora Lois K. Alexander. Hoy sus colecciones forman parte del Museo de la Historia y la Cultura Afroamericana en Washington, D. C.

El Fashion Café, inaugurado en Nueva York en las inmediaciones del Kennedy Center, fue una iniciativa de emprendimiento empresarial de las supermodelos Claudia Schiffer, Naomi Campbell y Elle MacPherson y se anclaba en el ámbito de la farándula, la publicidad y la industria de la moda. En 1995, entre las muchas piezas de vestuario pertenecientes a grandes figuras del arte y la vida social, destacaba una bata cubana verde pistacho, confeccionada por Arteaga para Celia. Al cerrar el sitio, el traje fue vendido, reapareciendo años más tarde en venta en una plataforma digital y recuperado por el Celia Cruz Estate. Hoy tiene una particular relevancia, pues Celia lo lleva en la foto de Alexis Rodríguez-Duarte empleada para el diseño de la moneda dedicada a ella en el programa *American Woman Quarter* de la Casa de la Moneda de los Estados Unidos, acuñada y en circulación desde 2024.

En 1993, el Hard Rock Café de Miami en Bayside, reafirmando la marca que concibe sus instalaciones como verdaderos museos del rock, entre hamburguesas y sándwiches cubanos, resplandecen en una pared las guitarras de Glenn Frey (del grupo Eagles) y Tom Petty junto a la letra de *Piggies*, escrita a mano por George Harrison en el dorso de un papel cualquiera y ahora perfectamente enmarcada; también se puede ver ahí una chaqueta usada por Michael

Jackson, un traje de Elton John y, a la entrada, en lugar privilegiado, un vestido blanco cedido personalmente por Celia. Con gesto similar la Guarachera obsequia uno de sus icónicos zapatos al Hard Rock de San Juan, Puerto Rico, entre otros. En 2001 el Museo Nacional de la Historia Estadounidense acogió la exposición *Música y moda: Escenario, moda y estilo*, que incluyó una reinterpretación de la tradicional bata cubana vestida por Celia en actuaciones.

El tiempo de homenajes no termina: el 25 de octubre de 1997 la Alcaldía de la ciudad decretó la fecha como Día de Celia Cruz en San Francisco y Celia cantó acompañada de la orquesta de Alberto *el Canario* en el Bill Graham Civic Auditorium, entonces el de mayor aforo en la ciudad.

La noticia sorprende en los predios de la industria musical: a causa de un aneurisma derivado de complicaciones en una cirugía abdominal, el 21 de diciembre de 1997 moría Jerry Masucci a los 63 años en su residencia de Buenos Aires. Su cuerpo fue trasladado a Nueva York en medio de una notable repercusión en prensa. Celia y Pedro acudieron a la funeraria Campbell el sábado 27, donde transcurrieron las honras fúnebres.

Tras la muerte de Masucci, los nuevos ejecutivos de Fania siguen produciendo discos con escasa o nula información sobre autores, procedencias y motivaciones en la selección de las canciones, evidente en el álbum *Bravo '97* (CDZ-82351) de FAS. No se indica que, mayormente, se trata de grandes éxitos de la orquesta cubana Los Van Van, interpretados ahora con nuevos arreglos con el estilo sonoro de Fania. Entre ellos, Celia asume el popular tema *Disco Azúcar* (acreditado *Azúcar* en este disco), del cubano César *Pupy* Pedroso, entonces pianista de la orquesta dirigida por Juan Formell, versionando el original grabado por el cubano Ángel Bonne con Los Van Van.

Este año RMM lanza la compilación *Celia's Duets* (RMD-82201), que recoge grabaciones previas ya incluidas en discos con Willie

Colón, Oscar D'León, Tito Puente, Willy Chirino, Los Fabulosos Cadillacs, Ángela Carrasco, Cheo Feliciano, Johnny Ventura, José Alberto *el Canario* y La India. Las excepciones son *Soy loco por ti América*, que Celia cantó a dúo con Caetano Veloso y *Las pilanderas*, interpretada con Matilde Díaz.

La grabación con su comadre colombiana cumplía un viejo sueño y una mutua promesa. Según el investigador colombiano Sergio Santana Archbold, Celia y Matilde grabaron *Las pilanderas* en Medellín entre 1996 y 1997 en el estudio de Darío Gómez como productor para Discos Dago, bajo cuya licencia fue publicado por RMM en *Celia's Duets*. *La voz de la experiencia*, el tema escrito por La India para cantarlo a dúo con Celia, fue grabado en 1997 e incluido también en su álbum *Sobre el fuego*, producido por Isidro Infante. Este año RMM también publica los dos primeros volúmenes de su serie *10th Anniversary Collection*, con lo más representativo de su catálogo, en el segundo de los cuales se incluye *Que le den candela*, por Celia. A la postre aparecerían también, en el volumen 4, el tema *Sazón*; en el 5, *Te busco*, y en el 7, *Cruz de navajas*.

Es noticia a inicios de 1998 que en Los Ángeles, un club latino que será muy popular —el Conga Room— abre sus puertas en Miracle Mile el 20 de enero con Celia, Tito Puente y José Feliciano en la noche inaugural. El 7 de marzo de ese año, durante los Carnavales de la Calle 8, Celia se presenta junto a Tito Puente en el Bayfront Park Amphitheater y en uno de los principales escenarios, en la calle 22. Concluyó así su presencia habitual en los tradicionales festejos miamenses, iniciada en 1978. Con el Rey del Timbal vuelve al club de jazz Blue Note del 10 al 15 de marzo, en otros memorables conciertos. De nuevo su voz retumba en el Carnegie Hall, el 27 de junio siguiente, donde se presenta con Tito Puente y Arturo Sandoval y la Hot House Big Band en el JVC New York Jazz Festival.

España es una plaza conquistada y con perspectivas crecientes. Mucho tuvo que ver en esto la estrategia trazada por *Ralfy* al sumar a los hermanos hispano-cubanos Oscar y Jorge Gómez. Músicos, productores musicales y televisivos y buenos conocedores del mercado, los hermanos crearon la marca Bat Records y licenciaron el catálogo de RMM para su distribución en España, con lo cual los álbumes de Celia tuvieron una mayor difusión. Cada año Celia cantó en muchos escenarios españoles en eventos cardinales como los Veranos de la Villa, los carnavales de Tenerife, el Festival de Jazz de San Sebastián y muchos otros. Ofreció conciertos en directo en espacios privilegiados, tuvo presencia recurrente en festivales y eventos de tradición popular, y actuaciones reiteradas en espacios televisivos en *prime time* y de altos índices de popularidad. Celia gozó de la admiración recíproca de grandes figuras del panorama musical español a partir de los años noventa.

Si antes, desde 1970, Celia estuvo discretamente presente en algunos espacios de la única televisión existente en España —la pública—, en los noventa tendrá destacada presencia en la televisión privada en las nuevas cadenas —Antena 3, Canal +, Telecinco—, que comienzan sus primeras emisiones en 1990 y en cuyos platós Celia también hará historia. No hubo programa popular en donde no sonara su estilo sandunguero; en varios de ellos ocurrieron algunos de los momentos más memorables e históricos de su interacción con grandes nombres de la música y el espectáculo en España: *Entre amigos* (1986), *La buena música*, *Sábado noche* (1988), *Un día es un día* (1990); *Caliente*, presentado por Ana Obregón y Rody Aragón (1991); *¡Hola Raffaella!* (1993, 1994); *Esa copla me suena* (1998), con María del Monte, con quien canta *La zarzamora* en tributo a Lola Flores; *Sabor a ti* (1998); *Noches de verano* (2001); *Séptimo de caballería*, con Miguel Bosé como anfitrión en sus dos temporadas (1998-2000); *Vip noche*, con Emilio Aragón, y, en particular, *Noche de fiesta*, programa producido por José Luis Moreno para TVE, para el que, desde su creación en 1999, Celia grabó varias ediciones especiales de Navidad y Año Nuevo.

Surgen algunas colaboraciones con otros colegas, como Pau Donés, el líder de la banda española Jarabe de Palo, quien en 1998 conoce a Celia y la invita a grabar su versión de *A lo loco*, una canción que había sido exitosa en 1955, ahora en una mezcla de samba e inspiraciones soneras del rock-montuno, y se convierte en el tema más relevante de la banda sonora del filme *El milagro de P. Tinto*, dirigido por Javier Fesser. «Celia era una *top de tops* y me enseñó la importancia de la humildad en nuestra profesión. La adoraba. Conocerla fue uno de los momentos más chulos que he vivido», así la recordó el músico español cuando hizo ante cámaras recuento de su vida, acercándose a un final demasiado prematuro.

El aumento exponencial de contrataciones en la península ibérica y las Islas Canarias hizo necesario contar con una orquesta de músicos locales que facilitaran tanto el trabajo musical de Celia, como costes y producción. Issac Delgado —dejado atrás el incidente del MSG— llegaba a España con su banda para trabajar en su nuevo disco, producido por Bat Discos y RMM. Sus músicos eran aún veinteañeros, pero acumulaban una experiencia nada desdeñable tocando en populares orquestas de música bailable en Cuba, que se sumaba a una formación académica del más alto nivel. Eran Alain Pérez en el bajo y dirección musical, Iván *Melón* Lewis y Pepe Rivero en piano y teclados, Georvis Pico en timbales, Yuri Nogueiras en congas, Julien Ferrer Riol y William Paredes en trombones, y Fernando Hurtado y Manuel Machado en trompetas, entre otros. Eran ideales para la orquesta que *Ralfy* y Oscar Gómez se propusieron crear para acompañar a Celia. Así lo recuerda Issac Delgado:

> La idea fue de *Ralfy*, quien enseguida puso a Isidro Infante, entonces A&R de la compañía, en contacto conmigo, y comenzó a enviarme los arreglos —entre ellos el de *La vida es un carnaval*— para prepararnos para la llegada de Celia, y la banda empezó a ensayar. Cuando ella llegó ya teníamos montado todo el repertorio, y cuando escuchó la orquesta se impresionó. ¡Aquello estaba cerrado!

Pepe Rivero subraya que la banda acompañó a Celia por primera vez en directo en el programa *Séptimo de Caballería* con Miguel

Bosé. En el ensayo en el set comienza a percatarse de que no eran los músicos que acostumbraban a acompañarla:

> Nos fue mirando uno a uno, saludándonos amablemente, y luego con una risotada preguntó: «¿Pero, de dónde me han sacado este círculo infantil?». Cuando terminamos de pasar el primer tema, cuando la banda esa sonó —nunca se me olvidará esa imagen—, ella se viró hacia nosotros y empezó a aplaudir. A partir de ese momento fuimos «sus niños», y se quedó por cumplir uno de sus sueños: llevarnos y cantar con nosotros en Nueva York. Era una artista inmensa, pero en ella, [aun] sabiendo bien quién era, su ego era cero. Estaba muy segura de sí misma, y de lo auténtico de lo que hacía.

Para ella, sin duda, era confluir con una nueva generación de músicos que habían crecido y recibido formación académica en Cuba y traían los nuevos aires del reciente movimiento timbero de la isla, que iban absorbiendo las influencias salseras que llegaban de Nueva York, pero con el pulso del bailador cubano que aún acudía a La Tropical o al Palacio de la Salsa como los escasos templos que iban quedando para la liturgia bailable. Para los jóvenes músicos, la experiencia de trabajo con Celia terminaría siendo determinante en sus vidas. Así la recuerda Issac Delgado:

> Ella era una dulzura. Se acercaba con cariño y sencillez, pero el respeto en nosotros brotaba solo. Lo que más me impresionaba era su forma de concentrarse, siempre así: se sentaba en una esquina, tranquilita, como si hiciera yoga, en silencio… llegué a veces a preguntarme si se sentiría mal… Viéndola así, tú no podías imaginar que lo que iba a salir al escenario a los pocos minutos era un monstruo. La transformación de persona simple a artista era una transición increíble. Para mí, profesionalmente, fue una experiencia extraordinaria.

De sus muchos recuerdos, a Pepe Rivero le impactaba la capacidad improvisatoria de Celia:

> No había quien la superara. En los conciertos no hacíamos más de diez temas, porque ella alargaba increíblemente cada uno con sus improvisaciones. Me decía: «Pepe, tírame el tumbao», que era *Bemba colorá*, como pie o señal para empezar a inspirar y ahí terminaba haciendo cualquier otro tema cubano que a ella se le ocurriera. Los músicos teníamos que estar muy atentos a sus reacciones, que iban más allá del *set list* que tenía preparado.

La interacción con Celia en los noventa le permitió a Issac llegar, en lo musical, a conclusiones contundentes:

> Cuando la escuchas en la tesitura grave, no puedes imaginar la limpieza que demuestra en otros registros. Era capaz de tener la limpieza de una trompeta y la calidez que puede tener un fliscorno... una voz muy dulce. Celia cantaba bien lo mismo una rumba, una guaracha que un bolero. Era muy completa, una improvisadora genuina, capaz de transmitir la vivencia del momento, sin pie forzado, ni preparación previa de un tema (como sí ocurre a veces con los repentistas en la música campesina). En el son, la rumba y la guaracha, solo hubo dos genios: Benny Moré y Celia Cruz.

Cuando Issac, por razones personales, debió regresar a La Habana, los hermanos Gómez decidieron que los muchachos de la orquesta continuaran trabajando con Celia en sus giras, con Alain Pérez como director musical.

Producido por el canal de televisión ABC, y grabado en abril en el Pasadena Civic Auditorium, la Gala de los Premios ALMA (American Latino Media Arts) a la excelencia artística latina en Estados Unidos, se transmite el 4 de junio de 1998. Es la continuidad de los premios Bravo, entre los primeros en reconocer el talento y la contribución latinos en los medios de difusión. El *megashow* es una muestra de las figuras más representativas y mediáticas latinas, anglo y afroamericanas. Entre los dúos especiales, el de Celia y la cantante Patti LaBelle es uno de los más singulares y aplaudidos. Cantan la emblemática *Químbara*, intentando transparentar las esencias de sus respectivos mundos musicales, cada una a su estilo. En el cierre, *Conga*, de Miami Sound Machine, puso a cantar a todos los artistas, incluidas Celia y Patti.

Uno de los reconocimientos más importantes a su trayectoria es el Premio a la Herencia Hispana (Hispanic Heritage Awards) a la Obra de la Vida, del Kennedy Center, entregado en su 12.ª edición. Al Gore, entonces vicepresidente de los Estados Unidos, ofreció una cena de gala para 200 personas, donde presentó a Celia como «la reina de la música latina», al anunciar oficialmente el galardón. Y aunque no estaba prevista su actuación, Celia subió al escenario, a instancias del cantante de hiphop Wyclef Jean, y puso a todos a moverse.

En rueda de prensa el 1.º de octubre de 1998, en el muy de moda Fashion Café de Nueva York, se presenta *Mi vida es cantar* (RMD-82068), el nuevo disco de Celia con producción musical de Isidro Infante y producción ejecutiva de Ralph Mercado para RMM. El título se inspira en la conclusión a la que Celia llegó cuando, necesitada de descanso, pidió a *Ralfy* cancelar algunos conciertos. Desde su casa en Aruba, en medio de la quietud, Celia se percató de que no estaba a gusto, que no podía vivir sin cantar, y le pidió entonces retomar los compromisos cancelados. El éxito inmediato y descomunal de su último corte *La vida es un carnaval*, del argentino Víctor Daniel, arrastra al disco a su meteórica escalada en las listas de ventas.

A última hora, cuando ya Infante había entregado el máster a *Ralfy*, una corazonada le dijo que *La vida es un carnaval*, que su autor le había enviado en un *cassette* junto con otros, no podía quedarse fuera; pidió presupuesto adicional para volver al estudio con Celia y, sin ensayos previos, lo grabaron. Ya con el arte final listo para impresión, debió ser el último en los créditos de las canciones.

Engrandecido con un arreglo a su cargo, que apunta más a sonoridades que trascienden los géneros de la música popular cubana para identificarse con aires andinos y suramericanos traídos al presente, *La vida es un carnaval* consolida el exitoso relanzamiento de Celia a las puertas del nuevo milenio y se afianza como el tema icónico que llegará a ser.

Al éxito del disco contribuye también el *videoclip* con guion y dirección del realizador cubano Ernesto Fundora, sobre el tema que le da título al disco. Filmado en el Barrio Chino de la Ciudad de México, el audiovisual devuelve una imagen modernizante de Celia, quien interactúa con jóvenes bailarines en escenas de gran nivel rítmico y cuenta con atractivos adicionales, como el cameo del Gran Fellove en algunas escenas. El álbum *Mi vida es cantar* tiene una formidable acogida en numerosos países: en Uruguay, Celia recibe por él un Disco de Doble Platino, y en Argentina, un Disco de Oro, que le son entregados durante la visita a esos países en la gira del 2000.

Peter Watrous, en *The New York Times*, eligió *Mi vida es cantar* entre los mejores álbumes de música popular de 1998, y escribió: «Su mejor disco en años, en parte porque el material se adapta a su voz —una de las grandes del siglo XX— y también porque los arreglos funcionan muy bien». En la 41.ª edición de los Premios Grammy el álbum resulta nominado en la categoría de Mejor Performance Latino Tropical, aunque el deseado gramófono fue a manos del fenómeno salsero del momento, el joven Marc Anthony con su álbum *Contra la corriente*.

Aunque para algunos *La vida es un carnaval* invita a una mirada superficial sobre la complejidad de la vida y los sentimientos, el mensaje optimista y esperanzador que enviaba Celia con esta canción prendió rápidamente en un público que la recibió como bálsamo frente al agobio cotidiano y los conflictos crecientes a escala global.

Celia colabora con Willy Chirino, en gesto de reciprocidad, y graba con él *Cuba, qué lindos son tus paisajes* de Alberto Castillo (cuyo título real es *Canto a La Habana*), para su disco *Cuba libre*.

Los últimos días del año son para la Feria de Cali, que le ha dedicado su lema: *La vida es un carnaval.* Es ocasión ideal para que la devoción de los caleños hacia ella se concrete en la Medalla Cruz Sebastián de Belalcázar.

Nadie apostó por lo que ocurriría tras 55 años de carrera profesional, pero volvió a arriesgar, como lo hizo en 1965 al salirse de Seeco Records y en 1972, al terminar con el todopoderoso Morris Levi, o cuando pasó de Fania a RMM. Solo que ahora el posible abismo de los sesenta no era tal, y ella controlaba el movimiento: no habría caída abrupta, solo reafirmación y ascenso.

Ralph Mercado adoraba a Celia y siempre le dio el lugar cimero que merecía en el abultado catálogo de artistas de RMM, donde se esforzaban por posicionar a las nuevas generaciones en el entendido de que Celia, con una prolongada y triunfal trayectoria, era un clásico indiscutible que no requería de mayores esfuerzos promocionales. Sin embargo, ella sentía y sufría las consecuencias de un trabajo no suficientemente personalizado.

Algunos diferendos en cuanto al manejo de su carrera se habían hecho evidentes desde hacía tiempo: las agendas de giras no eran siempre lógicas y organizadas, demandando de ella largos y excesivos desplazamientos. Según sus propias declaraciones, hacía cuatro años que ya no quería grabar más, solo quería seguir cantando en directo, frente a su público, hasta que este lo decidiera. En numerosas ocasiones afirmó que quería morir en el escenario, como sus viejos amigos Miguelito Valdés y Machito.

Con los avances tecnológicos, el trabajo en el estudio había experimentado cambios sustanciales, que para ella eran importantes: inicialmente, añoraba las sesiones de grabación con todos los músicos en el estudio en un trabajo mucho más emocional y colectivo, aunque se conducía bien dentro de los nuevos patrones.

Tras meses de reflexión se lo comunicó a *Ralfy* mientras asistían a la 41.ª gala de los Premios Grammy en Los Ángeles. En mirada retrospectiva, tanto Pardillo como Oscar Gómez, quien además de productor era promotor de sus actuaciones en España y Portugal, opinan que los acercamientos de *Ralfy* a Cuba, sumados a las mencionadas insatisfacciones en el manejo de su carrera y otras, de índole financiera, motivaron en Celia la decisión de poner fin al vínculo con Mercado y sus empresas, fonográfica y de *management*.

La separación de RMM fue incruenta, negociada finamente por la propia Celia, se diría que hasta amable, pues apreciaba sinceramente a *Ralfy* y quería continuar en buenos términos una relación que había sido decisiva en carrera y en su vida, expresando así su gratitud por quien la colocó en las cuatro esquinas de la fama.

«Celia le argumentó el vínculo con Cuba, pero en un tono conciliador. De los problemas financieros, nada se habló. Celia no hablaba de dinero», explica Pardillo, citándola: «Te voy a dejar tu espacio para que sigas haciendo tus proyectos con los artistas cubanos nuevos, que son tan buenos, yo ya estoy vieja, conmigo no va a pasar nada más», le dijo, comprensiva, a *Ralfy*.

Tan bueno era el vínculo entre Celia y Mercado que nunca se firmó, en papel y con tinta, contrato fonográfico alguno que amparara las grabaciones que realizó para RMM entre 1992 y 1998. No lo hubo para que *Ralfy* asumiera a inicios de los setenta el *management* de sus conciertos, ni tampoco documento legal que estipulara las condiciones para las partes. No fue un «acuerdo de caballeros», sino de «caballero y dama», en esa práctica de larga data sustentada en la confianza mutua que, con ciertas excepciones, mucho perjuicio ha ocasionado a tanto músico desprevenido.

El Nuevo Herald lo anunciaba en su edición del 31 de marzo de 1999: Celia se separa de Ralph Mercado y sus empresas, rompiendo así el enlace profesional que los había unido por un cuarto de siglo. Celia declara:

> Ya yo lo tenía pensado hacía un tiempo. Hay que separar la amistad del negocio, son 25 años juntos, ya di bastante con *Ralfy*, necesito un cambio en los años que me quedan. [...] Le tengo buen aprecio a *Ralfy*, siempre quedó bien conmigo, siempre me puso en mi lugar, pero el que no cambia se estanca.

Tanto Celia como Pardillo deseaban sinceramente cerrar en buenos términos con Mercado, sobre todo el joven y recién estrenado *manager*, que le agradecía su entrada en el mundo del *show business* y el trato deferente que de él siempre recibió. Celia experimentó sentimientos encontrados: le dolió sinceramente la separación de RMM, pero sabía que era inminente y necesaria. Con Omer cumplió todos los compromisos pactados con anterioridad y tanto ella como *Ralfy* hicieron declaraciones públicas muy profesionales sobre el fructífero vínculo para ambos durante 25 años y el deseo de Celia de pasar a una nueva etapa, sin transparentar fisuras ni desacuerdos.

Pardillo no lo sabía entonces, pero él sería el último *manager* de Celia Cruz. A pesar de su juventud, ella y Pedro tuvieron tiempo para calibrar sus posibilidades profesionales y afinidades personales y decidieron ponerse en sus manos, donde como *manager* su papel irá más allá de la vida práctica. Solo Tito Garrote en Cuba, y Catalino Rolón y Ralph Mercado en Nueva York, le habían antecedido en tal responsabilidad.

Una larga lista de promotores en numerosos países fue la apoyatura fidelizada de la que se valieron para llevar a Celia a una buena parte del planeta y al lugar que alcanzó en el negocio del espectáculo: en México, Celia tenía a Silvia Cantarell, y mucho antes a Fanny Schatz, su amiga de muchos años, quien manejaba a grandes luminarias. En Venezuela la fidelidad también iba en ambas direcciones: Celia continuaba en manos de Guillermo Arenas y su esposa Fanny, como en los tiempos con LSM en Cuba, y en los noventa, al fallecer Arenas, lo hará el *Negro* Mendoza; en Colombia, Ricardo Leyva y John Sepúlveda; Angel Job, *el Gordito de Oro* en Antillas Holandesas; Freddy Martina en Holanda; en Argentina, Lena Grun y Ricardo Berbari; Manolo Olalquiaga en Chile; Jorge Fernández en Perú; Rubén Yizmeyian en Uruguay; Carlos Dorantes, Paco Bermúdez y Emilio Santamaría en España; en Islas Canarias, los hermanos Zerolo; en Puerto Rico, Paquito Cordero; en Miami, José Curbelo y Roque Martín; en Europa, Ettore Careta; en República Dominicana, Johnny Ventura, en su rol múltiple de gestor y productor.

Sin experiencia en el *management*, pero con conocimiento práctico y relaciones personales ya acumuladas en el negocio de la música, Pardillo contacta a Emilio Estefan, le cuenta lo ocurrido con la certeza de que, en su circunstancia y sin un asesoramiento adecuado, como le dijo a Celia, «podría encumbrar aún más o hacer caer la carrera de alguien tan importante como usted, que no merece que yo sea su desgracia», según contó a la autora, porque Celia no tenía una percepción de caída, todo lo contrario, «sabía que ella estaba arriba, y en esas circunstancias el único que la podía dañar era yo. Y no quería fallarle. Sí le dije que su carrera podía mejorar, que se podrían hacer cosas fantásticas, o desgraciarse».

Celia le infundió confianza cuando le dijo: «No te preocupes. Eso no va a pasar. Todo nos va a ir bien. Confía en mí», y dio tres toques con los nudillos de su mano derecha en la mesa. Pedro ratificó lo dicho por Celia. «Las semanas siguientes fueron difíciles para mí, sobre todo por mi gratitud hacia *Ralfy*», aseguró Pardillo. El empresario fue colaborador hacia él: «Yo estoy aquí, si tienes que cerrar algo y tienes dudas, aquí estaré siempre para Celia y para ti», le dijo. «Nunca te voy a hacer quedar mal, ni Celia tampoco», cuenta Omer que fueron las palabras con las que cerró la conversación final con *Ralfy*, quien «llamó a su chofer y nos fuimos a almorzar a Balthazar, en el SoHo, uno de los restaurantes preferidos de Celia, con una botella de champán en la mesa».

Barajaron las marcas Universal y Sony, las más potentes en la música latina en el momento, pues Celia era más que conocida por sus ejecutivos: 20 años atrás había sido un nombre apetecible para CBS, convertida después en Sony. Estefan comunicaba a Tommy

Mottola, entonces presidente y director ejecutivo de Sony Music, la decisión de Celia y su condición de independencia para una posible negociación de acuerdo discográfico.

Tras varios meses de negociaciones en la sede newyorkina de Sony en las que fue crucial la intervención de Emilio Estefan, Angel Carrasco —entonces vicepresidente de Artistas y Repertorio para Latinoamérica—, Frank Welzer —presidente de Sony Music International— y Oscar Gómez, el 15 de diciembre de 1999 queda firmado el contrato entre Azucar Music Productions y Sony Music International, con el que Celia entraba a la *major* con el más importante contrato fonográfico de su carrera, por un monto millonario.

Como *manager*, la gestión de Pardillo partía de lo mucho conquistado por Celia, y buscaba articular, con las nuevas herramientas en la industria, la globalización de su carrera aprovechando las plazas ya conquistadas, pero donde se requería afianzar lo logrado.

Lamentable resulta que, a lo largo de su existencia, ni Fania ni RMM Records reportaron a la RIAA (Recording Industry Association of America) sus estadísticas de ventas, en una opaca ejecutoria que afectó el historial discográfico de sus artistas, Celia entre ellos. Según el especialista Herman Rodríguez-Bajandas, es poco probable que puedan establecerse con objetividad las cifras de ventas que avalen los Discos de Oro otorgados en los setenta y ochenta por Fania, cuya concesión respondía más a motivos promocionales y de estimulación avalados por la popularidad, que a ventas ajustadas a los niveles establecidos por la RIAA para la música latina, diferentes a la música anglosajona.

Un reconocimiento gubernamental da muestras del calado de Celia y su música en el pueblo colombiano: en Bogotá, el presidente Andrés Pastrana la recibe el 4 de marzo de 1998 en el Palacio de Nariño para entregarle la Medalla Presidencial de las Artes, y resume en una frase lo que podría representar Celia para los colombianos, al calificarla como «fuente de reconciliación» en medio del entonces difícil panorama interno colombiano:

> Usted con la música ha hecho lo que Gabriel García Márquez con la literatura [...], es azúcar de la más pura, la que lleva por dentro todos los soles del trópico, toda la caña, todo el ron, todo el sabor, toda la fuerza de Cuba, toda la tradición de esa África negra que multiplicó nuestra diversidad.

Al siguiente día, Celia recibe un multitudinario homenaje en Bogotá, en el estadio El Campín, donde cantan sus amigos y colegas Willie Colón, Andy Montañez, Oscar D'León y el colombiano Joe Arroyo. Se despidió así de una ciudad que la ha amado por décadas: la altitud y su condición de salud motivaron la recomendación médica de no regresar. A inicios de abril de aquel año, el Festival de Cine Latino de Chicago, en su XV edición, le rinde tributo, otorgándole el premio Gloria «por su destacada labor en pro de la comunidad hispana».

Es infrecuente, casi imposible para un artista que defiende géneros populares en la música, pero Celia lo logró: el 14 de mayo de 1999 recibe su tercera investidura académica honorífica, ahora otorgada por la Universidad de Miami en atención a «su extraordinario talento musical y por colaborar en difundir la música salsera en el mundo», según declaración oficial. En la ceremonia de graduación de 2,500 alumnos y un público cercano a las 10,000 personas, reciben también el doctorado Honoris Causa el gra n pintor y escultor colombiano Fernando Botero, el exitoso productor, músico y director Quincy Jones, y la socióloga y filántropa Eunice Kennedy Shriver. Correspondió a Gloria Estefan, como miembro de la junta directiva de la universidad, entregar el diploma acreditativo a la Guarachera de Cuba: «Celia es nuestro ejemplo brillante. Es un modelo como artista musical y como ser humano», resumió.

En los escenarios, 1999 fue un año especialmente relevante: junto a Albita y Lucrecia, y a Paquito D'Rivera, Celia realiza una gira por España y Portugal, en la que deja constancia de su aprecio por sus colegas. Ahí interactuó con otros importantes artistas españoles: canta *Estar enamorado* con Raphael, en la gran noche del cantante en el Auditorio de Alcobendas, el 23 de febrero, celebrando el 25 aniversario del recinto, y comienza un interesante proyecto que la llevará de nuevo al cine y a reencontrarse con un viejo amigo de los tiempos de Cuba.

Entre agosto y septiembre se graba en los Estudios Primera Base de Madrid el disco *A mis niños de 30 años*, un tributo de Emilio Aragón *Miliki*, a su propia carrera y la de sus hermanos Gaby y Fofó, el más famoso trío de payasos musicales españoles. Miliki cumplía 70 años y tras una larga y provechosa trayectoria escénica, era su primer álbum de estudio, y entre los invitados no podía faltar Celia, que honraba con ello la memoria y la nostalgia de los años en que los payasos españoles vivieron en Cuba y compartieron con ella música y escenarios. El disco cierra con la conga carnavalesca *Feliz en tu día* (Emilio Aragón, *Miliki*), cantada por Celia. Desde su lanzamiento en las últimas semanas del año, el disco alcanzó popularidad y se posicionó en las listas de venta, alzándose como el Mejor Álbum Infantil Latino en la primera edición de los Premios Grammy Latinos en 2000.

En el verano de 1999, Celia emprende una larga gira por 14 ciudades de 10 países europeos, para cantar en varios festivales de jazz. En Estocolmo, Suecia, algo quedará en la memoria de quienes presenciaron el encuentro de Celia y Bebo Valdés después de 38 años sin verse. Como en los tiempos de Tropicana en Cuba, el escenario fue suyo: Bebo acompañó a Celia al piano y por una hora La Habana pudo ser el recuerdo perenne en su memoria. Por primera vez Celia se presentó en el Líbano, donde el aforo para conciertos previstos a celebrarse en los jardines del palacio presidencial de verano fue vendido completamente. La gira correspondía en parte a contratos previamente concertados con *Ralfy* antes de la separación.

Treinta años después, la leyenda vuelve al MSG el 23 de octubre, con la vieja guardia de FAS encabezada por Celia en el concierto *What legends are made of*, en memoria de Jerry Masucci.

En diciembre de 1999, el Museo de la Ciudad de Nueva York acogió la exposición itinerante *Americanos: La vida latina en los Estados Unidos*, organizada por el Instituto Smithsonian, por idea y auspicio del actor Edward James Olmos. Entre las imágenes de latinos considerados referentes icónicos del éxito y la identidad, la de Celia y Pedro, tomada por Alexis Rodríguez-Duarte, se suma a las de músicos como Tito Puente, Rubén Blades, Carlos Santana, los diseñadores de moda Carolina Herrera y Óscar de la Renta, el escritor Carlos Fuentes, y otros.

También en aquel diciembre, Celia se presenta en Cali por última vez, cuando coincidentemente es declarada Huésped Ilustre de una ciudad que la ha amado y que, según sus lugareños, visitó cerca de 15 veces.

El álbum *Celia Cruz & Friends: A Night of Salsa* (RMD-84078) recoge en directo un concierto en Hartford, Connecticut, el 12 de mayo de 1999 y transmitido por la cadena estadounidense de televisión pública PBS. Sus amigos en el disco son Tito Puente, La India y Johnny Pacheco, con la dirección musical de Isidro Infante, con los que Celia alcanza el Grammy Latino al Mejor Performance de Salsa en la primera edición del Latin Grammy en 2000, y las nominaciones a Mejor Álbum de Salsa en la 43.ª edición de los Grammy en 2001 y Mejor Álbum Tropical en los Premios Lo Nuestro 2001.

Aquel año Celia vuelve a incidir en el cine: en agosto estrena el filme argentino-español *Esa maldita costilla*, dirigido por Juan José Jusid, y protagonizado por Luis Brandoni y Susana Giménez. La canción principal del filme es la guaracha homónima creada especialmente por Federico Jusid y Claudio Waisgluss para ser interpretada por Celia y donde también suena *Que le den candela*.

La Guarachera aparece de nuevo en las pantallas, esta vez como testimoniante en el documental *Marcadas por el paraíso*, *opera prima* de la periodista y productora de televisión cubanoamericana Mari Rodríguez Ichaso, que se estrenó en el Festival Internacional de Cine de Miami. Se trata de una narración coral de varias mujeres con experiencias individuales disímiles, pero representativas de las consecuencias del disenso político en Cuba y las experiencias de dolor y frustración que significan el desarraigo y la emigración. Otro documental, *Son sabrosón: Antesala de la salsa*, dirigido por Hugo Barroso, incluye el testimonio de Celia al hablar de los orígenes de la salsa y la historia de la música bailable en Cuba. En 1999 la directora Nancy Savoca incluye *Químbara* en su filme *The 24 hour woman* (*Mujer las 24 horas*), y en álbum homónimo con la banda sonora original (WEA Latina Inc. 26566-2).

Se suceden más reconocimientos para Celia: en abril de 1999, junto a Tito Puente, Gloria y Emilio Estefan Jr., es inducida al Salón de la Fama de la Música Latina en Nueva York. La Sociedad Americana de Compositores, Autores y Editores (ASCAP) reconoce su contribución en la difusión del acervo autoral latino al concederle el Premio a la Herencia Latina. El Capítulo Nueva York de la Academia de las Artes y las Ciencias de la Grabación le otorga el Premio Héroes por la obra de la vida, junto a los cantantes Tony Bennett y Mary J. Blige, al compositor Philip Glass y varios ejecutivos de la industria, y la Cadena Telemundo en Miami la declara Artista del Milenio.

Los españoles animan la Noche Vieja con su imagen y voz en el programa *Con la Primera al 2000*, especial grabado por la televisión pública española para cerrar el milenio y dar entrada al año 2000.

Celia Cruz en su etapa final.

Renacer con tumbao en la recta final

(2000)

La trayectoria casi sexagenaria de Celia la coloca a las puertas del nuevo milenio con triunfos por todo el mundo. Su carrera ha sobrevivido a diversas conmociones de las que ella salió siempre indemne. A nivel de mercado, el irrecuperable declive del movimiento salsero newyorkino ocasionó su mutación hacia otras derivaciones musicales que tomaban en cuenta los cambios ocurridos en América Latina y el Caribe, así como las repercusiones a nivel social en EE. UU. a partir de los años setenta. En el caso de Celia, las oleadas de emigrantes no harán más que reforzar su posición como figura icónica de la *salsa*. Celia mantuvo inalterable la columna vertebral de su propuesta musical —el apego a sus raíces y su idioma—, evolucionando en su *performance*, desde la proyección escénica hasta la reconstrucción de su imagen: ecléctica, atemporal y raigal a la vez.

De estos pilares esenciales partió en el rediseño de su carrera en 1999. Con Pedro Knight como presidente y Omer en la parte ejecutiva, Celia había fundado la entidad mercantil Azucar Music Productions, Inc., con domicilio legal y social en el número 96 de Linwood Plaza, en Fort Lee, Nueva Jersey, muy cerca de su residencia. Desde la ruptura con *Ralfy* Mercado, AMP manejó sus conciertos y actuaciones.

La noticia del fichaje de Celia por Sony no se hizo pública hasta el 4 de febrero de 2000. Como *recording artist*, Celia figuraba con los nombres de categoría global en la división internacional, donde Gloria Estefan, Julio Iglesias y Jon Secada eran los únicos latinos.

El contrato estipulaba la grabación inicial de tres discos, el primero con lanzamiento previsto para julio y producido por Emilio Estefan, Oscar Gómez y Herman *Teddy* Mulet. Por primera vez en su carrera, Celia Cruz contaba con un contrato millonario para la producción de sus discos, además del pago de regalías de artista por disco vendido (*royalties*), algo muy importante y ausente en su trayectoria anterior.

Aunque Celia ya había dicho que no quería continuar grabando, la nueva perspectiva de Sony y el éxito de su último álbum con RMM, *Mi vida es cantar*, le hicieron regresar a los estudios. Para sus actuaciones en directo, continuó trabajando como antes, con orquestas dirigidas por José Alberto *el Canario*, Alfredo de la Fe y Alain Pérez, y los mismos *booking agents* o promotores.

Durante aquel año Celia hizo una prolongada gira internacional. En febrero viaja a Chile para presentarse por primera vez en el Festival International de Viña del Mar, uno de los más relevantes de la música. Ahí ocurre lo inesperado: es elegida Reina del Festival y gana la Gaviota de Plata, frente a candidatas como la ex Miss Universo Cecilia Bolocco, la cantante brasileña Xuxa y la actriz chilena Berta Lasala.

Después de su exitosa gira, Celia comienza a grabar en los estudios Crescent Moon, mientras que en los estudios Primera Base en Madrid se trabajan los instrumentos de los temas, producidos por Gómez. El título del nuevo disco es premonitorio —*Siempre viviré* (TRK-84132)—, como si quisiera dejar en un puñado de canciones el deseo que tantas veces verbalizó: no ser olvidada. Sin pretensiones de *crossover*, el álbum deja clara la intención de tener un alcance abarcador, en particular conectando con el pop latino en sus nuevas expresiones y sus influencias afrocaribeñas. Dentro del álbum adelantaba también algunos mensajes significativos: el entrañable tributo a su hermano Tito Puente, a quien dedica el álbum y graba su clásico, *Oye como va*, en adaptación de Oscar Gómez. Además, Celia incluye *Dos días en la vida*, del español Pau Donés, pero en clave trovadoresca cubana con guiños a la bachata; *La pachanga*, de

Eduardo Davidson, que rememora el ambiente newyorkino en sus primeros e inciertos días en los sesenta, y el tango *Uno*, de Enrique Santos Discépolo y Mariano Mores, como reflexión filosófica. Con el mexicano Vicente Fernández, graba a distancia un dúo de *Tu voz*, un bolero ícono en el repertorio de Celia, con el que demostró que era imbatible también en este género. El Charro de Huentitán, con quien compartió escenario alguna vez, mostró escepticismo inicial: «Lo estoy pensando, porque no me imagino cantando *El yerberito…*», dijo. Al fin acordaron lo que resultó ideal: un bolero en clave de ranchera. Celia, disciplinada, grabó su parte, esperó dos días a Fernández, pero el mexicano nunca llegó, por lo que la tecnología unió sus voces y logró el dueto. Dos canciones más en este disco constituyen, sin duda, parte del testamento musical y filosófico de Celia, la expresión de quién fue en cuerpo y quién será siempre en alma: *Yo viviré* (*I Will Survive*) de Dino Fekaris y Freddie Perren, el éxito de la afroamericana Gloria Gaynor, cuya versión en español Oscar Gómez escribió especialmente para Celia, emerge como declaración de vida y voluntad de eternidad, y *Por si acaso no regreso* (Angie Chirino y Emilio Estefan Jr.), una suerte de testamento sentimental y patriótico, en donde Celia, estremecida, entregó todo lo que su país, patria y nación podía representar para ella. Dice Emilio Estefan:

> […] trabajar con Celia y producir su música fue uno de mis más grandes sueños. Aunque he trabajado con muchos artistas importantes a lo largo de mi carrera, Celia representaba algo más: representaba nuestra bandera, simbolizaba la humildad, un talento enorme y, sobre todo, era una gran persona.

De los arreglos del disco se encargaron Steve Roitstein, Alain Pérez, Juan Vicente Zambrano, Yrvis Méndez, Carlos Quintero, Pedro Ramírez y Teddy Mulet con una nómina de experimentados músicos como Sal Cuevas, Pepe Rivero, Manny López, Edwin Bonilla, Ed Calle, entre otros.

Luego de recibir a lo largo de su carrera muchos de los premios ACE que otorga la Asociación de Cronistas de Espectáculos de Nueva York, Celia recibe la distinción Voces del Milenio, instituida especialmente para la ocasión. En febrero de 2000, el Instituto Smithsonian presentó la exhibición *Ritmos de Identidad: Fernando Ortiz's Legacy & the Howard Family Collection of Percussion Instruments*, donde imágenes de Celia y otros grandes músicos cubanos acompañan la muestra.

A finales de abril de aquel año, Celia protagoniza un gran momento en la gala de los Premios Billboard Latino cuando, a pedido de la presentadora Laura Bozzo, el público le tributa una cerrada ovación y, minutos después, La India le dedica su premio por el álbum *Sola*. «He llegado hasta aquí gracias a ella», dice enfática y agradecida. El día 29 de ese mes canta por última vez en Puerto Rico, esta vez en el estadio Hiram Bithorn, con FAS, que, 30 años después de su creación, celebra con la mayoría de sus músicos originales, en concierto similar al que el año anterior reuniera a más 30,000 personas en el MSG.

Desde los años sesenta, la televisión había servido Celia al tiempo que ella misma la enriqueció desde su condición de figura relevante en el panorama musical latino. En el caso de Venezuela, la aparición de productores, ejecutivos y artistas de la televisión cubana que emigraron a ese país y se posicionaron en los medios, ayudó a que los conciertos de Celia en Venezuela continuaran asociándose a presentaciones en canales televisivos. En México, su vínculo con Televisa, y su antecesor Telesistema Mexicano en los cincuenta, también fue fructífero y duradero. En los sesenta y setenta se hizo presencia obligada en los principales programas de televisión hispana en Estados Unidos en las cadenas Telemundo y Univision, conducidos por íconos del *talk show*, así como los programas hispanos: *El Show de Cristina*, conducido por la cubanoamericana Cristina Saralegui; *Sábado gigante* y *Noche de gigantes*, espacios estelares animados por el chileno Mario Kreutzberger, *Don Francisco*, y los programas, con diferentes nombres en distintas etapas, conducidos por la peruana Laura Bozzo, entre otros. Celia era una excepción ostensible, pues aún en esos medios era extraña la presencia de personas afrolatinas y afrocaribeñas en roles principales. En México, esencialmente en Televisa, Celia cantó y participó en *talk shows* y programas musicales de gran popularidad como *¡Mala noche, no!* con Verónica Castro como anfitriona. En España, la televisión también tuvo un papel preponderante para afianzar su popularidad. Grabó programas en televisoras locales de otros países, además de los mencionados, como Colombia, Chile, Argentina, República Dominicana, Holanda, Alemania, Canadá, Estados Unidos y otros.

La idea de un filme de ficción sobre la vida de Celia con Whoopi Goldberg, y producido por Cristina Saralegui y su esposo y guionista, Marcos Ávila —dos nombres poderosos de la televisión hispana—, llegó en buen momento y demostró la admiración que Whoopi profesaba hacia Celia desde su niñez, como declaró en varias ocasiones. Este era el segundo intento de llevar la vida de Celia al cine después de la frustrada intención de Desi Arnaz en 1964. A pesar de la complacencia y entusiasmo de Celia con el proyecto, este nunca llegó a realizarse.

Dos muertes de personas muy queridas conmocionan a Celia ese año: la tía Ana y Tito Puente. A diferencia de su hermana Ollita, la longevidad concedió a Anacleta Alfonso Ramos, la tía Ana, el privilegio de ver a su ahijada y sobrina predilecta alcanzar fama y gloria. Celia siempre reconoció cuánto debía a Ana, descubridora de su talento, paciente orfebre de maneras y actitudes, apoyo fiel y amoroso, madrina, confidente, segunda madre. Varias veces Celia logró llevarla de La Habana a Nueva York y a Miami, al igual que a su hermano Bárbaro, para disfrutar del cariño que siempre les unió. Sin embargo, con Ana enferma y nonagenaria, Celia quiso pasar tiempo de calidad con ella, el último quizás.

Al parecer, las gestiones para llevar a Ana de nuevo a Miami resultaron infructuosas, o quizás Celia intuyó que estaría más a gusto en Cancún. Aprovechando una estancia en México, Celia pidió a su amigo Iván Restrepo gestionar el permiso de entrada a México para Ana. El presidente Carlos Salinas de Gortari, amigo de Restrepo, autorizó su permanencia en territorio mexicano por el tiempo que fuera necesario.

«Meses después, nos encontramos en la nueva casa de Celia y Pedro en Edgewater, Nueva Jersey, y Celia comentó: "Iván, no tengo cómo agradecer a tu presidente este gesto suyo, que me permitió despedirme de mi tía. Porque si bien yo tuve una mamá, mi Ollita, en realidad, la persona que más me alentó, con la que más cerca me sentía afectivamente era mi tía Ana. Por eso, quisiera agradecerle personalmente a tu presidente», dice Restrepo. Al hablarlo con Salinas de Gortari, él respondió: «"¿Cómo que recibirla? ¡Comemos aquí con ella, la invito, le tengo una gran admiración!", pero le convencí que debía ser fuera de todo protocolo. Y acordamos hacerlo en mi casa, el 23 de agosto de 1993».

Con Iván y Nelly como anfitriones, Celia y Pedro viajaron desde Nueva York: «Llegó Salinas con María Victoria, Elena Poniatowska, Carlos Monsiváis, Tongolele —quien llevó a su esposo Joaquín—, Manzanero, que se trajo un piano que [en su tiempo] se disputó con Juan Bruno Tarraza, y en él acompañaron a Celia, María y Armando interpretando boleros. Fue una noche maravillosa que duró cinco horas. Celia cantó, dramatizándolo, *Drume negrita*». Este fue el modo de agradecer al presidente Salinas y la última vez que la música unió a tanta gente que Celia quería y admiraba.

La tía Ana llegaría a México acompañada de Silvia Soriano, parienta y enfermera. Así lo cuenta Iván Restrepo:

> Celia reservó el *penthouse* del hotel en Cancún y dispuso todo lo requerido para la estancia de Ana. Allí la conocimos Nelly y yo, pues desde nuestra casa en Playa del Carmen íbamos casi todos los días a encontrarnos con Celia, Pedro y la tía, que ya hablaba poco. Allí pasaron cerca de dos semanas hasta que Ana regresó a Cuba.

Por fortuna, los días que compartieron juntas en Cancún no fueron la despedida, ya que Ana aún viviría unos años más: Celia y ella volvieron a encontrarse en Miami en 1999. Anacleta Alfonso Ramos, la tía Ana, falleció en La Habana a los 96 años en el año 2000.

Tito Puente casi nunca dejaba mensajes, pero un día (¿o noche?) de finales de mayo dejó su voz en el contestador de Celia: «¡Hasta luego, mi negra!». Ella cumplía contrato en el teatro Rex de Buenos Aires cuando su hermano, su amigo del alma, fallecía en Nueva York, el 1.º de junio de 2000. Ante la noticia, de tanto dolor, Celia suspendió su *show*. Como le ocurrió con personas muy cercanas, no pudo asistir a las honras fúnebres del Rey del Timbal: ni el contrato ni el empresario se lo permitieron, pero Celia le rindió todos los homenajes posibles en la distancia, dedicándole conciertos y entrevistas. Quince días después, al regresar a Nueva Jersey, Celia revisó el contestador de su teléfono y descubrió la premonitoria despedida del músico que por más tiempo estuvo junto a ella en lo profesional, primero como productor musical y después como pivote fundamental en los conciertos que insertaron a Celia en los festivales de jazz en todo el mundo, pero sobre todo, por ser considerados los grandes clásicos de la música latina en los Estados Unidos.

Con Tito muere un parte insustituible de la historia que Celia ayudó a construir y comienza a cerrarse una era irrepetible. Celia acompaña a la familia de su hermano elegido en la ceremonia de renombramiento como Tito Puente Way del segmento donde se ubica la casa de su infancia, en la calle 110 Este, en unos días de agosto en los que también se presenta en el World Trade Center en el JVC New York Jazz Festival y en el Harris Park del Bronx, y en la fiesta de Time Warner en apoyo al Partido Republicano.

Celia está cumpliendo 75 años y sobrevuela entre su círculo inmediato la idea de un tributo que, sin traicionar su proverbial silencio en torno a su edad, haga justicia a su brillante trayectoria. Aunque su debut ante los micrófonos comenzó mucho antes, su casa disquera y su *management* deciden celebrar los 50 años de su comienzo triunfal con LSM, que se había cumplido el 1.º de agosto.

Billboard, en su edición del 28 de octubre, y *El Nuevo Herald* en su suplemento *Viernes* le dedican portadas y amplios *dossiers* especiales. Entre fotos y textos se incluían saludos, felicitaciones y espacios pagados en los que empresarios, amigos, periodistas y familiares expresaron su aprecio.

Los homenajes en memoria de Tito Puente continuaron durante el año. El 13 de noviembre el Carnegie Hall reunió a Celia, Paquito D'Rivera y Tito Puente's Jazz Ensemble para celebrar la vida del proclamado Rey del Timbal. Esta será la última actuación de la Reina de la Salsa en la legendaria sala de conciertos. Para el crítico Gene Santoro, del *Daily News*,

> El canto, el baile, los momentos cómicos, los recursos musicales y su larga asociación con Puente, mostraron una fuerza acumulada en las réplicas de Cruz en los detalles improvisados. A sus 70 años, Cruz ha sido la primera cantante femenina importante de salsa y sigue siendo la mujer que puede igualar o superar a la mayoría de los salseros en la improvisación vocal, los vuelos de *scat*, el rejuego de sílabas y la prolongación de la melodía.

Celia viajó después a Europa a cumplir compromisos, pero el 28 de diciembre su amigo Mario Kreutzberger celebraba su 60 cumpleaños y Celia voló 14 horas para cantarle *Happy Birthday* y *La vida es un carnaval*. En la fiesta que su esposa le organizó, Celia era la sorpresa. Después de los abrazos y la música, la Guarachera regresó a España para continuar su gira y participar en *Bailando con Cugat*, el homenaje de Javier Gurruchaga y Televisón Española al controversial músico catalán Xavier Cugat, donde cantaría *Oye como va* y *Yo viviré*.

En una incursión colaborativa, Gloria Estefan invita a Celia a su nuevo disco *Alma caribeña / Caribbean Soul*, donde la joven cantante vuelve a sus raíces e influencias a través de una diversidad de ritmos. *Tres gotas de agua bendita* (René Toledo) es el título de la guaracha que interpretan a dúo, el último que uniera a las dos grandes divas cubanas en una grabación original. El álbum sale al mercado en mayo de 2000, con un gran despliegue de prensa y publicidad que vuelve a situar en los titulares a Celia.

Con los Latin Grammy finalmente instituidos, concretando una de las aspiraciones más demandadas por la industria de la música latina, el 13 de septiembre de 2000 el Staples Center de Los Ángeles acoge la primera entrega de los mayores premios a la música latina en EE. UU.

Oye como va abre la gala en voces de Gloria Estefan, Ricky Martin y Celia, en un tributo al recién fallecido Tito Puente, presentado por Jennifer López y al que también se unió *Cachao*. Celia, calificada por la prensa como *leyenda viviente*, figura entre los grandes triunfadores de la noche con Santana, Maná y Shakira; conquista el premio al Mejor Álbum de Salsa por *Celia Cruz & Friends: A Night of Salsa*, que disputó con *Llegó... Van Van / Van Van is Here* de Juan Formell y Los Van Van, *La fórmula original* de Oscar D'León, *Expresión* de Gilberto Santa Rosa y *Son by Four* del grupo homónimo. La foto de Celia sosteniendo el trofeo de su primer Grammy Latino (ya tenía uno de los Grammy «americanos» por el álbum *Ritmo en el corazón*) con una de sus icónicas pelucas azules y su risa jacarandosa es historia.

Los últimos trabajos de Celia impactan en el cine. Su voz vuelve a la pantalla grande cuando el realizador mexicano Alejandro González Iñárritu incluye *La vida es un carnaval* en *Amores perros* con música original del argentino Gustavo Santaolalla y la supervisión musical de Lynn Fainchtein. *Amores perros* recibió una nominación a los Oscar en la categoría de mejor película extranjera al año siguiente, así como más de 50 premios en festivales y eventos cinematográficos.

A punto de cumplir 75 años, Celia mantenía una frenética agenda de trabajo y mostraba optimismo y vitalidad: «No me voy a morir nunca, estoy segura de ello, y cuando me muera seguiré viva como mínimo a través de mis discos. Además, el público me da la energía y el valor para seguir, por ello nunca me retiraré», afirmaba, optimista, a la prensa española.

Si alguien pensaba que Celia Cruz lo había hecho todo en materia de espectáculos, estaba equivocado: el legendario circo Ringling Brothers and Barnum & Bailey tenía espectáculo en Miami y la Guarachera de Cuba aparece como gran invitada en su única función en español el 14 de enero de 2001 en el Miami Arena. El circo se llevaba estupendamente con las celebridades: en marzo de 1955 Marilyn Monroe apareció la noche inaugural de la temporada circense en el MSG, ataviada con diamantes y montada sobre un elefante rosado, y ahora los de Ringling y Barnum replicaban la idea, con otros enfoques, en clave latina.

Celia hizo su entrada en una espectacular carroza, marcando un nuevo hito y aventurándose en un ámbito hasta ahora inexplorado. El concierto de Celia, caracterizado por la fastuosidad, es parte de la campaña en favor de las comunidades latinas en EE. UU. lanzada por el famoso circo norteamericano.

Los días 16, 17 y 18 de marzo cumple una breve temporada en el Blue Note Jazz Club de Nueva York, acompañada por Johnny Pacheco y una banda liderada por este. Jon Pareles en *The New York Times*, uno de los que más ha ponderado su ejecutoria a través del tiempo, escribió:

> Se esperaría que una cantante se apagara un poco después de 40 años en la música. No es así en el caso de Celia Cruz, la Reina de la Salsa, que tiene una presencia demasiado grande para este club; si pasas por delante, es posible que veas las paredes pugnando por reventar. Y aunque ha pasado por los escalones superiores del mundo del espectáculo, sus raíces afrocubanas siguen estando al frente y en el centro.

A estas alturas, Celia ya había cumplido su sueño de llegar a la televisión anglófona estadounidense, donde su participación en *Sesame*

Street marcó uno de los puntos más altos en cuanto a teleaudiencias. Otro de esos puntos fue su aparición en el *megashow VH1 Divas 2001: The One and Only Aretha Franklin* el 10 de abril de aquel año, que dirigió todas las miradas al Radio City Music Hall. El homenaje a la gran diva del *soul* apoyaba a la Fundación Save the Music y se distribuiría en formato de CD y en video doméstico. Con Aretha Franklin, Mary J. Blige, Backstreet Boys, Nelly Furtado, Jill Scott, Kid Rock, tocó a Celia y a Marc Anthony, cantando *Químbara*, la representación de la música latina. El dueto fue encomiado por la prensa estadounidense como uno de los momentos estelares de la noche. Celia se sumó también a la interpretación colectiva de *Freeway Of Love*, junto a Franklin, las ya mencionadas cantantes y algunos más. Sin embargo, en el álbum resultante de este concierto no se incluyó la interpretación de Celia.

El 26 de abril siguiente, su breve aparición en los Premios Billboard de la Música Latina, en Miami, para entregar uno de los galardones, fue todo un acontecimiento, por la extraordinaria ovación que recibió: «¡Voy a necesitar un avión para llevarme todos sus aplausos!», dijo entre tierna y risueña.

Rogelio Martínez Díaz, el legendario director de LSM, falleció el 13 de mayo de 2001 en Nueva York a los 95 años de edad, sellando la historia de una de las agrupaciones musicales cubanas de mayor impacto en la música afrocaribeña y latina.

El 20 de mayo de 2001, día de independencia de Cuba, reviste un significado mayor: bajo el auspicio de la Fundación Nacional Cubano-Americana se inaugura la Torre de la Libertad, resignificando el edificio de Biscayne Boulevard, en donde fueron procesados los primeros cubanos exiliados que llegaron a EE. UU. en 1959. Celia es invitada a cantar en el acto solemne, donde actuaron también Gloria Estefan, Jon Secada, Willy Chirino, Lissette, Marisela Verena y la Orquesta de Cámara de la Florida, dirigida por Marlén Urbay.

El día anterior, Celia realizó el ceremonial con el que fija su nombre en el Paseo de las Estrellas del Teatro Jackie Gleason de

Miami Beach: deja grabadas sus manos y firma en una placa de cemento que después se colocó en ese memorial. La ciudad de Miami Beach declaró el 19 de mayo el Día de Celia Cruz, evento en el que recibió las llaves de la ciudad. Del 18 al 20 de mayo, *Cuba Nostalgia*, importante evento para el exilio cubano en la Florida, muestra a Celia como uno de los grandes íconos vivientes en los que esa comunidad se reconoce. En el Coconut Grove Convention Center, a través de una exposición de fotos, atuendos escénicos y memorabilia relacionada con su carrera, Celia ocupa un alto lugar de representatividad cultural y patriótica.

Con un concierto el 28 de junio de 2001 en España inicia su gira *Siempre viviré*, para promocionar el disco homónimo. Fue su penúltima *tourneé* internacional. En La Riviera, de Madrid, y dos días después en Lisboa, Portugal, Celia, Lucrecia, Albita, Paquito D'Rivera, la Banda Gigante Bacardí —marca patrocinadora de la gira— y la bailaora española Sara Baras presentan *Pasión cubana*, espectáculo dirigido por D'Rivera y con Celia cantando algunas de las canciones de su más reciente álbum.

Durante julio, Celia canta en los festivales de jazz de Vienne, Roma, Imantra, Estambul, y el muy prestigioso de Montreux, en Suiza, el día 19. Lo hace también en eventos musicales veraniegos de Múnich y Maguncia (Alemania), Montecarlo, Vezio, Turín y Tarvisio (Italia), y Londres y Manchester (Reino Unido). El 27 de julio, Celia y Lucrecia, junto a Oscar D'León, llenan al completo el Poble Espanyol en Barcelona, en el Festival Grec.

A estas alturas, el declive del emporio RMM era ya imparable. Las causas fueron diversas: la creciente competencia por parte de grandes compañías discográficas que jerarquizaron la música latina y crearon sus propias divisiones especializadas, ofreciendo a los artistas una promoción y distribución mejores que una compañía independiente; las deserciones que se sucedieron tras la salida de Celia, incluidas la de La India y Marc Anthony; y, no menos importante, la demanda ganada por el cantante boricua Glenn Monroig, por violación de su derecho autoral. Todo esto motivó que el antiguo magnate de la música latina se declarara en bancarrota a la altura de junio ante un tribunal newyorkino. El 26 de junio, menos de un mes después, Universal Music Group anunciaba la adquisición del catálogo de RMM, que incluía 130 artistas y cerca de 400 *masters* de carácter histórico para la música latina, incluyendo las grabaciones de Celia con ese sello.

Tras cantar en el Miami Arena el 9 de septiembre de 2001 en el *megashow Amor por la música*, Celia viaja a Los Ángeles para la 2.ª entrega de los Grammy Latinos. Su álbum *Siempre viviré* es el gran candidato en la categoría Mejor Álbum Tropical Tradicional, donde coincide con dos cantantes cubanas de larga data, colegas de sus tiempos habaneros, y que continuaban viviendo en la isla: Omara Portuondo y Celina González. El premio será para Celia y estaba previsto que lo recibiera en la gala oficial el 11 de septiembre de 2001 en el Staples Center de Los Ángeles, pero ese día el mundo despertó en una de sus mañanas más terribles, con la noticia de los atentados a las Torres Gemelas del World Trade Center en Nueva York y otros ataques a instalaciones en tres ciudades estadounidenses.

La gala fue cancelada y, en su lugar, numerosos artistas ofrecieron en el hotel Beverly Hilton un concierto tributo a las víctimas y a beneficio de la Cruz Roja y el Fondo de Ayuda para Desastres de Nueva York. No hubo fastos, ni alfombra roja, ni *glamour*, todos los artistas se reunieron en igualdad de condiciones: entristecidos y devastados. *The New York Times* lo resaltó:

> El poder de la música en vivo para trascender, unir y sanar momentáneamente, comenzó de inmediato el viernes [14 de septiembre], con la pasión desenfrenada de la voz de Celia Cruz, que sacudió la tristeza que anidaba en los corazones de los oyentes, lo que le valió una ovación de pie.

Para las semanas siguientes, Celia tenía compromisos de actuaciones en México, y pese al dolor por la tragedia, decidió honrarlos. Así lo explicó:

> A todos nos afecta lo que ha sucedido en Nueva York. Yo decidí salir al escenario porque el *show* tiene que seguir. Me presenté cuando mi mama murió en Cuba, y lo mismo cuando falleció Tito [Puente]. Cuando estoy deshecha, como en estos momentos, me refugio en el escenario, en mis interpretaciones y con la gente que acude a verme. Por eso me presenté.

Celia continúa participando en teletones y eventos para ayudar a las familias víctimas de los atentados, y en la primera semana de octubre se involucra junto a una treintena de artistas latinos en la grabación del CD *maxi-single El último adiós / The Last Goodbye* (Epic EK-86266) destinando lo que se recaude por ventas a la Cruz Roja de Estados Unidos.

Al mes siguiente de los atentados, la Academia Latina de Artes y Ciencias de la Grabación (LARAS, por sus siglas en inglés) anunció y entregó los Grammy Latinos en una sentida ceremonia en el Conga Room de Los Ángeles, que estuvo marcada por la tristeza. Fueron «los Grammys del dolor», al decir de Celia, quien, al recibir su premio, lo dedicó «al Departamento de Policía, a los bomberos, y a toda la gente linda que todavía está allá, tratando de sacar víctimas. Este trofeo es para ellos, como para ustedes también».

Ese año, en una infrecuente faceta, Celia escribe dos textos solicitados: uno, el prólogo del libro *Cubantime: A Celebration of Cuban Life in America*, de la autora Giselle Balido, y el otro, las notas (*liner notes*) para *El desafío*, el primer álbum del bajista y productor cubano Alain Pérez. Celia ya había hecho esto antes, cuando escribió para sus propios discos las notas de *Canciones que yo quería haber grabado primero*, *Celia Cruz y Tito Puente en España* y *Siempre viviré.*

El gran tenor Luciano Pavarotti convocó a Celia a sus conciertos *Pavarotti & Friends*, que ya acostumbraba hacer antes a beneficio de diversas causas sociales, y que este año planeaba ayudar a más de cuatro millones de refugiados afganos en Pakistán, especialmente a los niños en tal situación. El escenario en la ciudad italiana de Módena, el 29 de mayo de 2001, tenía una energía especial, y para Celia, un significado luminoso: asumió la representación latina con su presencia. Además actuaron Tom Jones, Barry White, George Benson, Morcheeba, Patty Pravo, Jarabe de Palo, Fiorella Mannoia y la mítica banda de rock Deep Purple. Según cuenta Omer Pardillo, Pavarotti le había sugerido cantar *Químbara*, pero Celia argumentó que su presencia debía expresar todo lo que ella representaba: cantaron, junto con Jarabe de Palo, la *Guajira guantanamera*, acompañados por Alfredo de la Fe en el violín y una orquesta sinfónica que incorporó percusión afrocubana. La imagen de cada uno fue fiel a su estilo: Celia, con un sencillo pero elegante traje largo de tafetán verde limón; Pavarotti, de riguroso frac; Pau Donés, en camiseta y pantalón vaquero, y Alfredo de la Fe, reivindicando sus ancestros a través de su peinado. Celia le cantó a su país natal; todo fue tributo y emoción. Pau Donés se arrodilló ante ella antes de entonar algunos de los *Versos Sencillos* de José Martí, que después continuó Celia, el violín de Alfredo de la Fe en un solo y Pavarotti en los estribillos. En el auditorio, cientos de niños engrandecieron el aplauso final en un cierre que hizo volver las miradas de la prensa mundial hacia Módena.

La presencia de Celia en *Pavarotti & Friends* fue quizás el momento de mayor visibilidad a su participación en causas benéficas y cívicas, pero su compromiso había comenzado décadas atrás, poniendo en función de ellas la fuerza de su voluntad y el prestigio de su nombre. La ayuda individual y directa a los necesitados y menos favorecidos en numerosas ocasiones, transcurrió en el más estricto anonimato. Tales acciones fueron cruciales al evaluar su legado, en particular, en el país que la acogió y permitió su extraordinario crecimiento profesional y social.

Tres causas centraron de manera permanente la atención de Celia: la lucha contra el cáncer, la educación de los niños y jóvenes hispanos, y la lucha contra el VIH-sida.

Desde que en 1975 Lourdes Águila fundara en Miami la Liga contra el Cáncer, Celia se identificó con la causa. Las fechas de los telemaratones y eventos de la Liga contra el Cáncer debían ser tomados en cuenta por sus *managers* y promotores, al punto de ajustar compromisos previos o rechazar contratos para asegurar su presencia. Nada debía entorpecer su aporte personal, además del económico, a la lucha contra la enfermedad que segó la vida de Ollita y que, paradójicamente, se ensañaría también en ella. Celia, a su vez, convocó a numerosos artistas que contribuyeron no solo con su arte sino también con cuantiosos donativos. Desde 1983, Celia se convertía, junto al productor Omar Marchant, en presentadora del gran desfile de estrellas por una noche, con el objetivo de recaudar fondos destinados a la investigación del cáncer y su posible cura, así como a la atención de los enfermos. Segura de su poder de convocatoria, condicionaba al logro de determinadas cifras los momentos en que cantaría durante el telemaratón. Esta genial y decisiva idea fue el motor determinante en el éxito financiero del evento.

Desde 1989 cantó en varias cenas y bailes anuales a beneficio del Children's Cancer Caring Center y su capítulo Latino en Miami. Lo hizo en Los Ángeles y en Pasadena en 1989 y 1991 en sendos conciertos a beneficio de la organización Parents Against Cancer, una organización sin fines de lucro que ofrece servicios a los niños latinos en el Hospital Infantil de Los Ángeles. Invitó a Gloria Estefan y Plácido Domingo, quienes asistieron a su presentación en el Memorial Sloan Kettering Cancer Center de Nueva York durante la Exposición Internacional de Comerciales de Arte y Antigüedades.

La prensa consideró a Celia un símbolo de esta causa y ella, premonitoria, ratificó su compromiso: «Lo seguiré haciendo mientras tenga vida y salud, porque nadie sabe cuándo le va a tocar». En julio de 2001 recibió en Miami el Premio Humanitario «Lourdes P. Águila», por su sostenida y decisiva implicación en la Liga contra el Cáncer. En Puerto Rico participó en numerosas ediciones del teletón de Telemundo Puerto Rico en favor de los niños con discapacidad física, a los que llevó a Johnny Pacheco, José Alberto *el Canario* y otros colegas.

Además, Celia ofreció su voz y su presencia en numerosos eventos relacionados con el tratamiento de la diabetes. Con conocimiento de causa, al padecer Pedro Knight esa enfermedad, en 1995 ambos encabezan una campaña auspiciada por el Instituto Nacional del Ojo (NEI, por sus siglas en inglés) para informar y alertar a los hispanos del riesgo de ceguera causada por la enfermedad.

Su contribución con fines educacionales fue también sustantiva: Celia contribuyó al Tito Puente Scholarship Fund, creado por el Rey del Timbal en 1979, con el fin de incentivar a los niños latinos a cursar estudios musicales y ser vectores de preservación y continuidad de los géneros latinos y afrocaribeños. En 1983 Celia sumó su voz al concierto de recaudación de fondos en el Lincoln Center para financiar cuatro becas dirigidas a niños y adolescentes con aptitudes musicales. En 1986 la marquesina del Apollo Theater en Harlem anuncia el Tributo Todos Estrellas a Tito Puente, a beneficio de la beca que lleva su nombre en las voces e instrumentos de cantantes y músicos estadounidenses y latinos. Celia y Tito ya habían realizado conciertos con similares propósitos, al tiempo que ella patrocinaba a varios niños a través de la organización no gubernamental World Vision.

Celia aparece en el espectáculo *Caliente y picante!* (*Hot & Spicy!*), con otros artistas latinos, en el Biltmore Bowl de Los Ángeles, a beneficio del programa de la National Hispanic Arts Education and Media Institute que intenta frenar el aumento de la tasa de abandono escolar entre los estudiantes hispanos de secundaria. Para recaudar fondos que doten becas a estudiantes hispanos graba el programa especial de televisión *Conciencia: juntos para hacer la diferencia*, auspiciado por Univision y la marca Anheuser-Busch, y apoyados por grandes nombres del *show business*, entre ellos Emilio y Gloria Estefan, José Luis Rodríguez, *el Puma*, y otros. «Hay que evitar que los niños hispanos dejen la escuela. Hay que hacer conciencia de lo que le pasa a nuestros jóvenes. Juntos podemos hacer la diferencia y es nuestra obligación», dijo Celia a *El Nuevo Herald*.

Participa el 4 de enero de 1992 en el programa televisivo *Un día para amar a los niños*, un llamado de la organización World Vision para luchar contra la pobreza infantil y transmitido en Miami por las cadenas Univision y Telemundo. Ese año, en septiembre, actuó con Puente en la gala *Fiesta at Ford's*, un evento de la Sociedad Ford Theater, que promovía el Fondo Nacional Hispano de Becas y al que asistieron el presidente George H. W. Bush y su esposa Bárbara. Destinado también a los niños, en 1994 participa en el disco de villancicos *Navidad en las Américas* (WFCD-207), producido por Walt Disney Records con fines benéficos, donde canta el tema *Arbolito*.

Su presencia en eventos televisivos con fines benéficos no se limitó al territorio estadounidense: en diciembre de 1984 participa en un teletón de San José, Costa Rica, organizado por el Club Activo 20-30, en favor de los niños discapacitados. En 1990, invitada por Don Francisco, Celia interviene en su teletón en Chile. Con José Alberto *el Canario* ofrece un concierto en Panamá en el Centro de Convenciones Atlapa a favor de un hospital infantil. Al finalizar 2001, participa con un centenar de artistas nacionales y extranjeros en México en otro teletón en favor de los niños discapacitados, que recauda 22 millones de dólares.

Cuando Celia era convocada a participar en campañas de carácter cívico siempre accedía. Entre las más publicitadas se recuerda la controversial lanzada en 1982 en Nueva York por el alcalde Ed Koch contra la creciente presencia del grafiti en las calles de la ciudad, acción que se debatía entre una parte de la sociedad que lo veía como una agresión pictórica, y de otra que defendía su validez como expresión artística popular. El alcalde Koch logró sumar a celebridades estadounidenses del deporte y la música. En grandes carteles aparecía Celia junto a Irene Cara y Gene Ray, estrellas del filme *Fama*; el beisbolista de los Yankees de Nueva York Dave Winfield; el campeón de boxeo Joe Frazier, y su hijo Marvis; el DJ Paco Navarro, de la radioemisora WKTU, y otras figuras de la música hispana como Eddie Palmieri y Ray Barretto.

En 1990, Celia respalda la campaña del Censo de Estados Unidos grabando un *spot* publicitario para la televisión y participando en el Festival Panamericano en el Bayfront Park de Miami, para llevar el mensaje a la comunidad hispana de permitir su conteo en el registro estadístico nacional. Junto a Pedro Knight grabó en 2000 un video publicitario de 60 segundos, con idénticos fines, transmitido por la cadena Univision.

En 1994 Celia se pronunció por la derogación de la Propuesta 187 aprobada en el estado de California y que negaba los derechos sociales a los inmigrantes ilegales; al contrario: apoya sus demandas, compartiendo en declaraciones de prensa su experiencia personal como emigrante.

Celia también muestra empatía ante las víctimas de catástrofes naturales y se implica de lleno en acciones en su favor.

Fue 1985 un año de tragedias provocadas por la naturaleza: después del sismo en México, la desgracia tocaría a Colombia. El volcán Nevado del Ruiz arrasó completamente con el poblado de Armero, situado a 48 km del volcán, en un día trágico que se convertiría en récord, al ser la segunda erupción volcánica más mortífera del siglo XX, dejando cerca de 23,000 muertos y miles de desaparecidos, heridos y personas sin hogar. Celia se implica emotiva y directamente en varias iniciativas de apoyo al pueblo de Armero: por aquellos días, el caleño Humberto Corredor, empresario musical y coleccionista, era dueño de la discoteca latina El Abuelo Pachanguero en Sunnyside, Nueva York. Su estrecha relación con los músicos del entorno salsero hizo posible que el 22 de noviembre de 1985, Celia, Johnny Pacheco y LSM se presentaran allí en un concierto de recaudación de fondos para los damnificados. Un rudimentario video dejó testimonio de una Celia Cruz totalmente implicada, recabando empatía, mostrando en improvisaciones soneras su solidaridad, instando a los presentes a contribuir, mientras, entre canción y canción, se confundía con los involucrados, sentada en el piso en un rincón del estrecho escenario durante el conteo de las donaciones. Dos días después, el teletón *Por ti, Colombia* es patrocinado por la Cruz Roja de Estados Unidos y la Spanish International Network y transmitido en EE. UU. y otras ocho naciones. La iniciativa logró recaudar una cifra neta estimada en dos millones de dólares, y contó con la participación de Celia, entre otros artistas.

Los pobladores del Caribe, zona de huracanes, recibieron también su apoyo ante sucesivos desastres. En 1989, Celia se une a colegas caribeños en el concierto *Noche Salsera* a beneficio de los damnificados del huracán Hugo. Tras el nefasto paso del meteoro Andrew en 1992, Gloria Estefan encabeza el *megashow* a beneficio de los damnificados. Ante 53,000 espectadores se reunieron cerca de 100 artistas, entre ellos Paul Simon, Whoopi Goldberg, Andy García, Rubén Blades, Tito Puente y, por supuesto, Celia. En octubre de 1998, la Guarachera no duda en sumarse a dos iniciativas para paliar el impacto devastador del huracán George en Puerto Rico y República Dominicana: aporta su actuación en el concierto solidario del Día de Ayuda a los Pueblos en el Hostos Community College del Bronx, donde se recaudó cerca de medio millón de dólares, y en el teletón transmitido por NBC Canal 4.

Particular y temprana implicación tuvo Celia en las campañas para apoyar a los enfermos de VIH-sida y en favor de la investigación para su tratamiento y posible sanación. En 1992 fue distinguida con un reconocimiento especial del diario *El Nuevo Herald*, al incluirla en los Méritos Artístico-Culturales Especiales del año por su constante aportación a los actos benéficos para las víctimas de dicha enfermedad. En 1993 participa en México en un concierto internacional con David Byrne y Marc Anthony a beneficio de La Casa de Tina, que acogía a enfermos terminales de VIH-sida. En Nueva York, el 16 de noviembre de 1998, canta en el Avery Fisher Hall en el Concierto por la Vida, evento benéfico de la organización Gay Men's Health Crisis (GMHC), principal proveedor de servicios de prevención y cuidado frente al VIH-sida entre los hispanos en la ciudad.

Del apoyo espiritual y material a colegas y coterráneos son incontables sus gestos; sus telegramas llegaban precisos a amigos y colegas para felicitar en un cumpleaños o un aniversario importante, para servir de apoyo ante una enfermedad o para enviar un mensaje de condolencia, y más aún, su respaldo personal fue siempre oportuno. Celia nunca olvidó a los viejos colegas cubanos que le apoyaron en sus inicios, de quienes aprendió, con los que alguna vez compartió escenario o a los que simplemente llegó a admirar, y se ocupó en especial de quienes pasaban horas de precariedad al final de sus vidas.

Cuando Héctor Lavoe enfrentó un gravísimo accidente, Celia estuvo ahí con su apoyo decidido. En circunstancias que continúan sin aclararse, Lavoe saltó o cayó desde el octavo piso del hotel Regency en San Juan, Puerto Rico, el 27 de junio de 1988, lo que le ocasionó múltiples fracturas y lesiones, que le impedirían el regreso a los escenarios durante dos años. Celia fue de las primeras en dar apoyo económico y sumarse al concierto que recaudó cerca de 100,000 dólares para apoyar en su recuperación, iniciativa que concentró en el estadio Hiram Bithorn a un gran número de músicos del movimiento salsero, en una singular agrupación que denominaron *Los amigos de Héctor Lavoe*.

Celia cantó también en apoyo a sus colegas de todo el mundo: el 24 de marzo de 1990 Celia y Tito Puente acuden al llamado de Miriam Makeba para el Concierto de la Unidad, en el Apollo, celebrando la liberación de Nelson Mandela y a beneficio del fondo de ayuda a los artistas sudafricanos. Varias fueron las contribuciones de Celia a la entidad estadounidense Music Cares, organización creada para ayudar a los músicos en estado de necesidad. En septiembre de 2001, Celia encabezó la lista de cantantes y músicos del concierto benéfico en favor de Raúl Alfonso, del dúo Hansel & Raúl, tras sufrir un grave accidente.

En vida, la humanidad y empatía de Celia fueron elogiadas como una de sus más notorias características.

Asumió como personal e indeclinable la responsabilidad económica frente a su familia; estaba atenta a sus amigas y amigos, que no eran muchos, pero sí muy buenos, en vínculos profundos y duraderos como refugio alternativo y familia elegida; aprovechaba sus largos y constantes viajes para responder cartas y escribir postales de viaje destinadas a periodistas, promotores, empresarios, músicos y compositores, así como a amigos y admiradores. Celia, incluso enmascaraba la correspondencia que iba a Cuba y firmaba con seudónimos o apelativos: *La Hermana de Barbarito*, *La bizca*, *La Prima de Nenita*, *Alejandro Jiménez*, o lo que se le ocurriera en el momento.

En silencio, rechazando cualquier exposición pública, hizo mucho más en acciones directas a personas necesitadas: en varios países construyó casas, financió la formación individual de numerosos niños, ayudó a enfermos.

Celia actúa el 22 de septiembre junto a Gloria Estefan en la sala de conciertos del Kennedy Center en la gala del Premio Herencia Hispana, con que es reconocida su amiga Cristina Saralegui. Poco después canta *Químbara* en la ceremonia de entrega del Premio Mark Twain de Humorismo a la actriz Whoopi Goldberg el 21 de noviembre de 2001.

Un reencuentro personal y artístico entre Celia y Miliki generó el deseo de volver a los escenarios y la idea de un documental. Un concierto en la Calle 8 de Miami fue el pretexto planeado para el audiovisual musical *La Cuba mía*, que toma su título del son homónimo de Emilio Aragón Jr. Como protagonistas y testigos de excepción de una de las etapas de mayor creatividad en la música cubana y el espectáculo en Cuba, Celia y Miliki realizan un trazado de lo vivido en la isla gracias a la música, intercambiando también con las generaciones posteriores representadas por Juanito Márquez, Paquito D'Rivera, Arturo Sandoval, Willy Chirino, Albita, Donato Poveda y Alain Pérez. Dirigido por Oscar Gómez a partir de un guion escrito por él y Miguel Castañeda, y la banda sonora original a cargo de Gómez y Pérez, el documental confió en la nostalgia como motivador constante en las comunidades de emigrados por el mundo, en particular, la cubana.

Con *El son sigue ahí* y después con *Taita Bilongo*, *José Caridad*, *La niña de la trenza negra* y *Sigue cantando Celia*, Alain Pérez puede vanagloriarse de ser uno de los pocos jóvenes compositores cubanos a quien Celia le grabó. Con apenas 24 años, fungió como director musical de la orquesta que acompañó a Celia en su andadura española desde la segunda mitad de los noventa hasta 2001, cuando Celia cantó por última vez en la península ibérica.

En *La Cuba mía*, a poco menos de dos años de la muerte de Celia, con 76 años de edad, el estribillo de este son encierra un misterio personal y sugiere, acaso, un sentimiento inusitado en Celia y el rediseño de sus prioridades en donde el deseado retorno a su tierra es lo que más importa, sin considerar los altibajos y enconos del trayecto recorrido: tener vida y capacidad de perdón como única vía para el deseado retorno a su tierra.

Se me fue toda una vida
y tu imagen no se me borra.
Quiero volver sin mirar atrás,
poder vivir para perdonar,
quiero sentir, quiero regresar
a la Cuba mía

El álbum *La Cuba mía* (Ariola 743219330727 en EE. UU., y Universal 8201699 en España) con la banda sonora del documental es lanzado en 2002 y 2003, respectivamente. En 2000 y 2001 Celia aparece con su testimonio en otros dos documentales: *Buscando América: La vida de Rubén Blades* (People & Arts) y *Forever Cuba* (Julisa Visión Corp.), donde su voz se escucha en su clásico *Canto a La Habana*.

Su penúltimo disco fijará un nuevo y esplendente récord: *La negra tiene tumbao* (Sergio George y Fernando Osorio), junto al rapero Mikey Perfecto (Miguel Ángel Soto Córdova), será una de las primeras fusiones del rap y la salsa en una grabación, y el corte más trascendental del CD al que da nombre (TRK-84519). Producido por Sergio George, y el segundo bajo Sony Music, se lanza el 2 de noviembre de 2001. Contó George a *El Nuevo Herald*:

> Cuando le mandamos el demo a California, no sabíamos cuál sería la reacción de Celia ante un tema que no era para nada convencional; al llegar al estudio en Nueva York nos dijo: «Me encanta, vamos a grabarlo», y en ese momento me di cuenta que solo los grandes artistas, seguros de sí mismos, estaban capacitados para asumir un riesgo profesional de envergadura sin ningún miedo.

El resultado muestra que para ella no hay límites cuando se trata de avanzar con los tiempos, intentar un nuevo modo de conectar con su público y atraer a otros nuevos, partiendo siempre de la esencia de los ritmos que defiende. Con el antecedente de su colaboración con Wyclef Jean en el entorno hiphop, Celia incursiona en el rap en su momento de gran auge más allá de sus fronteras geográficas, raciales y sociales.

La mirada de su nuevo *management* incide también en esto: Celia ha ido sumando a su equipo creativo más nombres jóvenes con miradas renovadoras que la acercan a otro entorno etario y generacional.

La negra tiene tumbao se convierte de inmediato en un éxito extraordinario de Celia, a estas alturas para muchos impensable tras más de medio siglo de una carrera sin igual. Para el crítico de la revista *Billboard*, el nuevo álbum de la Reina de la Salsa puede clasificar

> [...] como un clásico contemporáneo, un disco que mezcla el son característico de Cruz con *riffs* de baile distintivos y un toque urbano. Lo más destacado aquí es la canción de apertura, que comienza con un recurrente bucle de cuerdas y luego se reproduce sobre un ritmo de baile puntuado por el rap ocasional (cortesía del artista invitado Mikey Perfecto). El efecto es delicioso y rompedor para Cruz, quien, sin embargo, se adentra en un territorio familiar [...]. Pero en general, la magnífica voz de Cruz y su desbordante emoción, no disminuyen. Lleva este disco de salsa directa de la A a la Z sin recurrir a baladas u otros artilugios comerciales para triunfar.

Al aumento exponencial de la delirante popularidad de *La negra tiene tumbao* contribuyó en gran medida el videoclip con guion y dirección de Ernesto Fundora, que brindó el respaldo definitivo al disco. Fundora dispuso para Celia las claves más eficaces de la comunicación visual con el empleo de una atrevida dramaturgia en la que la modelo guatemalteca de ancestros garífunas, Déborah David, tuvo un impactante protagonismo visual en contrapunto con el predominio vocal de Celia y el apoyo de otros artistas cubanos como los cantantes Alberto Bermúdez y Eduardo Antonio.

Celia era muy moderna, tenía una mente extraordinariamente abierta que expresaba no solo en los atrevimientos en su estilismo, sino en hechos como este, cuando después de preguntarse qué pensarían de Celia Cruz cuando vieran la sensualidad de aquella chica semidesnuda caminando por las calles, aceptó las opiniones de Omer, Cristina y Marcos, y aceptó diciendo: «¡Pues vamos pa'lante con el video!».

Tania León, la notable compositora y directora cubanoamericana de numerosas orquestas sinfónicas por el mundo, defiende un concepto singular acerca de lo clásico, considerando que, en el uso común del término, remite a criterios comerciales, situándolo en otros siglos y contextos geográficos:

> Desde mis años en Cuba he estado muy inmersa en la música de mi país y al tanto de la creación más reciente. Escuchaba, entre las cantantes, a Celia, Merceditas Valdés, Elena Burke; mis amigas, las compositoras Marta Valdés, Ela O'Farrill —que creaban una obra nueva, singular, en la canción—, en medio de mi afán por descubrir cómo se construían esas músicas disímiles y a la vez, tan interconectadas. Ellas son clásicos de nuestra cultura musical. A Celia la conocí personalmente después, en Nueva York, cuando ya vivía yo allí, donde la aprecié aún más como la cantante, que lleva en sí esos sonidos de raíz y los engrandece. La última vez que nos vimos fue en el aeropuerto La Guardia, íbamos en el mismo vuelo y estuvimos conversando. Ella sabía que yo había dirigido

en los ochenta un concierto de la Filarmónica de Brooklyn con Tito Puente, y hablamos entusiasmadas de la posibilidad de hacer un concierto de Celia, Tito y la Filarmónica. No pudo ser, faltó tiempo. En 2005 compuse *Tumbao*, obra para piano inspirada en la representación videográfica y sonora de *La negra tiene tumbao*.

En 2001, Celia vuelve a la publicidad con la marca Dr Pepper y junto a la cantante Paulina Rubio graba el comercial *Be You*. Ese mismo año presta su imagen a un anuncio de Toyota, entre sus últimas acciones en la publicidad, un ámbito en el que se había desarrollado con naturalidad desde sus años en Cuba, y luego en otros países.

Otra de sus primeras veces en publicidad la vivió en 1988 cuando Celia es una de las figuras invitadas al programa *Cocina Crisco* (*Crisco Kitchen*), el primer *show* de cocina en español en la televisión de EE. UU., producido por Telemundo.

Con objetivo en el mercado hispano, en 1989 Celia graba en Los Ángeles un *spot* para McDonalds, siendo, probablemente, la primera latina en aparecer en un comercial para la marca. Un año después su voz aparece en la versión en español de un *jingle* del dentífrico Colgate. Greg Andrews, de la empresa Colgate-Palmolive, dijo a la prensa que «querían para el mercado hispano una voz que fuera realmente identificable». En 1993 también grabó un comercial para Goya Foods.

Su último comercial lo realizó en 2002 bajo la dirección de Ernesto Fundora, promocionando la marca Azúcar de Veracruz, donde versiona fragmentos de *La negra tiene tumbao*.

En 2001 Haila María Mompié e Issac Delgado son los responsables del primer álbum grabado en Cuba en tributo a Celia por un sello cubano. En el CD *Haila* (Bis Music CD-210), ocho de los 12 *tracks* ya habían sido éxitos en la voz de la Guarachera de Cuba, asumidos ahora por la también cantante cubana desde una perspectiva actual y renovada. Curiosamente, y prolongando el inaudito estigma censor sobre Celia y su obra en su país natal, la casa discográfica decide que el álbum tenga dos títulos: *Haila*, en la versión a distribuir en Cuba, mientras que para la edición internacional distribuida por el sello Pimienta el título es: *Haila: A Tribute to Celia Cruz*. Haila se reconoce fiel a la influencia y legado de Celia y es una de las cantantes que, viviendo en Cuba y a pesar de la censura, han recogido progresivamente el testigo de la Guarachera. Muchas, al emigrar después, continuaron exhibiendo la impronta de Celia en sus estilos y canciones.

En otros reconocimientos de 2001, *Siempre viviré* recibe el premio ACE al Álbum del Año. En octubre, el Instituto Smithsonian le confiere en Washington la Medalla Bicentenario de James Smithson, que la prestigiosa institución entrega desde 1965 por «excepcionales contribuciones al arte, la ciencia, historia, educación y tecnología». Junto a Celia la reciben también Henry Z. Steinway, último miembro de la familia constructora de pianos legendarios y presidente de Steinway & Sons, y la activista y lideresa estadounidense Dolores Huerta.

El 2002 trajo acontecimientos para Celia que sublimaron los más antagónicos sentimientos. Fue un año, quizás, como ninguno anterior. Hubo dos llaves para abrirlo: las que le entregan las ciudades de Mérida (México) el Día de Reyes, y la de Orlando, Florida, el 22 de enero. De ahí, Celia viaja a Panamá y canta en el Centro de Convenciones Atlapa en presencia de la entonces presidenta Mireya Moscoso; poco después recibe la Condecoración Nacional de la Orden «Vasco Núñez de Balboa», alta distinción que otorga esa República.

En la 45.ª entrega de los Grammy, el 23 de febrero de 2003 esta vez en el MSG, Celia gana su segundo gramófono por *La negra tiene tumbao* como Mejor Álbum de Salsa.

Agota una agenda frenética: es declarada reina del carnaval caribeño de Cancún, México, en los últimos días de febrero de 2002. A finales de aquel marzo supervisa la selección de boleros para la compilación que publicaría la mexicana Sum Records, sin abandonar su persistente deseo de grabar un disco íntegro de boleros inéditos. El 10 de abril recibe, igual que Johnny Pacheco, el Premio por la Obra de la Vida del International Latin Music Hall of Fame en el Hostos Community College. Asiste a la gala de los premios Billboard con un recordado vestido que incorporaba el teclado del piano. El Tropicana de Atlantic City la recibe en concierto el 1.º de junio. Ocho días después, centra la convocatoria al telemaratón de la Liga contra el Cáncer en Miami; será la última vez participando en «su causa favorita». Ese mismo día, el 9 de junio de 2002, moría en La Habana Elena Burke, la Señora Sentimiento, gran amiga de Celia desde los lejanos años cuarenta en que ambas soñaban con ser artistas. Y Celia honró la memoria de su amiga durante el telemaratón transmitido por Telemundo.

El 1.º de julio de 2002 Celia inicia su última gran gira internacional con un concierto en el teatro Zenith de París, en la que, como es ya habitual, actuó en los principales festivales de jazz y de verano en Europa: Milán, Venecia, Roma, Florencia, Ámsterdam, Barcelona, Bilbao, Helsinki, y otros. Roma le entregó sus llaves el día 2, y la casa de modas Christian Dior ofreció una fiesta en su honor. En el Forum de Milán, durante el Festival Latinoamericano, Celia y La India se presentan juntas y la prensa esboza la idea de un traspaso del reinado, sin mencionar la abdicación del trono.

El 14 de julio de 2002 Celia y Pedro cumplen un importante aniversario y lo celebran en Venecia: 40 años de un matrimonio que fue esencial en la vida y la carrera de la Guarachera. No era, como algunos suponen, una relación de subordinación patriarcal: desde su proverbial inteligencia y sagacidad, Celia trazó siempre las líneas fundamentales de su carrera musical, entrenada como estaba desde sus primeros años en el *show business* en Cuba, cuando durante mucho tiempo navegó sin *managers* que quisieran representarla. Ella era uno de los polos decisorios, en tándem con Pedro; aprendió los entresijos del negocio, su psicología y, sobre todo, el peso y el valor de su propio nombre.

Pedro aportó a su carrera un valor añadido crucial, sobre todo si se tiene en cuenta que ella trabajó y se desarrolló en entornos eminentemente masculinos en tiempos donde salir indemne de tal experiencia era poco probable para una mujer. Para personas de su entorno Pedro Knight fue alguien controversial, pero esto es comprensible ante la misión que se dio a sí mismo: ser el escudero de Celia, la mujer y la artista. No era común en aquellos tiempos, poco lo es ahora, que un hombre abandonara su profesión para apoyar la carrera de la mujer de su vida y subordinarse a ella en un segundo plano. No exento de cuestionamientos, Pedro vivió en función de Celia, cuidando de ella, de su trayectoria profesional y del patrimonio construido y hasta, a contracorriente, protegiéndola de sí misma, generosa, desinteresada, dadivosa y sencilla, como fue siempre. Pedro solía dejar claro que el patrimonio había sido «trabajado por ella», excluyendo siempre su propia contribución como director musical y asistente, y como fiel guardián actuaba con firmeza y talante restrictivo en todos los sentidos, para quien la leyenda urbana adjudicó, quizás injustamente, incómodos epítetos.

En agosto de aquel año, la presencia de Celia en internet escala otro nivel con la creación del sitio web celiacruzonline.com, desarrollado por Strategic Innovations, una renombrada empresa newyorkina. Celia, con su proverbial contentura, se encargaba de subrayar que desde antes estaba ya informatizada: «Siempre cuando me preguntan la edad digo que nací en mil novecientos.com».

Una alarma de salud, sin embargo, interrumpirá el curso feliz de sus vidas. Al terminar la gira de verano, cuando cenaba en Madrid con sus entrañables amigas Gilda Cánovas y Elba Montalvo, Celia ya conocía que debía someterse a una cirugía para retirar un quiste en un seno y les expresó, optimista, pero prudente: «De aquí, salgo a operarme». Esperaba salir bien de ese trance, mientras que su *manager*, equipo, amigos cercanos y familiares tomaban todas las medidas para que el hecho no trascendiera a la prensa. El registro de su ingreso hospitalario en el St. Mary Hospital, en Hackensack, Nueva Jersey, y todo su historial médico se hace bajo el nombre, elegido por ella misma, de María Catalá, y el 19 de agosto es sometida a una mastectomía parcial con resultados satisfactorios. Celia se recupera y vuelve pronto a la vida pública, entusiasmada por las perspectivas con su más reciente disco.

Como mayor cosecha personal nunca antes conquistada, las cuatro nominaciones que postulan a Celia y a *La negra tiene tumbao* en la 3.ª entrega de los Grammy Latinos revolucionan a admiradores y medios de difusión. Ella y Carlos Vives retienen la mayor cantidad de nominaciones. Eliseo Cardona, de *El Nuevo Herald*, escribió entonces:

> [El disco] *La negra tiene tumbao*, contrario a lo que pregonan los publicistas, no rescata ni cimenta la carrera de Celia Cruz, pero hace algo más interesante: la convierte en una leyenda asequible a nuevos públicos. Ya se sabe, la Celia es una de las quintaesencias de la música cubana. Pero esta es una apreciación que posiblemente desconocía un público joven y fragmentado por tantas opciones musicales. Este disco viene a ser algo así como el retrato de una veterana en plan de figura hiphop.

A casi un mes de su cirugía, el 18 de septiembre de aquel año su alegría desmiente cualquier idea negativa. Celia gana el gramófono al Mejor Álbum de Salsa con *La negra tiene tumbao*, confirmando los pronósticos más optimistas. Con una monumental peluca blanca y azul, y una resonante alegría, Celia recibió con su risa característica su gramófono y cerró la gala cantando su canción del momento.

Nueve días después, el 27 de septiembre, Pedro fue sometido a una cirugía de colon que, por su condición diabética, requería de cuidados especiales. En realidad, el mismo día y en el mismo Presbyterian Hospital de la Universidad de Columbia, en Manhattan, Celia enfrentó una segunda y radical intervención quirúrgica que pretendía detener el voraz avance de un tumor, y de nuevo, tanto ella como su equipo decidieron mantenerlo en el más estricto silencio.

La noticia sobre Pedro trasciende a la prensa pero la de Celia no, de quien solo se dice lo que su oficina hizo saber: que cancelaba todos sus compromisos para cuidar de Pedro, previendo retomarlos hacia el 1.º de noviembre. Hizo una sola excepción, aún con las sondas postquirúrgicas disimuladas bajo sus vestidos: voló desde Nueva Jersey a Miami para recibir el Premio Don Quijote del Consejo de la Hispanidad.

Como había anunciado, el 1.º de noviembre reaparece en el Auditorio Nacional de México, donde recibe el homenaje «por sus bodas de oro con el público mexicano», como gustó a la prensa local afirmar en sus titulares. Si bien, en rigor, el cálculo no es preciso: habían transcurrido 54 años de su debut en el teatro Follies, en el lejano 1948 junto con Las Mulatas de Fuego. Ahora compartía escenario con Marco Antonio Muñiz, Pedrito Fernández y Mijares, entre otras estrellas mexicanas, sin Pedro Knight dirigiendo la orquesta, urgido de cumplir la prescripción médica. En el público estaban Gabriel García Márquez y su esposa Mercedes Barcha junto a Iván Restrepo y su esposa Nelly Keoseyán, entre otros amigos y admiradores. Al finalizar su actuación, Iván y Nelly saludaron a Celia en el camerino. «Ya se veía mal y muy agotada al final», recordó Restrepo.

Días después, el 27 de noviembre, cantó durante un evento vinculado a la marca Bacardí en el Hipódromo de las Américas (Ciudad de México), donde se hizo visible que algo andaba mal. Celia pidió que le llevaran un abrigo y confundió los textos de las canciones. Como ocurrió días antes en el Auditorio Nacional, Pedro y Ángel González, su último guardaespaldas, la ayudaron a salir de proscenio, caminando lentamente arropada por los aplausos. Ese fue el último concierto de Celia en México. A menos de 50 días de la primera cirugía, el 5 de diciembre la alarma obligó a una tercera intervención, esta vez por un equipo de neurocirugía del Presbyterian Hospital. Desde su *management* se reiteraron las más estrictas medidas de discreción y seguridad. Así lo recuerda Omer Pardillo:

> Se bloqueó y pagó un ala completa del hospital, seis habitaciones colindantes, y se situaron guardaespaldas, seguridad del hospital y policía de Nueva York. No existe una sola foto de su permanencia en el hospital, porque se tomaron todas las medidas para ocultarla en camillas y sillas de ruedas. Ella no deseaba ser expuesta en esos momentos, quería que la recordaran como ella era en plenitud, y así lo hizo saber.

A pesar de todas las precauciones, la indiscreción de una persona del equipo hospitalario frustró la intimidad con que Celia quería tratar este asunto. La noticia saltó a cientos de periódicos por el mundo y alarmó a la opinión pública: «Operan a Celia en NY», anunció el titular de *El Nuevo Herald*, glosando escuetas declaraciones de Omer Pardillo a la salida del hospital.

Aún hospitalizada, el WPTB Canal 2 estrenó el 8 de diciembre de 2002 el documental *Tradición: A Holiday Celebration*, una memoria de las Navidades en la Cuba anterior a 1959, producido y dirigido por Oscar López y donde Celia es una las testimoniantes. En el Museo de la Ciudad de Nueva York se exhibía desde octubre hasta enero la exposición *Raíces: The Roots of Latin Music*, donde una peluca suya, los zapatos de baile de Cuban Pete y hasta un sombrero de Rafael Hernández, junto a dos centenares de objetos y exponentes, mostraban la historia de amor entre la música latina y la ciudad.

Celia se había preparado para entrar al estudio del 15 al 25 de diciembre de aquel año para grabar su próximo álbum, pero el plan debió retrasarse, aun después de que la prensa de Miami publicara con júbilo que había recibido el alta hospitalaria.

Solo se permitió salidas puntuales para cumplir ciertos compromisos, pero la quimioterapia y las radiaciones hacían estragos en su cuerpo y su ánimo. Aun así, accedió a la invitación de Maura, la madre de Paquito D'Rivera. Así lo contó para este libro:

> Cierta fría noche de enero del 2003 celebrábamos en casa la grabación del nuevo CD de las Hermanas Márquez. En esa ocasión vino José Luis Rupérez, el productor español. Todo estaba más o menos en calma hasta que llegaron Celia y Pedrito. Entonces fue como si un huracán entrara por la puerta. Al verlos, el músico israelí Alon Yavnai, sentado al piano comenzó a montunear y pronto todos comenzaron a corear *Caramelo a kilo*, la sabrosa guaracha que ella hizo famosa. Bailando con la gente que les daba la bienvenida llegó Celia hasta el sofá donde estuvo sentada el resto de la velada. Allí quietecita, cerca de Trini y Nersa Márquez, viejas amigas desde los tiempos en que las soneras emigraron hacia La Habana desde su natal provincia de Oriente. Alberto Morgan le dedicó una bellísima versión de la inmortal *Babalú Ayé* de Margarita Lecuona; Brenda, mi mujer, canto a dúo con el tenor Mariano Vidal; y Celia se comió «el arroz con pollo más rico que he probado en años, Maura», le dijo graciosamente a mi madre. Aquella noche trató de cantar sobre nuestro coro en *Bemba colorá*, pero tristemente, a los pocos compases se le cerró la garganta y quedó muda aquella voz que antes fuera como la de un sinsonte suelto en las lomas de Cuba.

El 5 de febrero de 2003 una alegría le llega a Celia desde Miami, mientras ve por televisión la transmisión de la gala: recibe cuatro galardones en los Premios Lo Nuestro y se equipara con Juanes como máximos ganadores: Álbum del Año por *La negra tiene tumbao*; Canción del Año por *La vida es un carnaval*; Artista Tropical Femenina, y Mejor Performance Femenino de Salsa.

Fue aquel febrero cuando, con mucho esfuerzo y coraje, grabó los temas de su último disco *Regalo del alma* (Sony Discos TRK-70620), producido por Sergio George y Oscar Gómez. Fue el que más tiempo le tomó en estudio, entregando todas sus fuerzas y con todo el *staff* pendiente de su situación de salud. En la funcional línea de *La negra tiene tumbao*, Celia canta *Ella tiene fuego* (Jorge Luis Piloto y Sergio George), regresando a la fusión salsa-rap gracias a la intervención del panameño Edgardo Armando Franco, *el General*, considerado uno de los pioneros en los orígenes del reguetón. Otra colaboración evoca a su amiga Lola Flores en el dúo de *Ay, pena, penita pena*, con arreglo de Alain Pérez en clave de guaguancó. El sencillo que lanza el disco, y que complació a Celia cuando escuchó las primeras mezclas, fue *Ríe y llora* (Osorio-George), una suerte de simple reflexión filosófica desde su propia experiencia de vida. Entre los músicos, hay cubanos de varias generaciones (Alfredo de la Fe, Juan Munguía, Iván *Melón* Lewis, Yuri Nogueira, Daría Delgado y Alain Pérez, también en función de arreglista y compositor).

George resumió así su trayectoria de trabajo con Celia desde los tiempos de RMM y los grandes conciertos en el MSG:

> Para mí, Celia es inolvidable e irremplazable. Junto con su estilo cálido y personal, siempre estará conmigo, de hecho, si me preguntaran cómo encontrar un nuevo talento musical, diría que tendría que tener los mismos atributos que Celia poseía.

Celia y su *management* habían dado luz verde a los preparativos del homenaje en el Canal 51 de Telemundo. De completo color plata, donde destacaba la sencillez y sobriedad del traje firmado por Narciso Rodríguez, Celia, feliz como una niña que celebra cumpleaños, pero del mismo modo visiblemente diferente, recibió la noche del 13 de marzo de 2003 en el teatro Jackie Gleason una de las más prolongadas ovaciones de su vida. Emilio Estefan, Patti LaBelle, Gilberto Santa Rosa, Víctor Manuelle, Gloria Gaynor, Ana Gabriel, Rosario Flores, La India, Milly Quezada, Albita, José Alberto, Johnny Pacheco, Tito Nieves, Alicia Villareal, Alfredito de la Fe, Arturo Sandoval, Luis Enrique y Paulina Rubio, con Gloria Estefan y Marc Anthony como anfitriones, se rindieron a sus pies.

Tras la alegría de los Premios Lo Nuestro, Celia anunció aquel 14 de febrero la concreción de un viejo sueño, que había comenzado a tomar forma el año anterior: la creación de la Fundación Celia Cruz, entidad sin fines de lucro que daría continuidad a sus esfuerzos por contribuir a la infancia y su formación escolar. En sus inicios se preveía que la Fundación recaudara fondos en eventos en los que participarían Celia y otros músicos famosos convocados por ella. La Reina de la Salsa pudo ver, complacida, los primeros aportes a su fundación: el homenaje organizado por Telemundo aportó la venta de taquilla del teatro más un donativo de la cadena televisiva, que sumó 145,000 dólares. En abril, el respaldo de la compañía estadounidense Heineken, a través de su proyecto Heineken Green Ribbons, convirtió a la Fundación Celia Cruz en la primera entidad en recibir fondos de la iniciativa.

El 2 de abril de 2003, la sala de fiestas del Hotel Plaza celebró el 35.º Aniversario del Teatro Repertorio Español (TRE) en Manhattan. Celia fue invitada a cantar, acompañada por la orquesta de José Alberto *el Canario*. *La vida es un carnaval*, *La negra tiene tumbao* y *Bemba colorá* sonaron en su voz, que ya no exhibía fuerza y brillantez. Esa fue la última vez que Celia Cruz subió a un escenario.

«Si usted no lo quiere hacer por usted, lo tiene que hacer por mí. No creo que usted pueda volver a cantar. Esta es la última vez, porque ya no eres tú», son las palabras que su *manager*, desde la autoridad y el cariño, atinó a decirle al terminar la actuación. De camino a casa, Celia lo comprendió: «Tú tienes razón. Prefiero dejar el recuerdo de como fui», triste pero firme fue la respuesta que quedó en el recuerdo de Pardillo. A él tocó manejar a Celia en su última etapa y ser factor decisivo también en la fase final de su vida. Dice Emilio Estefan:

> Si bien ella no contaba con alguien como Omer en sus primeros años, lo bueno de la época en que Omer estuvo cerca de ella fue que él logró guiarla por el camino correcto, gracias a su respeto y admiración hacia ella. Dedicó su vida a cuidarla y llevarla al lugar

que le correspondía en la música mundial. Omer no solo fue su *manager*, sino que se convirtió como un hijo para Celia. Tuve el privilegio de trabajar con él en un momento difícil, y gracias a Dios, no solo él llegó a mí, sino que Celia también llegó a mi vida junto a Pedro. Además, Omer también fue clave en conectar a Celia con las personas adecuadas, quienes ayudaron a llevar su carrera y discografía a nivel mundial.

Nunca se rindió, ni siquiera enferma; quería seguir mientras tuviera salud y energía, pero sin hacer el ridículo. En los meses que siguieron a la primera cirugía, Celia jamás pronunció la palabra terrible y así lo decretó a su entorno: lo verbalizaba como «la malanga esa». Con entereza enfrentó primero los fuertes tratamientos y sus consecuencias y, luego, la noticia de que no habría mejoría; la enfermedad se reproducía y avanzaba.

No pudo asistir el 19 de mayo de 2003 en Beverly Hills a la gala de los Premios Imagen, que animan a una positiva representación y a un aumento de la presencia de los latinos en los medios de comunicación, y le otorgaban en ausencia el Reconocimiento a la Obra de la Vida. Tomó entonces la decisión de no volver al quirófano e irse a su casa, lejos de todo lo que hasta entonces le ha sido imprescindible: escenarios, luces, público delirante, periodistas insistentes, pendientes siempre de su grito de guerra y gozadera: ¡Azúuuucaaaar!

Con su vida social y profesional suspendida, Celia se desplazaba únicamente para las revisiones y pruebas médicas. Nunca antes estuvo tanto tiempo sin salir. Antes, en una frenética vida de viajes y aviones, apenas había podido disfrutar de su hogar. Ubicada en una exclusiva y tranquila zona a la orilla del río Hudson en Nueva Jersey, su casa era una espaciosa construcción de tres plantas, cuya exquisita decoración estuvo al cuidado de la interiorista cubanoamericana Miriam Branderbergh y su esposo Rony; predominaba el color blanco, incluido el piano, e innumerables fotos por doquier. Apenas se había recreado en la contemplación de la fabulosa vista de Manhattan que se apreciaba desde los ventanales y terrazas, ni había estado tiempo suficiente en el espacioso salón al que ella solía llamar «mi oficina», donde trofeos, premios, medallas, diplomas y distinciones eran los protagonistas. Allí también guardaba decenas de carpetas de diverso color y tamaño: los álbumes de fotos y los *scrapbooks* que atesoran, aún hoy, cada recorte de prensa, anotación y documento que, visionaria, recopiló metódicamente desde que comenzó a cantar en público allá por los 1940 y que, siempre que pudo, documentó de su puño y letra con los datos que intuyó necesarios para la memoria, ayudada en los últimos tiempos por sus asistentas y amigas. Los *scrapbooks* de Celia son la bitácora más fidedigna de su carrera artística, el testimonio insuperable del camino que anduvo, siempre ascendente.

En esos días «le dio por ver fotos, videos y películas de toda su vida y carrera», recuerda Omer. «Era como si necesitara de otro modo regresar a los escenarios, volviendo atrás, repasando todo lo hecho, conquistado y disfrutado». Aquel recuento visual fue, acaso, el hallazgo de ciertas zonas de la memoria que por momentos le abandonaba. Mirando atrás, ponderó el camino concretado en logros que muy pocos podrían igualar tras 60 años triunfales sobre los escenarios.

Cuando Celia hizo sus primeras grabaciones, cerca de 1947, solo existía un formato de fijación fonográfica: el disco de goma laca o pizarra de 78 rpm. Desde entonces transitó exitosa por todos los que fijaron y reprodujeron la música en el siglo XX, desde el disco de 10 pulgadas, el vinilo de 33 rpm, el sencillo de 45 rpm que reinó en las victrolas o velloneras, el efímero *cassette* y el disco compacto, y hasta la música digital en el cambio de siglo con la era de los *streamings* y las descargas, al igual que los sistemas de audio o normas para la reproducción del sonido desde el monofónico (mono), el *high fidelity* o alta fidelidad, al estereofónico (estéreo) y el sonido digital y, por consiguiente, se benefició del enorme avance tecnológico de la industria fonográfica.

Su discografía original como artista principal —sin contar las numerosas compilaciones— es profusa y consistente: 69 discos sencillos de 78 rpm, 51 álbumes personales (LP y CD), 30 álbumes colectivos, 685 canciones en grabación original que incluyen duetos y colaboraciones, y presencia en un sinnúmero de compilaciones. Aunque ella se consideraba más una artista del espectáculo en directo y adicta al escrutinio inmediato de su público, que lo que hoy llaman una *recording artist*, buena parte de su vida transcurrió en los estudios de grabación. Su voz hizo legendarios aquellos donde trabajó: CMQ y Radio Progreso en La Habana; RCA Victor, Orfeón y CBS en México; Broadway Recording, Good Vibration Sound (nombrados después La Tierra Sound), Bell Sounds, en Nueva York, donde sus grabaciones estuvieron al cuidado de experimentados ingenieros como Jon Fausty, Irv Greenbaum y Pat Jaques; Columbia, Kirios, Primera Base, en Madrid; Crescent Moon en Miami, entre otros. Era proactiva a los cambios, entendiendo siempre que los avances tecnológicos podían mejorar sus resultados profesionales. Para Emilio Estefan,

> Celia no solo evolucionó, sino que supo fusionar la música tropical con sonidos modernos, adelantándose a otras artistas del género tropical por al menos diez años [...], integró lo nuevo de las tecnologías, algo que pocos pudieron hacer en su momento. Celia fusionó el sonido antiguo con el moderno, creando un legado musical que sigue vigente hoy en día.

Uno de sus más grandes aciertos a lo largo de la carrera de Celia fue mantener su independencia para las actuaciones en directo, siempre como artista individual; con las orquestas y conjuntos con los que cantó lo hizo en condición de invitada, y supo articularlo con su condición de *recording artist* y los compromisos que de ella se derivaran.

Su filmografía total incluye 17 películas de ficción y documentales, donde aparece en cuerpo y voz. En vida pudo escucharse y verse en filmes de ficción, documentales, novelas y series de televisión. Pudo ver, además de las mencionadas en capítulos anteriores, cómo sus canciones aparecían cada vez más en las bandas sonoras de películas de muy diverso origen: *Come Down to Miami* con Willie Colón, sonó en el filme estadounidense *The Rosebud Beach Hotel* (1984), y le siguieron *Toro mata* en *The Believers* (1987, *Los creyentes*), el bolero *Vieja luna* que suena en *Carlito's Way* (1993), *Químbara* en *One Good Cop* (1991) y *Blood and wine* (1996, *Gente peligrosa*), también en *Fires Within* (1991, *Fuegos internos*) junto con *Bambarakatunga y Pun pun catalú*. Los temas *Sazón* y *Ochún con Changó* aparecen en *The Cowboy Way* (1994, *Vaqueros de Nueva York*), y *Azúcar negra* en *A Million to Juan* (1994); *Yemayá* suena en *Blue in the Face* (1995) y *The 24-hour woman* (1999, *Mujer las 24 horas*), donde también se incluye *Químbara*; *Cruz de navajas* puede oírse en el filme español *¿De qué se ríen las mujeres?* (1997); *Melao de caña* suena en el filme luso-francés *L'ennui* (1998, *Tedio*), así como había sonado en *The Mambo Kings* (1992, *Los reyes del mambo*); *Te busco* aparece en *Lantana* (2002); *La vida es un carnaval* en *Antwone Fisher* (2002); *La negra tiene tumbao* en *Chasing Papi* (2003, *Un amante para tres*), y *El yerbero moderno* en *Comandante* (2003) el documental de Oliver Stone.

Celia compartió cartel con los más notables músicos y cantantes de la música latina, afrocaribeña y del jazz de su tiempo. Grabó dúos, compartió escenarios o platós de TV con muchos de los cantantes y músicos más famosos y notables de su tiempo. Pudo agradecer numerosos premios, reconocimientos, tres doctorados honoris causa; tres premios y 16 nominaciones al Grammy (una de ellas en discos con Tito Puente y dos con FAS), cuatro premios y tres nominaciones a los Grammy Latinos, y la Medalla Nacional de las Artes, la más alta distinción a un artista en los Estados Unidos; recibió las llaves de ciudades en varios continentes: Union City, Lima, Dallas, Houston, Nueva York, Connecticut, Los Ángeles, Nueva Orleans, Hialeah, Chicago, San Antonio, Miami Beach, Mérida, Orlando, Roma, Filadelfia.

Celia vivió lo suficiente para leer y agradecer los elogios de relevantes nombres de su tiempo. El escritor cubano Severo Sarduy lo confesó: «Mi obra está marcada por Celia Cruz, mi pasión y mi diosa: su música ha sido capaz de unir a tres generaciones de cubanos». Para el reconocido trompetista y compositor Herb Alpert: «Celia es única y especial, porque es más que música, es espíritu, es fuerza. Ella hace por la música latina lo que Louis Armstrong hizo por el jazz. No diría que es la artista más contemporánea, pero su presencia es arrasadora».

Su inteligencia fue reconocida por muchos. El periodista y escritor mexicano Carlos Monsiváis la elogió así:

> ¡Está muy bien informada, tiene una memoria extraordinaria! Es capaz de juicios críticos muy exactos sobre interpretaciones musicales, es una mujer que no deja de estar cantando desde la conversación, es un movimiento, una radicalidad de la expresión que uno siempre agradece. Celia Cruz en cualquier momento es Celia Cruz.

Con su voz y su cuerpo danzante, fue la mujer-faro en el camino inicial para reivindicar la presencia de la música latina y del Caribe en los eventos de premiación y reconocimiento en Estados Unidos, con los que adquiere independencia de gestión y representatividad. Celia sabía que hacía tiempo se debía no solo a los cubanos, sino al Caribe y Latinoamérica toda, incluida su diáspora, mucho antes que James de la Vega pintara su rostro cual muralista orgulloso de sus referentes y de su barrio, en los exteriores de los edificios del Spanish Harlem. La presencia en cada álbum de diversos géneros y ritmos latinoamericanos y afrocaribeños resalta como una constante estratégica y ética en su discografía, con la que no solo atrajo audiencias diversas, sino también reafirmó su profundo respeto por la diversidad afrocaribeña y latinoamericana desde su elevado sentido de la cubanía y la cubanidad.

Celia cantó en legendarios teatros, plazas y espacios, desde el Olympia de París a la Plaza Mayor de Madrid; en Nueva York, desde el Carnegie Hall al Lincoln Center y el Town Hall; podría, acaso, ser la cantante latina con el récord del mayor número de presentaciones en el MSG, el mítico y enorme coliseo newyorkino, con 32 actuaciones entre 1974 y 2000.

Sus colegas la reverencian a través de sus obras, expresadas en piezas y grabaciones inspiradas o dedicadas en especial para ella: Johnny Pacheco en *Diosa del ritmo* (1975), donde nace el apelativo con que siempre la nombró: «*mi diosa divina*». En 1990 Meme Solís compone *Homenaje a Celia* y lo graba para el álbum *Meme Solís y su Cuarteto* (Farum Records LPF-511), que luego interpretarían en sus conciertos en directo. Trascendido el marco meramente hispano, en 1991 el pianista Kenny Kirkland le dedica su versión latinizada de *Celia*, el clásico de Bud Powell, llevándolo a ritmo de un mambo rápido con profusión de percusiones. Lo incluye en el álbum homónimo *Kenny Kirkland* (GRD-9657).

Celia asistió a la reafirmación y perdurabilidad de su arte, estilo y repertorio, inspirando a incontables cantantes de disímiles orígenes e instándolas siempre a trascender el mimetismo y buscar la originalidad. Caridad Cuervo, Caridad Hierrezuelo, Linda Leida, Gladys *Bobi* Céspedes, Milly Quezada, Nora Suzuki, Canelita Medina, Arabella, Miriam Bayard, Lucrecia, Jaqueline Castellanos, Mayelín Naranjo, Paz Luaces, Aymée Nuviola, Haila y Bárbara Zamora son solo algunos nombres de quienes comenzaron a defender el son y la guaracha en vida de Celia Cruz.

Al legado musical, Celia sumó las enseñanzas de profesionalismo y respeto a su público, al que concedió siempre un lugar esencial en el triunfo artístico. En Rubén Blades quedó el recuerdo de una frustrada invitación que muestra su irrestricto respeto a quienes se debía. Así lo contó Blades a la autora para este libro:

> Una vez estábamos en Londres, con Las Estrellas de Fania. Decidí visitar el Museo Tate. Invité a Celia a que me acompañara y me dijo: «Ay, Rubencito, gracias, pero prefiero quedarme en el hotel. Mucha gente ha venido para vernos y si salgo y algo me pasa, les decepcionaría el no verme». Así de responsable era la gran Celia Cruz.

Ángel González, uno de sus guardaespaldas, recuerda sus advertencias sobre el modo en que debía conducir su trabajo:

> Calma, Ángel, se habla primero, se conversa, tratamos de que las personas entiendan, agotamos todo, antes de que tú tengas que aplicar *lo tuyo*. Lo tuyo siempre para lo bueno, no para lo malo. A los admiradores nunca se le dice que no, hacemos lo que podamos hacer, pero a ellos hay que cuidarlos también.

Celia vivió en tiempos de cambios políticos, sociales y culturales trascendentales que, en diverso grado, marcaron su carrera. En la música, fue testigo, partícipe y protagonista de grandes sucesos y transformaciones. Se codeó con importantes e influyentes figuras de su tiempo, lo mismo en el ámbito de la política, la economía, la cultura, el espectáculo y la vida social. Con astucia y sagacidad, salió indemne de preferencias y fanaticadas agobiantes, comprometedoras o peligrosas en varias partes del mundo: tenores y tamboreros, magnates, reyes y príncipes, políticos y científicos, galanes, capos y negociantes la reverenciaron desde su singular modo de manejar la distancia y la cercanía cuando hacía falta.

Algunos proyectos quedaron pendientes, como una película sobre su vida o una grabación que anunciaron entusiasmados los mexicanos Tigres del Norte. Algunos deseos personales quedaron sin realizarse: experimentar la maternidad, grabar un disco de boleros inéditos y volver a cantar en Cuba. La enfermedad avanzaba, y ante la imposibilidad de manejarse con las barreras arquitectónicas en su residencia de Fort Lee, Celia y Pedro se mudan a un *penthouse* cercano, donde la Reina de la Salsa vivió la avasalladora gravedad de sus últimos meses.

Los resultados de los exámenes entregados el 9 de julio a su entorno inmediato mostraban que, pese a las ingentes sesiones de radioterapia, el tumor, lejos de disminuir o desaparecer, había duplicado su crecimiento y aproximaba el final.

El sábado 16 de julio de 2003 la muerte venció sobre su vida. La noticia se difundió con rapidez por la ciudad, traspasó fronteras y distancias y recorrió el mundo en titulares, editoriales, páginas enteras, ediciones especiales de los principales medios de prensa escrita, radial y televisiva, donde los más importantes medios en EE. UU. y otros países coinciden en destacar que la muerte de Celia Cruz marca el fin de toda una era musical. Las dos grandes cadenas hispanas en EE. UU., Univision y Telemundo, suspendieron su programación habitual para dedicarla por entero a Celia, y por todo el mundo se sucedieron sentidos homenajes luctuosos que celebraban también haber vivido en tiempos de Celia Cruz.

En Nueva York, avisados por medidas excepcionales de tránsito y el ruido de los helicópteros de la prensa que seguían el breve cortejo que, desde Nueva Jersey, escoltaba la policía de la ciudad, dominicanos, puertorriqueños, afroamericanos, latinoamericanos se fueron agolpando a lo largo del recorrido: Washington Heights, Harlem, la calle Broadway a ambos lados colmada de gente con flores y lágrimas, anticiparon la magna despedida que la ciudad y sus habitantes le tributaría días después. Así fue en todo el recorrido hasta la funeraria Frank E. Campbell en Manhattan, la misma que gestionó y acogió las exequias de Rodolfo Valentino, Judy Garland y Jacqueline Kennedy, donde se harían los arreglos pertinentes para los largos días de las honras fúnebres. Días antes, cercano el inminente final, Pedro Knight y Omer Pardillo, junto al resto de familiares, amigos cercanos y equipo de trabajo, tomaron todas las previsiones posibles y actuaron en consecuencia para que las exequias de Celia Cruz transcurrieran a la altura de su nombre.

Al día siguiente, George W. Bush, 43.er presidente de los Estados Unidos, emitía un comunicado oficial, difundido por el departamento de prensa de la Casa Blanca:

> Celia Cruz fue una artista internacional, cuya voz y talento entretuvieron a audiencias de todo el mundo. Su éxito en los años posteriores a su partida de su amada Cuba fue un tributo a su

> perseverancia, compasión y amor por la vida. Laura [Bush] se une a mí para enviar nuestros pensamientos y oraciones a su familia y amigos.

Según Pardillo, en alguna ocasión Celia le confió que, de no morir en Cuba, quería que fuese velada en Miami, porque es el lugar de EE. UU. más cerca de Cuba y es la capital del exilio cubano. «Me pareció que el lugar perfecto, por lo significativo, era la Torre de la Libertad». La ciudad, sus pobladores y autoridades, se volcaron en el tributo póstumo a Celia, disponiendo de transporte público gratuito para que todo aquel que quisiera sumarse al duelo pudiera llegar al legendario edificio en gesto de despedida. A pesar de que nunca lo dijo, Ruth sabía muy bien cómo Celia habría querido verse:

> Le diseñé dos *looks* para los dos funerales, Miami y Nueva York. Para el primero, el cabello plateado, y para el segundo, un recogido en tono rubio. Un vestido blanco. *Ralfy* Mercado me dio el dinero para comprar las telas y le mandé a hacer el traje, con una especie de capa o manto lleno de perlas blancas, que sobresalía, dejando ver una de sus lindas manos. Lo confeccionaron el día antes del velatorio. Como había un fuerte dispositivo de seguridad, pedí a Pedro [Knight] para los velatorios los diamantes que ella usaba para sus grandes *shows*, y se los coloqué. La peiné como para el próximo concierto. ¿Qué cómo me concentré? No sé, cogí el valor… ella me dio fuerzas, porque ella quería que yo lo hiciera, a ella le gustaba como yo la peinaba. Eso yo lo sé. Tuve fuerzas no solo para peinarla, sino también para ponerle su vestido, para maquillarla.

El cuerpo de Celia y la comitiva que la acompañaba llegó en la noche del viernes 18 al aeropuerto de Miami, donde inició el tributo de una multitud solemne y emocionada que la acompañó en todo momento: desde el recibimiento respetuoso y solemne de los trabajadores del aeropuerto a su llegada, a lo largo de los recorridos hasta la Ermita de la Caridad, en cumplimiento de su promesa de visitar a la virgen siempre que llegara a Miami, y hasta la Torre de la Libertad. El sábado 19, desde las seis de la mañana, cientos de personas comenzaron a agolparse en ordenadas filas en el acceso al edificio. Durante nueve horas, cerca de 150,000 personas desfilaron ante el féretro cubierto por la bandera cubana y varios miles se quedaron sin hacerlo cuando a la hora prevista se cerró el acceso.

La escritora y poeta cubana Uva de Aragón describió lo que se vivió estos días en Miami y Nueva York:

> Viajaron desde lejos. Hicieron cola bajo el sol. Llevaban banderas, letreros, estampitas, fotos de Celia, sobrecitos de azúcar prendidos a la ropa. *La negra tiene tumbao* escribieron en sus camisetas. Lloraban, reían, aplaudían, rezaban, bailaban. Todo en la mayor armonía, el mayor respeto. Y como si un hálito de poesía los animara, hablaban a la prensa en hermosas frases: «Celia es la estrella de la bandera». «Celia es la garganta de la isla». «Se nos fue la reina negra». «Se llevó el azúcar para el cielo». ¿Qué extraño secreto guardaba esta mujer que conquistó tanta fama como cariño? Celia poseía las mayores virtudes de los cubanos, y ninguno de nuestros defectos.

El funeral en Miami reflejó el sentido simbólico que le fue dado a Celia en vida por las comunidades de exiliados cubanos en cualquier parte del mundo. Según la periodista y escritora Mirta Ojito:

> Era imposible escapar del simbolismo del día: muchas de los miles de personas que caminaban ante el ataúd de Cruz estuvieron aquí antes, cuando el gobierno federal utilizó este edificio de estilo mediterráneo de 1925 para procesar a más de medio millón de cubanos que llegaron en los años sesenta y principios de los setenta. Muchos de ellos anhelan regresar a Cuba, como lo hizo Cruz, aunque sea para ser enterrados allí. Su muerte, dicen, los obliga a enfrentar su propia mortalidad y la probabilidad de morir en una tierra extranjera.

El domingo 20, la comitiva regresó a Nueva York acompañándola para ser velada en la funeraria Frank E. Campbell, que al siguiente día abriría sus puertas al público para la despedida. Ángel González, su guardaespaldas, no se apartó del féretro ni un momento, ni siquiera durante la madrugada en que permaneció despierto hasta el amanecer, cuidándola como lo hizo en vida:

> Esa señora no fue mi jefa, fue como una abuela para mí, alguien que se preocupaba por que comiera junto a ella y Pedro, ¡que me cuidaba ella a mí! No me trataba como un empleado, de ella recibí un trato muy diferente de como otros me trataron en mi empleo. Me cambió la vida, me enseñó muchas cosas. Ella era una persona fuera de serie.

Nadie pudo prever la multitud que desfilaría ante el féretro, repitiendo lo acontecido en Miami, entre llantos y canciones, y que la acompañaría el martes 22 a lo largo de su recorrido final. Nada los detuvo, ni siquiera el mal tiempo que derramó sobre Nueva York rayos, truenos y lluvia abundante, como el llanto de una ciudad que perdió su voz.

En Miami y Nueva York los alcaldes Manny Díaz y Michael Bloomberg, respectivamente, se hicieron presentes en los velatorios, al igual que prominentes nombres de la vida artística, social, política y religiosa, entre ellos el gobernador de Nueva York, George Pataki y la entonces senadora Hillary Clinton.

El martes 22 la Catedral de San Patricio, sede de la Archidiócesis católica de Nueva York, acogió a Celia, cumpliendo su deseo, en misa final de cuerpo presente, oficiada por Josú Iriondo, obispo auxiliar de Nueva York, quien pronunció la homilía en presencia de los ocho sacerdotes oficiantes, familiares, amigos y personalidades que colmaron el recinto. Antonio Banderas, Rubén Blades, Paquito D'Rivera y Jon Secada portaron las ofrendas, Patti LaBelle cantó el *Ave María* y, en invocación perenne a la alegría y positividad que encarnó, Víctor Manuelle celebró la vocación con la que Celia vino al mundo cantando *La vida es un carnaval*, como cierre de las exequias religiosas antes de que la Guarachera de Cuba, la Reina de la Salsa, la cubana más universal, recibiera una enorme ovación final a lo largo del extenso recorrido hacia su panteón en el cementerio de Woodlawn, en el Bronx.

Aquel día, la emblemática Quinta Avenida, una de las vías más famosas del mundo, cerró varias de sus cuadras para reverenciarla a su paso con atributos que se le adjudican a la realeza: Celia tuvo carroza, caballos blancos, llanto de multitudes, millones de flores, sus canciones en las gargantas emocionadas de sus admiradores y la reverencia del mundo entero. Los periodistas Michael Powell y Christine Haughney de *The Washington Post*, aseguraron:

> Ninguna figura en la historia reciente de Nueva York, ni Dizzy Gillespie, ni Judy Garland, ni Billy Martin, atrajo a tanta gente a su acto de despedida. [...] La realeza musical de esta ciudad suele recibir despedidas en las iglesias más importantes: Duke Ellington fue homenajeado en St. John the Divine y Lionel Hampton en Riverside Church. Pero la de Cruz fue quizás la más impresionante. Había dos docenas de sacerdotes vestidos de blanco y otro para entonar un panegírico que terminó con una referencia a su dicho característico, «¡Azúcar! Que ella siga esparciendo azúcar para endulzar el café de su gente».

A la reafirmación de Celia en el olimpo de las grandes matrias de las músicas autóctonas, contribuyeron también intelectuales de diversos orígenes, que en obituarios y declaraciones recordaron algunas virtudes que explican el fenómeno de su vida de amor recíproco con las multitudes. Oscar Hijuelos afirmó:

> Celia Cruz fue uno de los mayores talentos que jamás haya pisado un escenario musical. Pero no era una diva ni estaba ansiosa por evitar a su público. Esa noche, en un salón de baile lleno de estrellas de cine y músicos famosos, ella se destacó por la facilidad con

> la que se movía entre la multitud; esta dama refinada y maravillosa se tomó todo el tiempo que pudo para interactuar genuinamente con sus admiradores. Recuerdo haberla visto caminar por la pista y plantar besos en muchas caras, sus hermosos y expresivos ojos se iluminaban con cada encuentro. En esta era de estrellas y guardaespaldas, era maravilloso ver que alguien tan famosa pudiera mantener su humanidad básica y muy elegante.

Eliseo Alberto Diego evocó con lirismo el impacto de la noticia en México:

> Celia rumbeaba el jueves en los vagones del metro, en los restaurantes japoneses (los comensales marcaban la clave con los palitos), en las cantinas de tequilas adulterados y en las fondas de mala muerte (donde jamás se habían vendido tantas tortas cubanas o arroz a la habanera, un platillo intragable). La negra rumbeaba y rumbeaba sin dar ni pedir tregua, en franco desafío a las leyes de la lógica y a los mandamientos de la física. México se negaba a despedirse de la cubana más querida entre tantos cubanos que aquí adoran. […] En los partes del tiempo se dijo que una onda de melancolía enlutaba la ciudad, por lo cual se esperaban diluvios de lágrimas en Veracruz y Yucatán.

Carlos Alberto Montaner, en su obituario para *ABC* de Madrid, lo resumió así:

> Tuvo una voz rara, grave, de contralto, y una irresistible simpatía. Cuando cantaba, el auditorio inadvertidamente, comenzaba a mover el esqueleto. Era mucho más que una cantante: era la invitación al baile, a la alegría desinhibida, a la fiesta. Por eso, de alguna manera los cubanos del exilio, sin decirlo, probablemente sin saberlo, le asignaron un curioso papel de seña nacional de identidad. Celia Cruz era Cuba, y viceversa, pero una Cuba libre. Si la idea platónica de Cuba es una risueña mezcla de ron, mulata, canto y danza,

Celia era todo eso, y cuando gritaba «¡Azúcar!» realmente estaba gritando «¡Cuba!».

Algunos músicos de trascendente autoridad se anticiparon en justipreciar la importancia de Celia para la música cubana. Así reaccionó Mario Bauzá al ser interpelado por Leonardo Padura:

> ¿Importancia? Chico, ella es de lo más grande que ha dado Cuba en este género. Mujer es la primera, y en general yo la pongo al lado de Benny, bien arriba de los demás. Lo primero que tiene Celia es que es dueña de una voz prodigiosa: es una tubería, y después tiene una gracia y una inventiva para crear en el montuno que no se da todos los días. Ella, como yo, lleva en la sangre la música cubana.

Cachao respondió a la misma pregunta: «No creo que haya persona que tenga la voz que tiene ella: claridad, fuerza y permanencia». Ante su muerte, el gran contrabajista agregó: «Jamás habrá otra Celia Cruz, nadie tiene su gracia, su estilo, su voz. Como Benny Moré, nació para ser leyenda». Paquito D'Rivera fue preciso: «Murió el alma de Cuba». Rubén Blades, conmovido, declaró a *Los Angeles Times*: «Esa fue una voz que Dios no le dio a nadie más. Ella fue nuestra Sarah Vaughan, nuestra Ella Fitzgerald, nuestro Pavarotti». Willie Colón expresó, años después, a la autora para este libro:

> Siempre soñé trabajar con Celia, ella era el modelo vivo de aquella grandeza que venía de Cuba, y gracias a Dios lo pude hacer. Y a Celia Cruz también le debemos haber mantenido contra todas las adversidades la bandera de la música afroantillana, pues de no haber sido por ella y su empeño en resistir, quizás no hubiera ni existido la salsa en Nueva York.

Emilio Estefan define así lo que Celia nos deja:

> Su mayor legado no solo es su música, sino también la forma en que se reinventó como ser humano, como artista, con su inconfundible

> estilo, su presencia y su energía. A pesar de los años, Celia fue atemporal. Para mí, siempre fue una mujer «*timeless*», una mujer que sigue viviendo en nuestra memoria, a pesar de no estar físicamente con nosotros. Su legado, como el de Pedro, es eterno. Celia pertenece no solo a Cuba, sino al mundo entero. A todos los latinos, y a cualquier persona que haya sido tocada por su música. Dejó un legado de humildad, de éxito, y de amor por su gente. [...] Si Dios quiere, su legado vivirá no solo aquí, sino en todos nuestros países, y la palabra «Celia» siempre evocará su espíritu. Con solo decir «Celia», todos sabemos de quién hablamos. Hay una Celia, y esa es Celia Cruz. Su nombre es sinónimo de gloria, de amor, de lucha, y de música eterna.

Para Chucho Valdés: «Celia fue la cantante sonera más grande que ha dado Cuba. Nadie podrá ocupar el lugar que ella deja. Celia Cruz y Benny Moré son los dos más grandes que ha dado la música cubana».

Ante su memoria, la escritora cubana Uva de Aragón habló de su cubanidad:

> Le dolía no poder cantar en su Patria. Pero cantó para ella en todos los escenarios del mundo. Nunca se dejó utilizar ni por tirios ni troyanos. Supo distinguir entre el Estado y la nación, entre la ciudadanía y la nacionalidad. Por eso no necesitaba retórica barata ni estridencias altisonantes. Lo suyo era Cuba, y llevar alto su nombre. Sus éxitos eran los de la nación, y lo sabía. Quizás, por eso, la decencia y la sencillez presidieron todos sus actos. No importaba que llevara pasaporte americano. Apenas hablaba inglés. Su garganta estaba hecha de tambores y huracanes. Su corazón, de azúcar. Su cuerpo se movía con la gracia de un cañaveral.

Ofelia S. Fox, quien la vio triunfar en el esplendor de su juventud en los años legendarios de Tropicana, afirmó ante la muerte de Celia: «Cuba perdió una gloria. El mundo perdió una gran cantante.

Y la gloria ganó toda la bondad, simpleza y lealtad que representó Celia en la tierra».

Eugene Robinson, en *The Washington Post*, habló de simbolismo y música en ella:

> Durante muchos años, la gente de ambos lados del Estrecho de la Florida trató de convertirla en un símbolo, más que en una cantante. Para los exiliados cubanos en Miami, Celia Cruz era una incondicional de la comunidad y una acérrima enemiga de Fidel Castro y de todo lo que representaba. Para Castro y su gobierno, ella era poco más que el pájaro cantor favorito de la «Mafia de Miami», una estrella de otro tiempo, cuya música no merecía que sonara en la radio de La Habana. Pero hasta el final, su música hizo que toda la política, y todos los políticos, parecieran terriblemente pequeños.

Celia fue en vida inspiración y paradigma para muchas jóvenes latinas, afrolatinas y afroamericanas. En su interacción con algunas de ellas les dejó su experiencia y las claves de sus conquistas. Patti LaBelle afirmó: «Aprecio los momentos en los que actué con y para Celia. Nunca habrá otro artista que pueda pararse en sus zapatos». Para Rita Moreno, quien, como mujer caribeña, le antecedió en el éxito en EE. UU., «Celia era la esencia del alma de la salsa. La fuerza hipnótica de su música cautivaba a cualquiera, a cualquier cosa que se cruzara en su camino. Podía hacer que las sillas sudaran y que las piedras bailaran». Rita Marley afirmó: «Al haber nacido en Cuba, disfruté ver a una mujer tan fuerte y talentosa arrojar luz sobre la cultura y la música cubanas. La música y la influencia de Celia hicieron mucho por el arte y la música afrocubana que emergen del Caribe».

Para la multipremiada escritora, poetisa y activista afroamericana Maya Angelou:

> Hay algunos artistas que pertenecen a todo el mundo, en todo lugar y todo el tiempo. La lista de cantantes, músicos y poetas que

entran dentro de esta categoría tendría que incluir a los santos del Antiguo Testamento, a Esopo el fabulista, a Omar Khayyam el tendero, Shakespeare el poeta de Avon, Louis Armstrong el genio de Nueva Orleans, Om Kalsoum el alma de Egipto, Frank Sinatra, Mahalia Jackson, Dizzy Gillespie y Celia Cruz. Esta lista podría seguir y seguir hasta agotar el aliento, sin embargo, el nombre de Celia Cruz también es uno de aquellos que pertenecen a todo el mundo, todo el tiempo y en todo lugar. Poco antes de morir, Celia me envió una nota diciéndome que era gran admiradora de mi obra. Nunca tuve la oportunidad de decirle cuánto le agradezco yo a ella por su obra y por su vida.

En su país natal, el periódico *Granma*, órgano oficial del Partido Comunista de Cuba y máximo exponente de la prensa oficial, la única existente entonces, publicó el 17 de julio de 2003 en página interior en la sección de Cultura:

Falleció Celia Cruz

A los 78 años de edad falleció, víctima de un tumor cerebral en la ciudad norteamericana de Nueva Jersey, Celia Cruz, importante intérprete cubana, que popularizó la música de nuestro país en Estados Unidos. Durante las últimas cuatro décadas se mantuvo sistemáticamente activa en campañas contra la Revolución Cubana generadas desde Estados Unidos, por lo que fue utilizada como ícono por el enclave contrarrevolucionario del Sur de la Florida.

Pero en Cuba la noticia corrió de boca en boca, en susurros que conectaban con la impotencia y la tristeza. El duelo era individual, varios miles de cubanos en la isla conectaron con Miami y Nueva York y se sumaron desde lo íntimo al magno homenaje, los mayores desde el recuerdo de Celia en sus vidas, y los más jóvenes descubriendo una grandeza y una forma de ser cubano, cuyo conocimiento le había sido escamoteado. Para muchos en el archipiélago, el duelo inconsolable viajó a través del Estrecho de la Florida.

Con un puñado de tierra de Cuba en su féretro, Celia Cruz descansa en el cementerio Woodlawn, en el Bronx, reconocido como uno de los enclaves de gran significado histórico de EE. UU. y declarado Monumento Nacional en 2001. El sobrio mausoleo blanco con su nombre inscrito en el friso se distingue en el vasto espacio verde donde también se erigen los panteones y tumbas de grandes jazzistas como Duke Ellington, W. C. Handy, Miles Davis, Illinois Jacket, Coleman Hawkins, Lionel Hampton, Max Roach, Ornette Coleman, entre otros músicos. A pocos metros de su «diosa divina», desde el 15 de febrero de 2021, también descansa Johnny Pacheco. Sobre el sarcófago, una bandera cubana, un rosario y una foto reafirman su identidad de mujer afrocubana; a su lado, los restos de Pedro Knight, que falleciera el 3 de febrero de 2007, separados únicamente por un breve espacio central, y en pared, la Virgen de la Caridad del Cobre, en un vitral realizado por el ceramista argentino Alfredo Ratinoff, comisionado especialmente por Cristina Saralegui como obsequio póstumo a su gran amiga. Las ventanas y la puerta de sólidos barrotes dejan entrar la luz y las miradas de quienes llegan hasta allí en constante peregrinar.

La muerte no fue el fin para Celia Cruz. Fue un nuevo comienzo, el de la leyenda, el mito tangible y sonoro, el de la grandeza eterna en el olimpo de la música cubana, afrocaribeña y universal.

Aunque el tiempo haya pasado
con orgullo y dignidad
tu nombre lo he llevado,
a todo el mundo entero
le he contado tu verdad.
[…]
Cuando muera, que en mi tumba
pongan mi bandera
y que me entierren con la música
de mi tierra querida.
Si no regreso recuerden
que la quise con mi vida.
Por si acaso no regreso

(Angie Chirino y Emilio Estefan)

Celia Cruz, en su voz.

Fuentes consultadas

Libros referenciales

Chao Ebergenyi, Guillermo: *La Caravana Corona, cuna del espectáculo en México*. Imprenta Madero. Iztapalapa, México. 1995.

Conzo, Joe, con Pérez, David A.: *Mambo diablo. My Journey with Tito Puente*. Edición propia (AuthorHouse). Bloomington, IN. EE. UU. 2010.

Cruz, Celia, y Reymundo, Ana Cristina: *Celia. Mi vida. Una autobiografía*. Harpers Collins Publisher. EE. UU. 2004.

Curet Alonso, Catalino *Tite: La vida misma*. Mary Córdova y Leonardo Campos Editores. Caracas, Venezuela. 1992.

Figueroa Hernández, Rafael: *Toña la Negra*. Ayuntamiento de Veracruz. Xalapa, Veracruz, México. 2012.

Gjelten, Tom: *Bacardí y la larga lucha por Cuba*. Penguin Books. EE. UU. 2011.

Marceles, Eduardo: *¡Azúcar! La biografía de Celia Cruz*. Reed Press. Nueva York. 2004.

Marquetti Torres, Rosa: *Celia en Cuba (1925-1962)*. Planeta. EE. UU. 2024.

Mirós, Gilda: *Celia Cruz, Sonora Matancera y sus estrellas. Mis mejores entrevistas de radio*. Edición propia. Puerto Rico, EE. UU. 2003.

Moreno-Velázquez, Juan A.: *Desmitificación de una diva. La verdad sobre La Lupe*. Grupo Editorial Norma. San Juan, Puerto Rico. 2003.

Muriel, Tommy: *Fania All-Stars. Salsa Inc. [Cuatro décadas (y pico) de nuestra cosa latina]*. Edición propia. 2015.

Oropesa, Ricardo R.: *Miguelito Valdés, Mr. Babalú. La voz del tambor*. Ediciones Cubanas. La Habana. 2018.

Padilla Ramírez, Erasmo: *Tite Curet en carne viva*. Casa Editorial Antillas. Colombia. 2008.

Padura, Leonardo: *Los rostros de la salsa*. 2.ª edición. Tusquets. Ciudad de México. 2019.

Pous, Armando: *Toña la Negra, la sensación jarocha*. Gobierno del Estado de Veracruz. Veracruz, México. 2022.

Powell, Josephine: *When the Drums are Dreaming*. Edición propia (AuthorHouse). EE. UU. 2007.

Ramírez Bedoya, Héctor: *Celia Cruz, Alberto Beltrán y Celio González: Estrellas de La Sonora Matancera*. Edición propia. Medellín, Colombia. 2007.

______. *Historia de La Sonora Matancera y sus Estrellas. Vol. I*. Edición propia. 2.ª edición. Medellín, Colombia. 1998.

Rivera de Jesús, Dr. Héctor L.: *Don Tite Curet. Voz y razón en la salsa puertorriqueña*. Edición propia. San Juan, Puerto Rico. 2024.

Rondón, César Miguel: *El libro de la salsa. Crónica de la música del Caribe urbano*. Turner. Bogotá, Colombia. 2017.

Salazar, Max: *Mambo Kingdom. Latin Music in New York*. Schirmer Trade Books. Nueva York, EE. UU. 2002.

Santana, Sergio, y Bassi, Rafael: *Lucho Bermúdez. Cumbias, porros y viajes*. Ediciones Santo Bassilón. Medellín, Colombia. 2012.

Sirvén, Pablo: *El rey de la TV. Goar Mestre y la pelea entre gobiernos y medios latinoamericanos. De Fidel Castro a Perón*. Sudamericana. Buenos Aires, Argentina. 2013.

Storm Roberts, John: *The Latin Tinge. The Impact of Latin American Music in the United States*. Oxford University Press. Nueva York, EE. UU. 1999.

Ulloa Sanmiguel, Alejandro: *La salsa en tiempos de nieve. La conexión latina Cali-Nueva York (1975-2000)*. Universidad del Valle. Cali, Colombia. 2020.

Valverde, Umberto: *Celia Cruz. Reina rumba*. Editorial Atenas. Bogotá, Colombia. 2002.

______. *Memoria de La Sonora Matancera*. Ediciones Caimán Records. Cali, Colombia. 1997.

Entrevistas realizadas para este volumen

En EE. UU.
Rubén Blades, José Bovantes, Willie Colón, Willy Chirino, Paquito D'Rivera, Gloria Estefan, Emilio Estefan, Ángel González, Nelson González, Isidro Infante, José Alberto Justiniano, *el Canario*, Tania J. León, Miguel Martín, Gilda Mirós, Omer Pardillo Cid, Irma Peñalver †, Albertico Rodríguez, Alexis Rodríguez-Duarte, Steve Roitstein, Ruth Sánchez †, Ned Sublette, Roberto Torres, Tico Torres, Chucho Valdés, Javier Vázquez.

En España
Marta Castillo, Issac Delgado, Oscar Gómez, Iván *Melón* Lewis, Lucrecia, Manuel Machado, Elba Montalvo, Pepe Rivero.

En México
Roberto Gutiérrez, Mitsuko Miguel, Ángel González, Iván Restrepo.

En Cuba
Santiago Alfonso, Alain Pérez.

En otros países
Toño Freire (Venezuela), Piero Carpin (Argentina).

Entrevistas consultadas

✓ Entrevistas a Celia Cruz realizadas por medios de EE. UU., México, Venezuela, España, Perú, Colombia, España, Holanda, Reino Unido, Francia, Alemania, Japón.

✓ Entrevistas a Graciela Pérez Grillo, realizadas por Eloy Cepero y Ray Santos.

Publicaciones periódicas

Periódicos

En EE. UU.
The New York Times, *The Washington Post*, *Daily News*, *Diario Las Américas*, *El Nuevo Herald*, *The Miami Herald*, *Los Angeles Times*, *The Tampa Times*, *Chicago Tribune*, *El Diario/La Prensa*, *The Cumberland Evening Times*, *La Verdad*, *The Morning Call*, *El Tiempo*, *Newday*, *The Daily Item*, *The Miami News*, *The Record*, *The Courier News*, *San Francisco Examiner*, *The Reporter Dispatch*, *The Atlanta Constitution*.

En Venezuela
El Nacional, *El Mundo*, *Panorama*, *La Verdad*, *Meridiano*.

En Colombia
La República, *Diario del Caribe*.

En Perú
Expreso, *La Prensa*, *La Crónica*, *Última Hora*, *El Comercio*.

En México
La Verdad, *Novedades*, *El Mexicano*.

En España
El País, ABC, *La Vanguardia*, *Diario de Burgos*, *Pueblo. Diario del Trabajo Nacional*.

En Países Bajos (Holanda) y Antillas Neerlandesas
Amigoe, *De Volkskrant*, *NRC Handelsblad*, *Het Parool*, *Nieuwsblad van het Noorden*.

En otros países
Le Monde (Francia), *La Stampa* (Italia), *Extra* (Uruguay), *Belfast News Letter* (Irlanda del Norte, Reino Unido), *El Nacional* (República Dominicana).

Revistas

En EE. UU.
Billboard, *Cash Box*, *Record World*, *Latin New York*, *Latin Beat*, *TV Guida* (Arizona), *TV Novelas*, *People en Español*, *Time*.

En otros países
Hola y *Revista Iberoamericana* (España), *Proceso* (México), *La verdad* (Ecuador).

Sitios web y blogs

https://www.carnegiehall.org
https://gladyspalmera.com
https://www.bsnpubs.com/roulette/tico/tico.html
https://www.archive.org
https://herenciarumberaradio.com
https://www.grammy.com
https://caetanoendetalle.blogspot.com
https://www.dbndiscos.com
https://www.delpher.nl
https://www.britishnewspapers.co.uk
https://www.newspapers.com
https://www.radionica.rocks

Repositorios y colecciones

- ✓ Colección Díaz Ayala en la Universidad Internacional de la Florida (FIU) (consultada en línea).
- ✓ Colección Gladys Palmera, San Lorenzo de El Escorial, España (consultada en línea).
- ✓ Índice de solicitudes y reclamos del Seguro Social de EE. UU. (consultado en https://www.ancestry.com).
- ✓ Índice de obituarios (consultado en https://www.ancestry.com).
- ✓ Biblioteca del Congreso de EE. UU.

Documentos y otros textos

- ✓ Contratos fonográficos originales suscritos por Celia Cruz. Archivo personal de Celia Cruz. Celia Cruz Estate.
- ✓ Pasaportes, documentos migratorios y de identidad de Celia Cruz y familiares.
- ✓ Programa de mano de la ópera latina *Hommy.* Carnegie Hall. 29 de marzo de 1973.
- ✓ Notas discográficas.

Agradecimientos

A mi editor Cristóbal Pera y a Grupo Planeta, por jerarquizar la vida y obra de Celia Cruz. Gracias por el apoyo y estímulo.

A Omer Pardillo, ejecutor del Celia Cruz Estate y albacea del legado de Celia Cruz, sin cuya colaboración ese libro no habría sido posible. Gracias por abrir para mí los archivos de Celia y tus recuerdos. Gracias por el apoyo constante. A Celia Cruz Estate, Celia Cruz Legacy Project y a Indira Almeida-Pardillo.

A mis amigos Iván Giroud, Jaime Masó, Osmel Reyes Vaillant y Jaime Jaramillo, por la acuciosa lectura de los manuscritos, por las enriquecedoras observaciones y por la paciencia.

A la doctora Aída Esther Bueno, a Esther María Hernández y Néstor Díaz de Villegas.

A todos los entrevistados. Gracias por compartir recuerdos y opiniones especialmente para este libro.

A Tania J. León, Cristóbal Díaz Ayala y Nat Chediak, maestros y amigos.

A los doctores Rafael Acosta de Arriba y Félix Julio Alfonso, en Cuba; a Gherson Maldonado, en Venezuela; a Sergio Santana Archbold, en Colombia; a Claudia Salomone, en Argentina; a Wilfredo Cancio Isla, Vicki Gold Levi y Richie Bonilla en EE. UU.

A Alejandra Fierro Eleta y su Colección Gladys Palmera. A Tommy Meini.

A la memoria de Leonardo Acosta, Rafael Bassi, Radamés Giro, Ruth Sánchez e Irma Peñalver.

medidas para que el hecho no trascendiera a la prensa. El registro de su ingreso hospitalario en el St. Mary Hospital, en Hackensack, Nueva Jersey, y todo su historial médico se hace bajo el nombre, elegido por ella misma, de María Catala, y el 19 de agosto es sometida a una masectomía parcial con resultados satisfactorios. Celia se recupera y vuelve pronto a la vida pública, entusiasmada por las perspectivas con su más reciente disco.

Como mayor cosecha personal nunca antes conquistada, las cuatro nominaciones que postulan a Celia y a *La negra tiene tumbao* en la 3.ª entrega de los Grammy Latinos revelaron [illegible] a admiradores y medios de difusión. Ella y Carlos Vives obtienen la mayor cantidad de nominaciones. Eliseo Cardona, de *El Nuevo Herald*, escribió entonces:

> [El disco] *La negra tiene tumbao*, contrario a lo que pregonan los publicistas, no rescata ni enmienda la carrera de Celia Cruz, pero hace algo más interesante: la convierte en una leyenda asequible a nuevos públicos. Ya [illegible], la Celia es una de las quintaesencias de la música cubana. Pero ésta es una apreciación que posiblemente desconoce un público joven y fragmentado por tantas opciones musicales. Este disco viene a ser algo así como un retrato de una veterana en plan de figura hiphop.

A [illegible] en contra, el 18 de septiembre de [illegible] desmiente cualquier idea negativa: Celia gana el gramófono al Mejor Álbum de Salsa con *La negra tiene tumbao*, confirmando los pronósticos más optimistas. Con una monumental peluca blanca y azul, y una resonante alegría, Celia recibió con su risa característica su gramófono y cerró la gala cantando su canción [illegible].

Nueve días después, el 27 de septiembre, Pedro Knight es sometido a una cirugía de colon que, por su condición diabética, requería de cuidados especiales. En realidad, el mismo día y en el mismo Presbyterian Hospital de la Universidad de Columbia, en Manhattan, Celia enfrentó una segunda y radical intervención quirúrgica

Acerca de la autora

Rosa Marquetti Torres (La Habana, Cuba) es licenciada en Filología por la Universidad de La Habana. Especialista en propiedad intelectual, historiógrafa musical, docente, activista y productora, Marquetti creó en 2014 el blog *Desmemoriados, Historias de la música cubana.* Además, es autora de los libros *Chano Pozo, La vida (1915-1948)* y *El Niño con sus tres, Andrés Echevarría Callava, Niño Rivera,* con ediciones en Cuba, Colombia y Estados Unidos, así como de *Celia en Cuba (1925-1962).*

que pretendía detener el voraz avance de un tumor, y de nuevo tanto ella como su equipo decidieron mantenerlo en el más estricto silencio.

La noticia sobre Pedro trasciende a la prensa pero la de Celia no, de quien solo se dice lo que su oficina hizo saber: que cancelaba todos sus compromisos para cuidar de Pedro, previendo retomarlos hacia el 15 de noviembre. Hizo una sola excepción, aun con las secuelas postquirúrgicas disimuladas bajo sus vestidos: voló desde Nueva Jersey a Miami para recibir el Premio Don Quijote del Consejo de la Hispanidad.

Como había anunciado, el 1[illegible] de noviembre se presentó en el Auditorio Nacional de México, donde recibe el homenaje por sus bodas de oro con el público mexicano, como apuntó la prensa local al afirmar en sus titulares. Si bien en rigor el periodo no es preciso: habían transcurrido 54 años de su debut en el teatro [illegible] en el lejano 1948 junto con Las Mulatas de Fuego, y a compartir escenario con Marco Antonio Muñiz, [illegible] jares, entre otras estrellas mexicanas [illegible] la orquesta, [illegible] público estaban Gabriel García Márquez y su esposa Mercedes Barcha junto a Iván Restrepo y su esposa Nelly Keoseyán, entre otros amigos y admiradores. Al finalizar su actuación Iván y Nelly [illegible] daron a Celia en el camerino. «Ya se veía mal y muy agotada», recordó Restrepo.

Días después, el 27 de noviembre, [illegible] un evento vinculado a la marca Bacardí, en el [illegible] de las Américas (Ciudad de México), donde se hizo visible que algo andaba mal: Celia pidió que le llevaran un abrigo y confundió los textos de las canciones. Como ocurrió días antes en el Auditorio Nacional, Pedro y Ángel [illegible], su último gran [illegible], la ayudaron a salir del proscenio, caminando lentamente a [illegible] sos. Ese fue el último concierto de Celia en México. A [illegible] 50 días de la primera cirugía, [illegible] una tercera intervención, esta vez para [illegible]